本书受北京高校高精尖学科项目（中国语言文学）支持

汉语本科教育
研究（第一辑）

张 浩◎主编

HANYU BENKE JIAOYU YANJIU

时事出版社
北京

图书在版编目（CIP）数据

汉语本科教育研究. 第一辑/张浩主编. —北京：时事出版社，2020.1
ISBN 978-7-5195-0362-8

Ⅰ.①汉… Ⅱ.①张… Ⅲ.①汉语—对外汉语教学—文集 Ⅳ.①H195.3-53

中国版本图书馆 CIP 数据核字（2019）第 278624 号

出 版 发 行：时事出版社
地　　　　址：北京市海淀区万寿寺甲 2 号
邮　　　　编：100081
发 行 热 线：(010) 88547590　88547591
读者服务部：(010) 88547595
传　　　　真：(010) 88547592
电 子 邮 箱：shishichubanshe@sina.com
网　　　　址：www.shishishe.com
印　　　　刷：北京旺都印务有限公司

开本：787×1092　1/16　印张：20.25　字数：320 千字
2020 年 1 月第 1 版　2020 年 1 月第 1 次印刷
定价：98.00 元
（如有印装质量问题，请与本社发行部联系调换）

序　言

北京语言大学汉语学院是中国面向世界培养汉语专业留学生人才的重要基地，是新中国最早从事来华留学生汉语专业学历教育的教学机构。来华留学生本科教育从 1979 年正式开始招生，已经走过 40 年的历史。40 年来，来华本科教育规模不断扩大、学习专业日益丰富、课程体系逐步完善、院校数量也越来越多。随着"一带一路"倡议的深入推进，国家也推出一系列来华留学支持政策。教育部 2016 年印发了《推进共建"一带一路"教育行动》，设立了中国政府奖学金等等。这些变化给新时期的来华留学生本科教育工作提出更高的要求和目标。

北京语言大学来华留学生本科培养任务主要以汉语国际教育学部汉语学院为依托，汉语学院主要承担来华留学生的汉语言专业、中国语言文化专业的本科学历教育。现在，每年都有来自 60 多个国家和地区的近 1500 名留学生在学院学习，每年有 200 多名留学生完成本科学业。汉语学院拥有一支数量大、素质高、专门从事汉语言、中国语言文化本科学历教育和汉语国际教育研究生教育的教师队伍。学院现有教授 11 人，副教授 40 人。其中具有博士学位的教师 47 人。教师们专业背景完整、教学经验丰富、科学研究能力强，长期专职从事汉语教学工作和语言学、文学、哲学、史学、经济学以及英语、日语、韩语等学科领域的教学和研究工作。他们大多具有在海外从事汉语教学和合作研究的经历并著有丰硕的研究成果，在国内外相关学术领域享有良好的声誉。这支队伍相继于 2008 年、2010 年荣获"北京市优秀教学团队""国家级优秀教学团队"的称号，三位老师荣获北京市教学名师称号。

北语的留学生本科教育经历了不同发展时期。为了适应学科发展的新趋势和来华留学生特点的新变化，汉语学院始终在探索如何在原有的汉语教学的优势下拓展专业设置，进行课程体系建设，每年对2门至3门核心课程完成重点建设和升级改造工程，每学期有计划地开设4门至6门新开课、实验课，逐项打造精品课程，使培养出来的留学生本科生更加适应国际市场的新需求。在管理方面，汉语学院逐步形成严格的管理制度，为人才培养提供了有力的保障。其中包括学分制管理制度、入学标准制度、升级制度、网上选课制度、考勤制度、考试制度、网上教学评估制度、网上选择论文指导教师制度、毕业标准制度等。

在人才培养目标方面，我们的认识也在不断地深化，从最初单一的语言技能目标逐步拓宽为语言技能目标加专业知识结构目标。在人才培养层次方面，由单一的本科教育发展为本科、硕士、博士完整的学历教育体系。除此之外，我们还在留学生人才培养定位中逐步建立起一个概念：培养具有国际视野的世界公民。在思想上，要培养留学生的国际意识，增进不同民族、文化的相互理解，使学生能够深刻理解多元文化，能够在国际文化交流中充分沟通思想，能够从国际社会和全人类的广阔视野出发来判断事物。在能力上，要培养留学生具有在国际市场上竞争的能力，使他们掌握一些将来在国际社会工作所必备的知识和技能，使之具有较强的国际意识和创新能力，能够适应外国的工作和生活环境。

目前，为了适应学科发展的新趋势、国际人才市场的新需求和来华留学生特点的新变化，汉语学院正在进行培养模式、教学内容和教学管理体制的深化改革。特别是国外基础教育阶段对汉语教育人才的需求，强化了我们与国外高校的合作培养机制，推进"1+2+1""1+3""2+2""2.5+2"等多种与国外知名大学及企业协作的模式，拓宽了学生在海外就业的渠道。更有针对性地研究制定专业发展计划，加强各个专业方向的求异性设计，在不断完善人才培养方案的同时，更加突出各个方向人才培养的特色。在巩固传统优势专业的同时，增设相近或相关专业的课程，拓宽选修课的范围，以扩展学生的视野，满足学生个性化发展的需求，突出课程体系宽口径、厚基础的特色。设计出与世界主要生源国社会发展和外语教育人才需求相适应的更加全面的人才培养方案和专业课程体系。

经过40年教育教学改革的不懈努力，汉语学院逐步形成"汉语+方向""汉语+外语"等不同教学模式。汉语言本科专业陆续发展出汉语言、经贸汉语、汉英双语、汉日双语、日韩翻译、韩汉翻译和汉语教学等方向，从而构建起以语言教育为重心的优势突出、特色鲜明的本科教育格局及专业教学课程体系，其教学规模之庞大、专业结构之合理、教学质量之保障、教学管理之科学，均居全国高校同类专业之首。

来华留学生本科教育作为学历教育的战略高地，在全国来华留学教育中具有举足轻重的地位，也是我国高等教育国际化发展的主要组成部分。然而，我们对于来华留学生本科教育的研究还存在很多不足，比如人数增长变缓、培养方式不合理、国际化课程建设进展缓慢等，这些问题都需要各位专家深入系统地研究，不断完善我国来华留学生本科教育培养体制及服务机制，使来华留学生本科教育研究不断走向科学化、国际化、高质量、可持续性发展之路，服务国家教育发展大局。

本书为《汉语本科教育研究》系列论文集第一辑。2019年6月21—22日，为进一步推动汉语本科教育研究的发展，凝练教学研究成果，发展和壮大学术团队，北京语言大学汉语学院举办了首届汉语本科教育高峰论坛。首届汉语本科教育高峰论坛是一次全国性的学术会议，2018年12月起开始面向全国师生发起征稿，经专家匿名评审，最终共收录参会论文79篇，本书于参会论文中择优选取31篇结集出版。

本书之目的是力图对汉语本科教育问题做较为系统全面的论述，基本内容包括来华留学生本科课程建设研究、汉语国际教育教学研究、教材研究、汉语教学资源开发和利用、来华留学生本科教育现状及本科教学管理研究等。本书所论述问题互相之间有差异也有联系，但都由汉语本科教育所统领，由此可见汉语本科教育研究是一个魅力无穷、可以不断做下去的课题，希望能够引起专家学者对此问题的关注，同时为汉语国际传播理论提供有价值的参考。

本书以来华留学生汉语本科教育体系中所涉及的各个方面为研究对象，此前的研究中虽然有一些涉及汉语本科教学方面的问题，但大多是从微观视角进行个别问题的细化研究，从宏观视角对汉语本科教育的历史、发展及模式进行探讨的学术成果并不多见。本书不但可以为汉语本科教育的发展提供可供借鉴的参考，也可以为国家层面汉语本科教育政策的制定提供有价值的依据。书中比较肤浅的探讨、梳理、分析、论述，倘若能起到抛砖引玉的作用，为人们进一步思考和研究提供一些基础，对教学工作有所启发和帮助，那将是笔者最大的荣幸。书中一定会有不妥乃至谬误之处，诚望同仁们予以批评指正。

本书受北京高校高精尖学科项目（中国语言文学）资助，是该高精尖项目的基础研究丛书之一。本书在写作过程中，得到诸多专家学者和师友们的热情支持，北京语言大学汉语学院的诸多老师从选题到具体的撰写都给予了本书极大的支持和帮助，书稿完成后又承蒙几位专家进行了认真审阅，提出宝贵的修改意见。在此谨对这些良师益友表示无限的感激和深深的谢意！

张　浩
2019 年 10 月

目录
CONTENTS

一、来华留学生本科教育课程建设研究

翻译课在来华留学生汉语本科教学中的作用 ················· 韩立冬/3

来华留学生汉语国际教育本科专业课程设置的思考
　　——以北京语言大学为例 ························· 郭姝慧/11

过程性评价视野下的汉语综合课课后作业分析 ··············· 刘现强/20

留学生高级汉语综合课课程研究现状与展望 ················ 张亚茹/30

浅谈面向俄语区留学生的《俄汉翻译》课程 ················· 张　扬/40

二、汉语国际教育教学研究

面向留学生的特色双语翻译专业课堂教学探索 ··············· 何　洁/51

现代汉语语气词"吧"认识情态的表达 ···················· 高　蕊/58

对外汉语教学中新词语、流行语教学浅析 ·················· 郭　九/72

谈中级汉语综合课中的汉字教学 …………………………… 来静青/79
留学生古汉语教学中对训诂学原理的应用 …………………… 刘　畅/87
实践分层教学，打造学校品牌
　　——以北语汉语学院为例 …………………………………… 李金莲/96
初级汉语语法教学中"精讲"的原则 …………………… 刘敬华/104
汉语词汇知识课教学内容探讨 ………………………………… 唐　伶/114
面对来华留学生的汉语语音课教学相关问题探讨 ………… 王安红/122
第二语言课堂教学中实施合作学习策略的研究 …………… 王　锐/129
对外汉语翻译教学的几点思考 ………………………………… 杨玉玲/140
循序渐进原则在初级汉语课堂上的体现与运用 …………… 郑海燕/149

三、对外汉语教材研究

以消极修辞为核心的修辞教学体系的构建
　　——谈对外汉语修辞教材的编写 ………………………… 韩庆玲/169
从教材编写的角度谈中级汉语综合课练习题的设计 ………… 刘苏乔/180
"讲好中国故事"语境下的新闻教材选编 ……………………… 于　洁/187
留学生"微观经济学原理"课程的教材使用问题浅析 ……… 王　琳/196

四、技术创新与汉语教学资源开发和利用

互联网+时代的商务汉语学习需求调查分析 ………………… 冯传强/205
语音练习 App 在初级汉语综合课中的应用 ………… 唐翠菊　刘敬华/215

基于语料库和用法理论下日本学生习得连词"而"的
　　偏误分析 ………………………………………… 宋　锐　朱　婷/224
基于语料库的高年级本科留学生汉语书面语体教学探析 …… 张秀红/235
基于翻转课堂的对外汉语阅读课教学设计 ……………………… 朱　彤/250
初级对外汉语口语课堂教师话语交互式语料库建设与
　　应用 ……………………………………………………… 彭　坤/257
浅谈翻转课堂教学法及其在对外汉语口语课的应用
　　——以《功能汉语速成》慕课为例 ………………………… 杨　琦/268

五、来华留学生本科教育现状及汉语教学管理研究

留学生汉语国际教育专业本科教育情况调研报告 ……………… 张　浩/279
北语汉语学院经贸方向泰国毕业生就业状况调查
　　分析 ……………………………………………… 杜子美　弓月亭/287
马来西亚学生预科阶段与本科阶段文化适应情况对比 ………… 全　军/296

一
来华留学生本科教育课程建设研究

翻译课在来华留学生汉语本科教学中的作用[*]

韩立冬[**]

摘　要：面向来华留学生开设翻译课的主要目标是使学生了解主要的翻译理论和掌握基本的翻译技能，并检验、巩固和提升其他课程的教学效果。翻译课有助于加深学生对语言的理性认识和对中国的了解，并能够减少母语负迁移的影响。本文结合自身的教学实践，对翻译课提出以下几点建议：正确区分教学翻译与翻译教学；建立翻译实习基地；加强教师队伍建设；开发专门面向来华留学生的翻译课教材；融入新媒体等现代化教学手段等。

关键词：翻译课；对外汉语；来华留学生

翻译是一种语言向另一种语言转换的过程，是语言学习的重要内容，也是语言学习中较难掌握的一个阶段。面向来华留学生开设的翻译课是对外汉语教学的重要课程，很多设有来华留学生汉语言本科专业的大学均开

---

[*] 本成果受北京语言大学校级项目资助（中央高校基本科研业务费专项资金）（18YJ080112）。

[**] 韩立冬，北京语言大学汉语国际教育学部汉语学院讲师。

设了这门课程。笔者目前在北京语言大学汉语学院从事日汉翻译教学工作，在教学过程中，深感翻译课的必要性和重要性，但同时也意识到翻译课教学仍存在一定的问题和不足。笔者在本文中结合自身的教学实践，重点考察翻译课在来华留学生汉语本科教学中的目标和作用，指出翻译课目前存在的问题，并就今后的教学工作提出自己的建议。

一、翻译课在来华留学生本科教学中的定位

（一）翻译课的内容

北京语言大学汉语学院翻译课共设有英汉、韩汉、日汉、俄汉四个方向，主要教学对象是具有一定汉语水平的二、三、四年级学生。

二年级为翻译课的初级阶段，教授翻译基础，以单句练习为主，使学生逐步掌握使役句、被动句、否定句、比较句等汉语典型句式，以及表达请求、希望、禁止、命令、要求等句式的翻译方法，明确其他语言中各种句式与汉语的对应关系，同时掌握一些重要词汇和表达方式的翻译方法。

三年级为翻译课的中级阶段，主要内容是介绍基本的翻译理论，在翻译理论的指导下，兼顾学生兴趣精选段落或文章带领学生进行成段翻译，使学生掌握加译、减译、合译、分译、倒译、意译等各种典型的翻译方法和翻译技巧，从而具备在一定的语境下翻译文章的能力。

四年级为翻译课的高级阶段，一方面继续进行翻译技巧训练；另一方面考虑学生就业后的实际需要，适当地增加一定量的与学生实际汉语水平相符的应用性文体的翻译。翻译素材包括邮件信函、契约合同、法律法规、新闻报道、文学作品等各种文体，使学生在翻译理论的指导下，熟练掌握各种文体的翻译知识、翻译方法与翻译技巧，提高翻译实战能力。

（二）翻译课的目标

翻译与听、说、读、写一样，是一项基本语言技能，而翻译课作为一个独立的课型，其开设的最主要目的是使学生了解主要的翻译理论和掌握基本的翻译技能，为今后从事翻译工作或其他相关工作奠定基础。这是开

设翻译课的目标之一。

利用翻译课来检验、巩固和提升其他课程的教学效果，是开设翻译课的另一个目标。翻译与其他各项语言技能相比，最显著的特点是它既有"输入"的过程，又有"输出"的过程，是语言综合运用能力的体现。翻译既建立在听、说、读、写各技能基础之上，又能够检验其他技能的掌握程度，并能够带动其他各项技能的全面提高。笔译课与阅读课、写作课密切相关。笔译的质量取决于学生的阅读能力和遣词造句能力，外译汉是学员把所学的汉语表达按一定的语法规则组织起来，汉译外能反映学生对原文理解的程度。同时，大量的笔译训练又可以提高学生对文字材料的精准理解能力和写作水平（黄豪，1993：51-56）。同样，口译课与听力课、口语课密切相关。口译离不开良好的听力和口语能力，同时又可以提高学生对听力材料的理解、记忆能力和口语表达能力。翻译课与其他课程的关系是相辅相成、相互促进的，以其他课程为基础，并能够检验、巩固和提升其他课程的教学效果。

二、翻译课在来华留学生本科教学中的作用

（一）加深学生对语言的理性认识

目前语言教学以沉浸式教学法为主流，认为学习语言应完全置身于目的语环境之中，因此教学大多采用直接教学法，大部分实行的是不区分国别即混班教学的方式。然而，掌握了一定的基本功和语言运用的实际技能后，特别是进入高年级后，在继续强化学生语言技能的同时，应积极引导学生进行母语与外语的对照学习和研究，使其获得深刻的语言理性认识。翻译课可以通过大量的篇章翻译实践，引导学生进行母语与汉语的对比和分析、归纳，加深学生对汉语语法体系、结构特点和表达方式的理解，从而进一步提高学生汉语水平（黄豪，1993：51-56）。汉语的致使句一直是留学生学习的重点和难点之一，笔者曾与韩汉、英汉、俄汉翻译课负责教师共同进行了教学实验课，带领学生进行汉语致使句的外汉和汉外翻译，之后归纳和总结汉语致使句的用法、意义及语法功能。参与实验课的

学生普遍反映通过这种有针对性的翻译练习，更加直观地了解到汉语致使句与他们各自母语中相关句式的对应关系，加深了对汉语致使句的了解，并掌握了正确的使用方法。

（二）加深学生对中国的了解和认识

语言学习的根本目的是跨文化交际。跨文化交际除了需要具有过硬的语言能力外，还包括对文化差异的敏感性以及处理文化差异的灵活性。翻译课练习有助于增强学生对异文化差异的理解（魏标，1994：104-108）。

首先，语言是思想和文化的载体，不同语言体现了不同国家、不同民族之间生活习惯、思维方式和社会文化的差异。翻译课可以通过翻译练习，使学生了解到不同语言之间语序、结构和表达习惯的差异，可以引导学生透过语言表面，看到其背后深层次的社会、文化、历史背景。以日汉翻译课为例，课堂教学中专门设计了同形词、成语、惯用语等的翻译和对比，使学生在掌握中、日两种语言之间表达方式上差异的前提下，引导学生透过语言现象进一步发掘产生这些差异的社会文化原因，加深学生对中国文化的理解和认识。

其次，翻译材料本身也可以成为学生了解中国历史文化以及社会变迁的渠道和窗口。如日汉翻译课选取的翻译材料中涵盖了中国的历史、文化、民俗、社会等方方面面，并紧跟经济与社会热点问题，如"一带一路"倡议、高等教育改革、网络购物、二胎家庭、共享经济等相关文章。不仅可以使学生掌握翻译方法和技巧，也可以加深学生对中国社会的了解和认识，一举两得。

（三）减少母语负迁移影响

进行大量翻译练习是减少母语对语言学习负迁移影响的一种有效训练手段。由于受母语负迁移的影响，同一国家的汉语学习者出现的偏误往往具有共性，有规律可循。教师掌握这一规律后，可以通过大量翻译练习，对比分析原语言与汉语之间的差异，帮助学生认识到自身因受母语的干扰产生的负迁移，进行有效的自我纠错，最终掌握汉语表达习惯，提高汉语语言水平。

以日汉翻译为例，在翻译课堂上，教师在引导学生进行日文与中文之间的转换时，通过进行日汉语言对比，使日本留学生认识到日语与汉语在语序、数量词、定语、被动句、人称代词、敬语使用等多个方面存在的差异，针对日本学生易出现的共性错误进行偏误分析和纠正，使学生更好地掌握汉语的语言规律，防止偏误的发生。

三、对翻译课的几点建议

（一）纠正认识上的误区，区分教学翻译与翻译教学

目前在众多语言教学法之中，沉浸式教学法占主流，很多人主张学习语言应完全置身于目的语环境之中，认为翻译课会成为语言学习的障碍。实际上，这种观点把专门的翻译课简单地等同于教学翻译，对翻译课的认识不够准确和客观，实际上是一种认识上的误区。

我们应认识到为留学生开设的翻译课区别于教学翻译。翻译分为两类，一类是服务于语法教学的翻译，即传统的语法翻译教学法，这种方法虽然可以称作是一种教学手段，但不利于培养学生利用目的语思维的习惯，把它作为进行语言教学的主要手段是不妥当的；另一类是专门开设的翻译课，其目的是培养学生用两种不同的语言手段表达同一个思想的技能，这里的翻译不是教学手段，而是教学的一个实践目的（陈兴仁，1985：54-58）。我们应看到这两类翻译的区别，走出认识上的误区，正确、客观地认识和评价为来华留学生专门开设的翻译课。

（二）建立翻译实习基地

翻译水平的提高离不开实战经验的积累，学生只有不断地亲身体察翻译的过程，才能真正体会和掌握翻译的方法和技巧，找到克服翻译难点的办法。但目前翻译课课时所占比重与汉语综合课等主干课程相比少之又少，学生在课堂上进行翻译练习的时间少，课后也几乎没有机会进行练习，这些都严重影响了翻译课的教学效果。

为了使翻译课能够取得更理想的教学效果，特别是针对四年级即将毕

业的学生，考虑到就业后的实际工作需要，应积极与社会相关企事业单位加强合作，为学生创建翻译实习基地，使学生更多地接触社会，培养学生在外交、商贸、教育、传媒、科技等各个领域的翻译实战能力。

（三）加强教师队伍建设

目前，教授来华留学生翻译课的绝大多数教师为外语出身，对外语的相关知识掌握得较好，反而对汉语的相关知识以及对外汉语教学的规律和方法缺乏系统的学习。教师在实际的翻译教学中，特别是在对学生的译文进行讲解和分析时，往往只能够凭借自身母语的语感对学生的译文给予评价，只知其然而不知其所以然，不能够从根本上解答学生的疑问，影响翻译课的教学效果。

因此，应加强翻译课教师队伍建设，可在教师上岗前，组织教师系统地学习汉语和对外汉语教学法等相关知识，以弥补外语出身教师汉语及对外汉语教学法相对知识和经验的不足，使翻译课能够取得更好的效果。

（四）开发专门面向来华留学生的翻译课教材

教材是教学之本，是教师进行教学活动设计、开展课堂活动最主要的依据，是教学活动成功与否的重要因素。但目前各高校使用的针对来华留学生的翻译教材仍存在一定的问题，主要表现为目前国内缺少专门为留学生编写的翻译课教材。据了解，在韩汉翻译和日汉翻译方面，国内仅北京语言大学和北京师范大学使用了专门为留学生编写的翻译课教材，但教材已有十余年历史，部分内容与时代及留学生的兴趣相脱节；英汉翻译仅北京语言大学二年级英汉翻译基础课使用了正式出版的教材，并同样存在教材陈旧的问题，高年级阶段尚无正式出版教材；俄汉翻译等课程国内目前尚无正式出版教材。

在这种情况下，有些高校在面向留学生教授翻译课时，使用了针对国内各高校外语专业学习者而编写的翻译课教材。但国内各高校外语专业学习者与来华留学生在学习目标、学习习惯等方面都完全不同，因此，这些教材并不适用于汉语言专业的来华留学生。翻译素材本身也往往是介绍外国社会文化的文章或外国文学作品的节选，更无法实现通过翻译课使留学生了解中国文化，促进跨文化交际的目的。也有部分高校因缺乏系统教材，授课教师在上课前自行准备，临时打印文章用于教学，致使翻译课教学缺乏系统性、连贯性。

因此，专门开发面向来华留学生的教材是目前翻译课的当务之急。翻译教材选取文章要考虑授课内容的深度和学生的兴趣需要，内容新颖，体裁多样，在教授翻译理论和翻译方法、技巧的同时，应适当加入关于语言对比和纠正留学生汉语学习共性偏误的相关内容，并兼顾普及中国历史、社会、文化知识的功能，以保证翻译课教学取得应有的效果。

（五）融入新媒体等现代化教学手段

随着互联网和移动通信技术的发展，教学手段也在不断地发展和创新，目前，手机 App、微信公众号、微信群组等新媒体已广泛应用于语言教学。但目前翻译课教学依然采用较为传统的教学手段，虽名为多媒体教学，但实际上大多只在课堂教学中融入了 PPT 和语音、视频等内容，对于新媒体教学手段的开发和利用还远远不够。由于教学手段的落后，课堂教学也多以学生翻译—教师讲评—学生改错的模式开展，形式较为单一，无法更好地调动学生的积极性和主动性。因此，翻译课应大胆探索现代化教学手段，尝试使手机 App、微信公众号和微信群融入翻译课的课前学习、课堂教学和课后作业各个环节，借助新媒体的优势优化翻译课的教学模式。这既有利于满足学生多样化需求、方便学生利用碎片化时间、增强学习的趣味性、创造性，又可以拓展课堂教学空间、实现资源共享。

结语

本文首先探讨了面向来华留学生开设的翻译课的内容、目标和作用。在此基础之上，结合自身的教学实践，对翻译课的教材建设、教学模式探索、教学手段改良等问题提出了自己的建议。希望能够对今后翻译课的发展与完善提供一定的帮助，使翻译课能够发挥其独特的课型特点和优势。

参考文献

1. 陈兴仁（1985）翻译在外语教学中的地位、作用及其实施，《南外学报》第 1 期。
2. 巍标（1994）试谈翻译在外语教学过程中的作用，《陕西师范大学学报（哲学社会科学版）》第 23 期。
3. 黄豪（1993）试论翻译练习和训练在外语阅读和听力教学中的必要性，《福建外语》第 3 期。
4. 朱庆祥（1982）试谈"留学生翻译课"教学，《语言教学与研究》第 3 期。
5. 苑锡群（1988）谈谈留学生的翻译课教学，《世界汉语教学》第 4 期。

来华留学生汉语国际教育本科专业课程设置的思考
——以北京语言大学为例

郭姝慧[*]

摘　要：本文考察了北京语言大学汉语国际教育专业的课程设置现状，发现目前的课程设置存在一些随意性，课程设置难以保证知识结构的系统性和连贯性，据此本文就如何进一步完善课程设置提出几个调整方向：1. 进一步突出专业师资培养和师资教育的特色，明确培养目标地位；2. 厘清课程之间的关系，调整课程比重，优化课程结构，丰富课程内容；3. 处理好本科课程和研究生课程的关系；4. 注重国际社会师资需求，适应劳动力市场规律，专业教育和职业教育相结合。在此基础上，构建国际背景下的汉语教育多维互动课程体系，推动汉语国际教育事业可持续发展。

关键词：来华留学生；汉语国际教育；本科；课程设置

在汉语国际教育事业的新形势下，以培养汉语教师和文化交流传播人才为目标的汉语国际教育本科专业，已成为受国家及社会重视并关注的热门专业。据教育部高教司统计，在教育部的鼓励和支持下，截至

---

[*] 郭姝慧，北京语言大学汉语国际教育学部汉语学院讲师。

2018年9月底，全国共有397所高校开设了汉语国际教育本科、硕士或博士学位。[①] 在此基础上，培养本土汉语师资也相应地成为汉语向国际推广以及纵深发展的必然趋势，自2013年起，国家汉办就与国内16所高校合作设立了来华留学生汉语国际教育本科专业，北京语言大学即是其中之一。

北京语言大学来华留学生汉语国际教育本科专业的前身始于2006年2月在该校汉语学院开设的汉语言专业汉语教学方向，该方向设立的初衷即培养潜在的本科学历的本土汉语师资，以缓解海外本土汉语师资紧缺以及水平良莠不齐的问题。经过近13年的探索和发展，北京语言大学来华留学生汉语国际教育本科专业逐渐形成自身的人才培养模式。为了提升汉语国际教育人才的培养质量，本文对开设来华留学生汉语国际教育本科专业的北京语言大学的课程设置情况进行了考察，从培养目标、课程结构、课程内容、课程关系等方面出发，分析该校该专业课程设置的特点，挖掘其成功的可借鉴之处，指出其存在的不足。

一、北京语言大学汉语国际教育本科专业课程设置现状

北京语言大学将面向来华留学生的汉语国际教育专业设在汉语国际教育学部汉语学院，该院学生在本科第一学年及第二学年并不选择具体的专业，而是所有同学混班就读混合培养，到第三学年、第四学年再根据不同专业进行分班培养。自2013年起，汉语学院即设立两个专业，分别为汉语言专业及汉语国际教育专业，学制均为4年，各专业方向均按照学期招生，完成专业学习共需八个学期。目前汉语学院为了适应学科发展的新趋势以及来华留学生特点的新变化，也在进行专业培养模式以及教学内容等方面的改革，不断完善与国外高校的合作培养机制，推进

---

① 参见教育部对十三届全国人大一次会议第1968号建议的答复，教建议〔2018〕第40号，教育部2018年9月20日，http://www.moe.gov.cn/jyb_xxgk/xxgk_jyta/jyta_gjhb/201812/t20181214_363645.html。

"1+3""2+2"等多种与国外大学及企业协作的模式，以培养具有国际化视野的专业人才。① 具体到汉语国际教育专业，该专业的培养目标包括了语言技能目标以及专业知识结构目标。正如韦秋霜（2016）提到的，"强调通过系统的学习，提高学生的汉语交际能力、汉语教学能力和文化传播能力等"，以适应海外汉语教育尤其是基础教育阶段对汉语教育人才的需求。目前学院为汉语国际教育专业的三四年级本科来华留学生开设的各类必修及选修课程大致如表2—1所示。②

表2—1 北京语言大学汉语国际教育学部汉语学院汉语国际教育专业三四年级选课单

学期	所学课程	
	必修	选修
二年级第一学期		现代汉语语音（每周2学时） 中国历史（每周2学时）等
二年级第二学期		现代汉字概论（每周2学时） 中国人文地理（每周2学时） 中国历史（每周2学时） 中国文化基础（每周2学时）等
三年级第一学期	高级汉语综合（每周6学时） 文化专题讨论（每周4学时） 现代汉语词汇（每周2学时） 汉语教学原理（每周2学时）	中国国情（每周2学时） 中国文化体验（每周2学时） 中国现代文学（每周2学时） 中国古代文学（每周2学时）等
三年级第二学期	高级汉语综合（每周4学时） 文化专题讨论（每周4学时） 现代汉语语法（每周2学时） 汉语教学实践（每周2学时）	中国国情（每周2学时） 影视赏析（每周2学时） 中国当代文学（每周2学时） 古代汉语（每周2学时）等

---

① 参见北京语言大学汉语学院网站学院概况，http://hyxy.blcu.edu.cn/col/col7519/index.html。
② 参见北京语言大学汉语学院网站本科教育课程介绍之三四年级汉语国际教育专业选课单，http://hyxy.blcu.edu.cn/art/2019/3/27/art_7983_1137381.html。

续表

学期	所学课程	
	必修	选修
四年级第一学期	高级汉语综合（每周 4 学时） 语音汉字教学（每周 2 学时） 词汇语法教学（每周 4 学时） 当代中国话题（每周 4 学时）	现代汉语修辞（每周 2 学时） 古代汉语（每周 2 学时） 古代文学名著选读（每周 2 学时） 中外文化交流史（每周 2 学时） 中国哲学（每周 2 学时） 中国艺术史（每周 2 学时） 中国民俗（每周 2 学时） 语言学概论（每周 2 学时）等
四年级第二学期	高级汉语综合（每周 4 学时）	汉语史系列讲座 社科文献检索（讲座）

资料来源：笔者统计所得。

表 2—1 所列并非课程全貌，有如下几类我们未列入表中：一是汉语国际教育专业的学生在一二年级时必须选择的语言技能课；二是一些诸如《当代中国经济》《经济基础与实务》等对汉语国际教育专业学生开放的一些其他专业、其他方向的选修课程；三是学生在进入四年级后必须完成的毕业论文写作以及各学年学生进行的本地一两天的短期语言实践或者为期一周的长途语言实践活动。

二、北京语言大学汉语国际教育本科专业课程设置的问题

通过观察表 2—1 北京语言大学汉语国际教育专业的课程设置总结，结合韦秋霜（2016）提出的专业培养目标的具体要求，我们发现北京语言大学的课程设置在课程结构、课程内容以及课程衔接、课程比重等方面还是存在如下一些问题：

（一）从课程结构和内容上来看，必修课程占比重、选修课程占比小，且存在因人设课的问题，随意性大，难以保证知识结构的全面性

崔希亮（2010）曾指出"一个好的汉语教师应该具备汉语言文字学知识、语言学理论知识、教学和学习理论知识（尤其是第二语习得知识）、中国文化和中国社会历史知识、教育心理学知识、外语和学生母国知识、关于中国的百科知识等等"。韦秋霜（2016）也根据专业培养目标概括出学生应具备的六大知识结构，包括汉语技能、语言学知识和理论、文学文化知识、教学知识和技能、教育学知识和理论以及研究方法。具体到北京语言大学汉语国际教育专业，为学生拓展知识结构的任务既有必修课程来承担，也有大量的选修课程可介入。

从课程结构上来看，由于学分的限制，北京语言大学汉语国际教育专业各年级的必修课程相比选修课而言占了绝对优势。以四年级第一学期为例，学生要求修够18学分，仅必修课程就占到14学分，这其中主要着重培养语言技能的高级汉语综合课占6学分。对于留学生来说，汉语语言技能是发展专业教学技能的基础，因此这样的设置是比较合理的，但在其他具体的课程内容方面还不能尽如人意。比如学院基本上可保证汉语言各项要素基础知识的学习，但普通语言学知识类课程的比重则很小，还属于讲座介绍性质的；北京语言大学的文学文化类知识选修课程非常丰富，但学生并不懂得课程之间的相互照应关系，不懂得这类课程对他们提高文化适应能力的重要性；教育学、心理学、二语习得类课程知识应是知识结构中不可缺少的一环，但属于零星穿插，或蜻蜓点水式地或浓缩式地渗透在必修课中，很容易让人感觉不到它们的存在；而研究方法类课程则属于单打独斗式，靠毕业论文指导教师对学生进行单独辅导，从而让他们掌握文献检索和资料查询的基本方法。而这些选修课程还会随着某位教师的出国进修或退休离任等原因停止开设，或因为某位教师非常擅长某个方面而开设更为细致的选修课程，存在因人设课的现象。

（二）从课程比重和课程衔接来看，部分课程的设置难以保证知识的系统性和连贯性

北京语言大学汉语国际教育专业的课程设置在一定程度上是科学的，但因为一些课程学时所限，部分课程还是难以保证知识的系统性。比如现代汉语语法课程，着重于向学生讲授语法知识，实际上是对学生基础汉语学习阶段所学语法知识的一个提炼和总结，但每周两学时，教师实在无法把汉语繁杂的词法和句法系统地讲授完整。如学生了解了"名词谓语句"是什么，但因为时间关系未引入句式的概念，根本就不知道这跟"把"字句、"被"字句一样都属于句式，这就给本科阶段的学生进一步学习教学技能课尤其是汉语语法的教学法课程带来了不小的压力。

再如汉语课堂教学实践课与汉语语法知识课同时在三年级第二个学期教授，可能教师已在教学实践课上让学生演练过"把"字句的教学，汉语语法课才学到关于"把"字句的相关知识。当然并不是说学生不会说"把"字句，而是很少有学生能把教学中要教授"把"字句的哪些知识搞清楚，这是因为他们本身对于"把"字句的知识储备并不完整。语言知识的储备尚未完成，又何谈教学技能的发展？因此，北京语言大学的课程设置还是会造成学生在知识系统性和知识连贯性上的缺失。

三、北京语言大学汉语国际教育本科专业课程设置的调整方向

基于以上北京语言大学汉语国际教育专业课程设置的现状及出现的问题，我们认为学院应在如下几个方面做出一些调整。

（一）进一步突出专业师资培养和师资教育的特色，明确培养目标

虞莉（2007）介绍美国外语教学界传统上把师资培养分成师资培训、师资教育与师资发展三类。师资培训一般指提供与课堂教学直接有关的实际技能的训练，师资教育传授同外语教学相关的理论与研究的基本知识，师资发展则在于提高在职教师的专业发展。三者的侧重点有所不同：师资

培训注重培养教师"应该怎么教"（教学方法与技巧），师资教育注重培养教师"应该知道什么"（基础知识与基本技能），而师资发展教导"当了教师以后怎样不断提高自身素质"（自我发展意识）。北京语言大学汉语国际教育专业，应以师资培训和师资教育为主，暂时不考虑师资发展的问题。现在国家大力支持沿线国家本土汉语教师培养，就北京语言大学汉语国际教育专业的本科生来说，很多学生是通过南亚汉语师资专项培养项目，通过中国政府奖学金、孔子学院奖学金、"一带一路"专项奖学金等项目来求学的，我们应明确培养目标，为他们提供"汉语＋专业"培养模式。

（二）厘清课程之间的关系，调整课程比重，优化课程结构，丰富课程内容

汉语国际教育专业的各门课程之间一定要厘清关系。"汉语＋专业"的培养模式实际上就是强调了汉语技能课本身的重要性，无论是汉语综合技能还是听、说、读、写这些单项技能，都不可偏废，汉语技能课永远是基石。但到了一定程度，我们也要注意汉语技能课和专业教学技能课的有机结合。比如，高年级的高级汉语综合课主要是为了训练综合的技能，但是我们在选择阅读材料的时候完全可以选取与专业技能相关的教学材料，比如心理学教育学的相关文章，这样可以把汉语技能训练和专业教学技能训练做一个有机的结合。也要注意调整课程比重，作为基础汉语教师必不可少的汉语语言知识课，就要增加课时比重，给学生打下良好的基础，让他们能够区分和辨别自己所要教授的语言项目是什么；在本科教学阶段，相比文学文化类知识，增加语言学知识类和教学技能类的课程比重并不为过，因为这是学生走上师资岗位首先需要的。优化课程结构丰富课程内容方面，我们可以在现有基础上在高年级进一步增加实践类课程任务，让学生多观摩一些教学实况，多做一些教学案例分析。总之要处理好课程中理论与实践、语言与文化、汉语与外语、语言知识与语言技能之间的衔接关系。

（三）处理好本科课程和研究生课程的关系；注重国际社会师资需求，适应劳动力市场规律，专业教育和职业教育相结合

汉语国际教育专业的本科生课程也不能过于追求全面，还是要以基础知识为主，要做好本科课程和研究生课程的衔接工作。汉语国际教育的研究生阶段，其核心课程也包括汉语作为第二语言教学等，拓展课程包括汉语语言要素教学、教学设计与管理等，训练课程包括汉语教学资源及其利用、教学测试与评估设计等。核心课程和拓展课程我们在本科阶段一般都会有所涉及，教师要能预估本科阶段学生的水平，评判课程对他们的难易程度。高估学生水平只会带来畏难情绪，低估学生水平又容易没有收获。目前本科阶段的课程鲜少介绍汉语教学资源及其利用、教学测试与评估设计方面的内容，而这些是学生走上工作岗位必备的技能。因此，可以将研究生阶段这一专业的训练课程再往本科阶段做一个延伸，让本科阶段学生也能得到适当的训练。

我们也要注重国际社会的师资需求，将专业教育和职业教育相结合。同一专业学习者可能有不同的职业选择，教学时要注重适合不同的学习需求确定不同的职业教育目标。汉语国际教育的人才并不仅仅限于教师，还会有大量的延伸性、边缘性、支持性的工作需求。比如从事汉语教学资源的开发与服务工作，可以是教学工具的开发，如教材编写、教具研制和课件制作，还可以从事汉语教学平台的开发，如网络汉语学习资源等；除此之外，汉语教育需要大量教育管理人员和经营人员，各级各类学校各种汉语辅导班和补习机构，除了教师，也需要管理者、经营者，可以充分利用北京语言大学的教师资源优势，将汉语国际教育专业和汉语言专业的经贸方向有机结合，培养能够从事汉语教学资源开发和汉语教学经营管理人才。

结语

语言是交流的使者。汉语国际教育专业的设置是为了培养师资，也是为了培养文化交流和传播的人才。希望北京语言大学通过优化汉语国际教

育专业的本科课程设置，构建起国际背景下的汉语教育多维互动课程体系，推动汉语国际教育事业的可持续发展，以此更好地培养留学生的语言技能，增进不同民族、文化的相互理解，使学生能够深刻理解汉文化，理解多元文化，能够在国际文化交流中充分沟通思想，掌握在国际社会中工作所必备的知识和技能，为中外文化交流做出贡献。

参考文献

1. 崔希亮（2010）汉语国际教育"三教"问题的核心与基础，《世界汉语教学》第1期。

2. 教育部对十三届全国人大一次会议第1968号建议的答复，教建议〔2018〕第40号，教育部，2018年9月20日，http：//www.moe.gov.cn/jyb_xxgk/xxgk_jyta/jyta_gjhb/201812/t20181214_363645.html。

3. 韦秋霜（2016）《留学生汉语国际教育本科专业课程设置初探——以国内七所招生院校为例》，第六届东亚汉语教学研究生论坛暨第九届北京地区对外汉语教学研究生学术论坛论文集。

4. 虞莉（2007）美国大学中文教师师资培养模式分析，《世界汉语教学》第1期。

过程性评价视野下的汉语综合课课后作业分析

刘现强[*]

摘　要：布置、批改与讲评课后作业是教学的一个重要环节，也是进行过程性评价的重要内容之一，对了解学生的学习情况、有针对性地开展后续教学工作非常关键。本文以北京语言大学汉语学院高级汉语综合课（三上）为研究对象，通过对2个学期4个教学班98位学生的课后作业情况的梳理统计，发现：（1）学生不太重视课后作业，完成和交作业的情况让人担忧；（2）学生交作业的次数跟作业平均成绩呈高度相关，跟平时成绩、期末总成绩呈显著相关，跟期中考试成绩、期末考试成绩呈低度相关。进而笔者提出一些建议，希望能扭转学生不重视课后作业的态度，充分发挥课后作业在汉语教学中的作用，并在此基础上逐步建立对来华留学生汉语学习的过程性评价体系。

关键词：过程性评价；高级汉语综合课；课后作业

---

[*] 刘现强，北京语言大学汉语国际教育学部汉语学院副教授。

一、引言

汉语综合课是对外汉语课程体系的核心课、主干课，是对来华留学生进行综合技能训练、综合知识讲解的课程，"承担着系统地传授汉语语音、词汇、语法和汉字知识，以及综合训练汉语听、说、读、写等语言技能的任务"（李泉，2010：7-14）。高级阶段汉语综合课在综合训练语言技能的前提下，尤其强调对读写的训练，"高级阶段是中级的延伸和发展"，"中国文化以及中外文化对比内容有所加强，读与写是高级阶段综合课的重点训练方式"（倪明亮，2012：4）。

由于高级汉语综合课课文篇幅的增加，词汇量大幅增加，语法等项目难度也有所提高，在课堂上对读与写进行较大强度练习的要求并不能得到充分的满足。为弥补这一缺失，任课教师一般会布置相当数量和强度的课后作业，让学生在复习巩固课堂所学之外，加强读写方面的练习。因此，高级汉语课后作业的布置及完成情况，对完成教学任务，强化语言技能训练具有重要的意义。

但是，笔者在教学过程中发现，课后作业的作用，并没有得到有效的发挥，学生不交作业、不写作业的情况比较普遍，甚至个别教师也轻视甚至忽视课后作业的作用，在督促学生写作业交作业、批改作业评估作业质量时不上心、不用心，敷衍了事。为了解目前高级汉语综合课课后作业的有关情况，笔者对所教4个班的高级汉语综合课（三上）课后作业进行了粗浅的分析，并对有关问题进行了初步的探讨，希望能提醒一线教师重视课后作业，引发教师的思考，集思广益发掘课后作业在汉语教学中的作用。

二、课后作业情况介绍

北京语言大学汉语学院是以承担对来华留学生进行本科教学工作为主要任务的学院，面向高级阶段学生开设的综合课共有四个层次，即三年级上、三年级下、四年级上和四年级下。笔者所任教的是三年级上（三上）

的综合课，该层次平行班比较多，为保证教学质量，教研室在学期初制定详细的教学计划，要求教师严格执行；同时按照教学资源共享的惯例，将各篇课文重点词语、关键语法等教学内容，以及课后作业、参考答案等材料交由任课教师讨论、确定。因而，平行班的课后作业基本上是相同的（有时由于授课进度的差异，会进行小的调整）。

高级汉语综合课（三上）每学期共讲授6篇课文，每篇课文讲授12学时，每篇课文大约布置3—5次课后作业，每次作业1—3种不等：含造句、课后练习、回答问题（即作文）等题型。教学过程中，笔者每种作业均按百分制打分，并记录下来。这样，每学期每位学生大约应交作业40—46种（后文计算时一种作业即算一次，即每学期应交40—46次作业）。此次研究涉及2个学期的4个教学班的98位学生，数据包括所有学生交作业的次数、作业平均成绩、期中考试成绩、平时成绩、期末考试成绩以及期末总成绩（所有成绩均保留到小数点后一位）。本次研究将期中、期末考试成绩及学期末总成绩一同考虑，主要是想了解是否提交课后作业、以及课后作业的质量高低是否与这些考试成绩相关及相关性程度如何。表3—1为其中一个班（称为A班）的数据情况表（删除了学生姓名）：

表3—1 A班成绩一览表

序号	交作业次数	作业平均成绩	期中考试	平时成绩	期末考试	期末总成绩
1	35	70	48.3	53.6	54	53.8
2	38	76.7	55.3	60.6	70	66.2
3	33	73.3	94.3	83.0	96	90.8
4	37	76.7	85.5	78.1	81	79.8
5	42	86.7	53.5	62.4	42	50.2
6	35	73.3	64	64.3	58	60.5
7	36	73.3	67	65.7	71	68.9
8	12	23.3	83	61.0	70	66.4
9	26	50	43	44.9	59	53.4
10	21	40	51.8	47.1	50	48.8
11	29	63.3	71.5	65.4	65	65.2

续表

序号	交作业次数	作业平均成绩	期中考试	平时成绩	期末考试	期末总成绩
12	35	76.7	83.3	76.9	79	78.2
13	29	60	75	67.1	81	75.4
14	35	73.3	92	80.9	80	80.4
15	38	80	58.5	63.1	75	70.2
16	41	93.3	92.8	87.2	94	91.3
17	40	86.7	81.8	78.9	84	81.9
18	42	96.7	93.5	89.0	91	90.2
19	40	83.3	86	80.2	78	78.9
20	38	83.3	90	82.9	92	88.3
21	39	76.7	28.3	44.1	22	30.9
22	42	86.7	33.5	50.4	29	37.6
23	42	93.3	83.5	82.4	89	86.4
24	41	93.3	96.3	89.7	91	90.5
25	11	23.3	77.5	57.3	80	70.9

资料来源：笔者统计所得。

表3—2中，"交作业次数"是根据实际记录情况计算的提交作业的次数（补交作业也计入交作业次数中，但批改时成绩按最高80分计）。"作业平均成绩"为所有作业成绩①分数相加，除以应交作业次数。"期中考试成绩""期末考试成绩"是实际的考试成绩。②"平时成绩"按照期中考试成绩×60% + 作业平均成绩×30% + 考勤及课堂表现×10%③计算得出。"期末总成绩"按照期末考试成绩×60% + 平时成绩×40%④计算得出。

---

① 所有作业为笔者本人批改、登记。
② 期中考试和期末考试均为流水阅卷。
③ 按照汉语学院的规定，学生综合课平时成绩由期中考试成绩、平时作业和考勤及课堂表现等组成，所占比例可由教研室或任课教师根据实际情况确定，一般为各占60%、30%和10%。
④ 按照汉语学院的规定，学生综合课期末成绩的评定由期末考试成绩和平时成绩组成，分别占60%和40%。

三、课后作业情况分析

按照上面的介绍，我们将所有4个班的数据进行了汇总。经统计，发现所有作业都完成并上交的同学共有12人，只有10次作业没有交的同学有50人（10次作业大约不到总次数的1/4，考虑到学生缺课等偶发情况，10次作业没交尚可以容忍），一半作业完成并提交的大约为74人，有2人一次作业没有交，请看表3—2。

表3—2　学生交作业次数情况汇表

项目	交作业情况					总人数
	100%	缺10次	60%	50%	0%	
人数	12	50	64	74	2	98
占比	12.2%	51.0%	65.3%	75.5%	22.0%	100%

资料来源：笔者统计所得。

总体来看，尽管有一些同学表现很好，能按时完成所有作业并上交，但是人数比较少，仅占总人数的12%。如果把缺10次作业看作是可以容忍的界限的话，那么大约有近一半的学生没有达到这一要求。有64位学生完成并提交了60%的课后作业，占总人数的65.3%；另外34位学生没有达到交作业次数的"及格线"。有24位学生只交过一半的作业，可以说是经常不交作业，这是非常不好的现象。有2位学生一次作业都没有交（经查，其实是同一位学生，前一学期没有交过作业，留级后仍然一次作业没有交）。

从这些数据可以看出，课后作业在不少学生心中并不重要，不做、不交作业的情况还是比较普遍的。显然，教师想通过课后作业巩固课堂所学，并进一步进行读写技能训练的目的并没有全部实现。

那么，为什么学生不重视课后作业呢？是因为学生课余时间太忙，没有时间完成？还是因为学生不会做或者对布置的作业题目不感兴趣？或者是因为教师没有严格有效地制止，不做作业、不交作业的现象蔓延且成为常态？笔者想这应该是需要进一步研究的课题。

根据前面的说明，提交作业的次数会影响到作业的平均成绩；而按照学院规定的平时成绩和期末总成绩的计算方案，课后作业的平均成绩也会对平时成绩产生影响，进而影响到期末总成绩。下面，我们具体看一下这些数据的相关性情况：

表3—3 学生作业及有关成绩的相关性分析总表

	列1	列2	列3	列4	列5	列6
列1	1					
列2	0.986336	1				
列3	0.34287	0.398022	1			
列4	0.759437	0.78871	0.863882	1		
列5	0.407677	0.479718	0.760517	0.732549	1	
列6	0.563781	0.624965	0.848767	0.879192	0.968382	1

资料来源：笔者统计所得。

表3—3中列1至列6所代表的数据分别为：交作业次数，作业平均成绩，期中考试成绩，平时成绩，期末考试成绩以及期末总成绩。鉴于部分学生作弊或缺考等原因，期末考试成绩为0，为避免影响分析结果，这些学生（共4位）的所有数据都被剔除。

由表3—3可以看出，学生交作业的次数跟其他各项数据均呈正相关，[①] 其中跟作业平均成绩为高度相关（R>0.8），与平时成绩、期末总成绩为显著相关（0.5<R<0.8），与期中考试成绩、期末考试成绩为低度相关（0.3<R<0.5）。这说明，交作业次数多的学生，作业平均成绩高，相应地平时成绩和期末总成绩也高；交作业次数少的学生，作业平均成绩低，平时成绩和期末成绩也低。

前面已经提到，计算作业平均成绩是把学生已交作业的成绩相加，再

[①] 相关系数的数值范围在-1和+1范围之间，即-1≤R≤1，R>0为正相关，R<0为负相关。判断标准：|R|<0.3，为微弱相关，0.3<|R|<0.5为低度相关；0.5<|R|<0.8为显著相关，0.8<|R|<1为高度相关；|R|=0时，不相关，|R|=1时完全相关。

除以应交作业的次数，因而交作业的次数肯定会在很大程度上影响作业的平均成绩，进而会影响到平时成绩和期末总成绩；交作业次数跟这三类数据具有相关性并且相关程度高比较容易理解。但是分析显示出交作业的次数跟期中考试、期末考试成绩相关，却不是计算方法造成的。尽管它们之间的相关程度较低，但也在总体上说明交作业的次数跟考试成绩之间存在着关联：或许是完成并提交作业，的确起到了巩固课堂所学、练习读写技能的效果，并体现在了课程考试中，提高了考试的成绩；或许是考试成绩好的学生，平时对自己的要求相应地也会高一些，会按照教师的要求按时完成并且提交作业；或许两种情况都存在。后续可以进一步研究。

四、结论与探讨

通过上面的分析，我们可以得出以下结论：

结论 1. 学生不太重视课后作业。完成所有作业并提交的学生仅占12%左右，有近三分之一的学生在提交作业次数上没有达到"及格线"，甚至有个别学生 2 个学期竟然一次作业都没有交。

结论 2. 学生交作业的次数跟他的各项成绩都是正相关的。与作业的平均成绩呈高度相关，与平时成绩和期末总成绩呈显著相关，与期中考试成绩和期末考试成绩呈低度相关。三种相关关系中，前两种尽管可以部分地从计算方法中得到解释（是否果真如此也未可知），但最后一种"低度相关"却更令我们振奋，或许表明了课后作业在教学中的作用所在。

关于结论 1，笔者认为应该在后续研究中进行深入调研，寻找学生不重视课后作业的原因，以采取更加有针对性的措施纠正学生的这一态度，切实让课后作业起到它应有的作用。在此之前，笔者认为有一些较为通用的办法也会对改变学生的态度有用。下面简单谈一谈笔者在这方面的思考，及建议采取的一些对策。

首先，要想让学生重视课后作业，教师必须高度重视课后作业。正如前面所说，高级汉语综合课的课后作业是教师课堂教学的延续，是巩固课堂所学、练习各项语言技能尤其是汉语读写能力的重要手段，也是教师对学生汉语知识和技能掌握情况等进行评估的重要依据。综合课教师应该高度重视课后作业，把它放到对学生汉语知识理解与掌握、汉语水平高低的过程性评价的视野中，看作是评价学生汉语水平的重要指标。

目前大多数学校对学生的汉语学习水平的评价都是以课程考试为主，尤其以学期末的考试为重。一般情况下，平时的表现如何并不是最重要的，只要是期末考试成绩能通过，总成绩一般也就通过了。学生对此非常清楚。因而有些学生不重视课后作业，不在意平时表现，认为期末考试前突击复习几天，就能考个好成绩，就可以顺利地升级。这种想法和做法是比较普遍的，目前看来也的确很奏效。这正是着眼于结果评价的课程考核方式的软肋之一，尤其对以技能训练为主要教学目的的语言教学来说，这一问题更为突出。正因如此，教育学界提出了过程性评价的课程考核方式（参见高凌飚，2004a；高凌飚，2004b；吴维宁，2006；等），认为增加教学的过程性评价，重视课后作业以及课堂的表现等教学环节的评估，可以部分地解决这一问题。也就是说，教师应该注意对学生的课后作业、课堂表现等作出客观公正的评估，并加以量化，严格按照一定标准计入其平时成绩中，让作业成绩、课堂表现等切实地体现在学生的平时成绩和期末总成绩中，而不是在期末考试结束后，通过回忆学生的平时表现给出平时成绩，甚至根据期末考试成绩，有意识地将接近及格线的不及格学生"捞"上去。

其次，教师要通过各种途径，有意识地把教师重视课后作业这一观念"传递"给学生，让学生明确认识到课后作业的重要。"传递"的途径很多，比如尽量不让助教或其他教师代为批改作业，及时将作业成绩（包括其他评估结果）反馈给学生，让学生了解自己的作业情况、学习效果等，并且将成绩一一登录在学生的成绩单中，适时地展示给学生。具体来说，教师可以在开学的第一节课上，把平时作业的具体要求明确告知学生；学期中可以不定期地向学生通报班级的作业情况，重点告知学生没交作业的情况，提醒警示学生按时交作业；教师应及时讲评作业，对学生普遍存在的问题应该重点讲评，及时有效地对学生的作业情况进行反馈……及时反馈学生的作业情况，包括作业成绩及书面或口头的评语评价等，是非常重要的。这既显示了教师对课后作业的重视，让教师本人更及时准确地了解学生学习的真实情况，为后续有针对性地开展或者调整教学打下了基础；同时也让学生切实感受到了老师对作业的重视，知道了自己学习中的得与失，体会到完成作业提交作业对自己掌握汉语、提高汉语水平确实有帮助。

　　第三，教师可以根据实际情况，适当把课后作业作为树立学生学习汉语自信心，提高学习汉语的兴趣的手段之一。教师在批改、讲评作业时一定要认真，要严格；但同时也要注意策略，毕竟作业不是考试。试想一下，一位学习成绩不太理想，汉语水平不太好的学生，由于畏难情绪不愿写作业，有时尽管写了作业，却不敢提交；但当他偶尔交了一次作业，看到作业本上写着鲜红的90分，100分的时候，他会有什么想法？如果这样的情况持续几次，想必写作业交作业就不会再是他的梦魇了。又或者一位汉语水平很高、学生成绩很好的学生，由于粗心、马虎，甚至不认真，作业中出现了较多的错别字、语法错误等；当他拿到作业，看到一个个红红的叉号，一句带着巨大感叹号的提醒的话语，他会怎么想呢？因此，教师完全可以根据实际情况，把课后作业的评分，作为一种鼓励学生树立自信、对学习产生兴趣的手段，或者是一块提醒警示的牌子，督促学生学好汉语。

　　上面是笔者对结论1的一些想法，以及操作性较强的一些建议，仅供参考。而关于结论2，笔者认为可以适当扩大样本量，对一些因素进行控制，进一步研究数据之间的相关性，特别是交作业的次数与期中考试、期末考试成绩的低度相关是否具有因果关系。如果具有因果关系，那么更加能说明课后作业对课堂教学，尤其是语言技能学习为主的课堂教学具有积极的作用。当然笔者相信，科学合理的课后作业，一定会对提高学习效果产生积极影响。

五、余论

　　课后作业，尤其是汉语综合课的课后作业，在汉语教学中具有十分重要的作用。教师可以通过学生作业完成的质量，掌握学生的学习情况，了解学生在知识点的理解、读写技能方面的表现等情况，起到在教学过程中随时对学生的学习情况加以评估的作用，以便开展更有针对性的教学。另外，学生的平时作业情况也应以各种方式和比例计入该生最终的期末总成绩，成为学生继续学业、升留级的重要依据，对学生起到督促警醒的作用。

随着教育学领域及教育行政管理部门对教学尤其是课程考核中过程性评价的理论研究和实践探索逐渐重视，汉语教学、汉语学习的过程性评价研究也应该提上日程；其中，包括综合课在内的各种课型的课后作业的研究、课堂表现评估的量化及质性研究等都应该是过程性评价研究的内容，应该投入更多的精力深入研究，以真正建立起符合汉语作为第二语言教学和学习的过程性评价体系。

参考文献

1. 陈田顺（1999）《对外汉语教学中高级阶段课程规范》，北京语言大学出版社。

2. 邓亚玲（2015）留学生对汉语课后作业的期望要素初步调查分析，《第八届北京地区对外汉语教学研究生论坛文集（上）》，2015年5月9日。

3. 高凌飚（2004a）关于过程性评价的思考，《课程 教材 教法》第24卷第10期。

4. 高凌飚（2004b）过程性评价的理念和功能，《华南师范大学学报（社会科学版）》第6期。

5. 李泉（2010）汉语综合课的性质和特点探讨，《海外华文教育》第3期。

6. 倪明亮（2012）《汉语综合课教材论——文册》，北京语言大学出版社。

7. 吴维宁（2006）过程性评价的理念与方法，《课程 教材 教法》第26卷第6期。

8. 王美华（2018）汉字专题课程的过程性评价探究，《黑龙江生态工程职业学院学报》第31卷第5期。

9. 张兴华（2002）关于研究性学习实效性的思考，《中国教育学刊》第4期。

10. 张亚茹（2010）高级汉语综合课的课文整体教学，《对外汉语综合课课堂教学研究》，北京语言大学出版社。

留学生高级汉语综合课课程研究现状与展望

张亚茹[*]

摘 要：综观留学生高级汉语综合课程研究现状，现有研究主要集中于教材与教学模式及方法，不足主要表现在研究范围有限，研究深度尚欠深入，综合课系统性与差异性研究不足，重教学研究而轻学习研究等方面。今后可在高级汉语综合课程理论、高级汉语综合课与相关课程的关系、知识的技能化、语体教学、学习主体、高级汉语综合课与现代信息技术等方面，对高级汉语综合课程进行全面、系统而深入的研究。

关键词：留学生；高级汉语综合课；课程研究

高级阶段汉语教学与高级汉语综合课程自20世纪70年代至今，已经历了40余年的发展过程，取得了长足的发展。而且高级汉语综合课在高级阶段汉语教学与课程体系中的作用与重要地位已为学界共识。但是，较之初级阶段汉语教学与初级汉语综合课，高级阶段汉语教学与高级汉语综合课程的教学理论与实践研究仍相对薄弱，研究不够充分，存在诸多不足。课程的重要地位与现有研究的薄弱，决定了加强高级阶段汉语教学与高级

---

[*] 张亚茹，北京语言大学汉语国际教育学部汉语学院副教授。

汉语综合课程研究的必要性与迫切性。

本文拟通过对高级汉语综合课程研究现状的梳理，探究高级汉语综合课程现有研究的问题与不足，对高级汉语综合课程研究的未来发展提出建议与展望，希望能够为今后高级汉语综合课程研究与教学实践提供参考与借鉴。

一、高级汉语综合课程研究现状

现有高级汉语综合课程研究主要集中于教材、教学方法或模式研究，成果较为丰富。

（一）高级汉语综合课教材研究

20世纪八九十年代，学界对于文学作品与名家名篇能否进入高级汉语综合教材的看法存在分歧。施光亨、李明（1987），刘英林（1991），吕必松（1993）等认为文学作品不适合进入教材，而吴叔平（1988）、李扬（1992）等则持赞成态度。进入21世纪，学界对于文学作品进入高级综合教材已取得共识，而且收录的文学作品也有明显变化，鲁迅、老舍等作家的经典名作已逐渐退出高级综合教材，而代之以非经典文学作品。

关于课文的编选原则，李扬（1992）认为应从语言教学角度选择文学作品，拓宽体裁、题材、语体范围。刘月华（2006）认为应选择语言规范的文学作品，而不要选择只能意会、不能言传的注重意境描写的作品。高增霞（2010）认为文学作品的选择要以有利于语言教学作为基准，语言要丰富经典且实用，文化背景要在学生接受的范围内，内容应适合学生的心理发展水平，体裁以叙述说明为主，适当增加议论文章。李泉（2017）认为高级教材课文要有知识性和思想性，应该由语言针对性扩展到思想针对性，由语言和故事的趣味性拓展到满足学习者智力、情感和思想需求的趣味性。

而对于如何编写高级综合教材，杨翼（2003）提出了基于成段表达能力培养的高级教材结构设计的新思路，采取语篇→语段→复句→单句→词组→词的分解式推进策略。肖路（2005）以学习者为中心，以能否满足学习者需求作为教材编写的依据与前提，提出内容的丰富性、体裁的多样性与书面表达的完整性和逻辑性等完美统一的编写思路。高增霞（2012）认为高级汉语教材的"高"应体现在展示当代典雅的书面语体，提供能与学生进行的平等对话，突出当代书面语词汇、造句规律、语篇表达特点的教学上。

（二）高级汉语综合课教学研究

1. 教学方法或模式研究

较之初级阶段，随着教学对象汉语水平的提高与教学内容丰富与复杂程度的提升，高级汉语综合课的教学模式趋于多样化。学者们分别从教学实践出发提出各自的教学方法或模式。陈宏（2004）认为高级汉语课应采用交际教学法。蒋可心（2006）认为可采用板块教学法，将完整的教学过程分为预习、训练、实践三大板块，各板块相对独立而又联系紧密。王凤兰（2008）认为高级汉语课教学应采用"导示"方式，从以"教"为主转向以"导"为主，学生的学习应从"被动的接收"转向"积极的参与"。刘姝（2014）提出以培养汉语语感为核心的教学模式。于天昱（2017）设计了任务型高级汉语综合课教学模型。

2. 教学内容研究

张艳华（2011）认为高级汉语课的语法教学应综合运用系统层面的串珠式教学法、句子层面的模块式教学法、语篇层面的衔接式教学法以及语体层面的转换式教学法。柯润兰（2013）认为语篇能力的培养和训练是高级汉语课的中心任务，建立了由语篇背景处理、语篇分析程序和语篇生成训练三个组件构成的语篇能力训练模式。于昆（2010）认为在高级汉语综合课教学中应充分考虑文化因素，并尝试从文化背景的铺陈与烘托、文化内涵的透视与挖掘、文化心理的积淀与交融三个方面设计文化因素教学。

二、高级汉语综合课程现有研究的不足

综上所述，现有研究涉及高级汉语综合课的定位、教材、教学模式及教学方法等方面，取得了较为丰富的成果，为今后高级汉语综合课程的教

学与研究奠定了基础。但因为高级阶段汉语教学起步较晚，研究不够充分，高级汉语综合课程研究仍存在诸多不足，很多方面仍有待深入发掘与探讨。

（一）研究范围有限，研究深度尚欠深入

高级汉语综合课是由目标、内容、过程、评价四要素构成。而现今高级汉语综合课程研究主要集中于教材与教学模式及方法，属于课程内容与过程两要素；而目标与评价两要素，目前尚缺乏研究。虽然学界普遍认同高级汉语综合课的教学任务是教授语言与文化知识、进行听说读写技能训练，但是对于应该教授哪些知识、听说读写技能应达到什么水平与标准，知识传授与能力培养目标的关系如何等，目前学界尚未有明确说明。不仅如此，目前对于高级汉语综合课程理论层面的探讨与研究较为薄弱，未能就某教学模式或方法做出理论上的阐释与论述，也未能开展具有针对性的实证性研究。这些不足在很大程度上影响了学界对高级汉语综合课程的准确而全面的认识。

（二）综合课系统性与差异性研究不足

综合课作为汉语教学初、中、高三个阶段的主干课，贯穿汉语教学始终。但是，目前对于各阶段汉语综合课的系统性与差异性研究薄弱，各阶段汉语综合课研究各自为战，致使学界无法对汉语综合课系统形成准确而全面的认识，对初、中、高三个阶段的汉语综合课教学与学习特征缺乏了解，从而加大了在完整的汉语教学体系中准确把握高级汉语课程教学特征与教学规律的难度，未能准确把握高级汉语综合课教学的独特之处，进而在很大程度上影响了高级汉语综合课的教学实践与教学效果。

（三）重教学研究而轻学习研究

教学是师生之间的双边活动，学生是教学活动的主体，其能力水平、学习需求、学习动机与策略、情感态度等对于课程教学具有至关重要的影响。但现有高级汉语综合课研究，主要是从教师"教"的角度展开，而缺乏对学习者的深入研究，以致学界对于高级阶段汉语学习者的各个方面缺

乏了解，这不利于高级汉语综合课程教学顺利而高效的进行。

三、高级汉语综合课程研究展望

为改进高级汉语综合课教学，促进高级汉语综合课程研究，从而对该课程形成准确而全面的认识，我们认为高级汉语综合课程需要在以下几个方面进行全面、系统而深入的研究。

（一）高级汉语综合课程的理论研究

高级汉语综合课程的理论研究不应仅限于现有的教学模式探讨，而应在教学实践的基础上，以课程理论与教学理论为理论基础，对课程目标、课程内容、教学模式与课程评价四个方面进行全面而深入的研究。

重中之重是对课程目标的研究，应对高级汉语综合课的教学目标（包括能力目标与知识目标）进行具体而明确的阐释与说明。课程目标是高级汉语综合课程的核心，是确定课程内容、教学模式与课程评价的基础。课程目标的确定，有助于明确课程与汉语国际教育目的和培养目标的衔接关系，有助于明确高级汉语综合课与其他相关课程之间的关系，有助于揭示教师教与学生学以及课程内容与社会需求之间的关系。在课程目标明确的基础上，对课程其他方面进行深入研究，最终构建高级汉语综合课程理论。

（二）高级汉语综合课与相关课程的关系研究

我们认为应将高级汉语综合课置于汉语课程体系中，深入考察高级汉语综合课与初级和中级汉语综合课、与高级阶段其他相关课程之间的关系。

应加强初、中、高三个阶段的汉语综合课程的系统性研究。比如，对各阶段汉语综合课的教学内容进行系统研究，探究三者的阶段性特征；对各阶段综合课的教学现状进行全面考察，分析不同阶段教学方法与教学模式的异同；研制初级、中级与高级阶段的汉语语言能力标准。

高级汉语综合课与高级阶段的其他技能课（如口语、写作、阅读）、知识课（如古代汉语，现代汉语词汇、语法与修辞）关系密切，但具体关系如何、如何有效利用这种关系促进高级汉语综合课教学值得深入探讨。这一研究有助于深化高级汉语综合课程的研究，有助于推动高级阶段汉语课程体系的建设与研究，从而促进对留学生汉语教学课程体系的发展与完善。

（三）知识的技能化研究

语言技能的培养是综合课教学的根本目标。而外语教学实践表明，语言技能的获得需要专门的方法和足够的训练量，而单纯的语言知识讲练不能自动形成语言技能。因此，知识的技能化就成为设计综合课一切方法和技巧的根本着眼点，而这恰恰也是综合课理论研究和教学实践的薄弱环节（李泉，2010：7-14）。

知识技能化的前提是正确处理知识与技能的关系。在高级汉语综合课中，语言知识处于服务性与辅助性地位，根本目的在于使学生更好地进行技能训练。因此，高级汉语综合课中的知识教学应努力实现其操作上的先行性、理念上的服务性、时间分配上的小量化与功用上的技能化（李泉，2010：7-14）。这样的知识教学如何实施、如何实现精讲多练，如何实现知识的技能化，是目前高级汉语综合课研究亟待加强与努力的方向。

（四）语体教学研究

在对外汉语教学界，有学者较早就认识到并明确指出语体教学在对外汉语教学中的重要性，如常敬宇（1994）、丁金国（1997）、曾毅平（2009）。但根据考察可知，目前的对外汉语教学实践对于语体教学并未给予足够的重视，学生的语体意识与语体能力普遍较弱，语体教学研究也较为薄弱。

而高级阶段的语体教学任务应由高级汉语综合课承担，着重培养学生的书面语体能力。但对于书面语体教学的内容、目标、教学模式及方法等，目前学界尚未有专门研究，未能形成明确的认识，值得深入探讨。

(五) 学习主体研究

学生是教学与学习活动的主体，其主次能动性与创造性能否得到充分发挥，直接影响着教学与学习活动的成败。尤其是在高级阶段，高级汉语综合课教学内容的丰富与复杂程度明显提升，但课堂教学时间有限，教师难以在有限的时间内教授如此丰富而复杂的内容，难以有效完成知识讲授与技能训练的双重任务。在这种情况下，学生作为学习主体的作用能否得到充分发挥即成为影响教学成败的关键。如何调动学生学习的积极性、如何充分发挥其学习主体作用，这一问题解决的关键在于对作为学习主体的学生的深入研究。

(六) 高级汉语综合课与现代信息技术的结合研究

现代信息技术的飞速发展在为对外汉语教学带来重大变革的同时，也使对外汉语教学界面临一个必须解决的问题，即如何正确处理现代信息技术与对外汉语课堂教学的关系。郑艳群（2001）就此给出的回答是："课堂教学仍然是对外汉语教学的中心环节，它不应当被削弱，而是通过引入……现代教育技术使之更加完善、更加合理，具有更高的教学效率。但课堂教学中技术因素的量和度，必须针对教学需求得到适当的控制。"

现代信息技术也为高级汉语综合课教学带来了诸多变化，比如基于多媒体技术的 PPT 在课堂教学中得到普遍使用等，既促进了高级汉语综合课教学的完善与教学效率的提高，但同时 PPT 的大量使用也分散了学生的注意力，影响了课堂教学中师生之间的积极互动。可见，现代信息技术对于教学有利有弊，那么应该如何趋利避害，如何实现合理而有效地利用现代信息技术，则是现在需要我们探讨并着手解决的问题。

结语

高级阶段的汉语教学任务是"发展、提高学生的语言综合运用能力，全面的语言交际能力，使他们能在广阔的社会生活领域里，进行多层次的交际活动"（王晓澎、倪明亮，1997：42-56）。高级汉语综合课作为高级阶段的主干课与核心课，在实现这一教学目标的过程中发挥着举足轻重的作用。因此，我们应该对其进行全面而深入的研究；同时，还应注意语言教学观念的转变，即注重语言—思维型与语言—素养型教育，关注语言和生活、语言能力与智力和情感的关系，并尝试通过全面提高人的素养促进人的语言能力的发展（张一波，2007：22－23）。因为越是到了较高的学习阶段，制约能力提高的因素越复杂，对学生综合素质的要求越高。只有清醒地认识到这一点，语言教学的视野才能真正拓宽。这一点对于高级汉语综合课教学与研究尤为重要。

参考文献

1. 常敬宇（1994）略议汉语教学应以语体为纲，《修辞学习》第2期。

2. 陈宏（2004）留学生高级汉语综合课语段教学探析，《经济与社会发展》第9期。

3. 程棠（2014）把握研究对象是学科建设的关键，《国际汉语教学研究》第3期。

4. 高增霞（2010）高级汉语教材编写中的选文问题，《南阳师范学院学报（社会科学版）》第8期。

5. 高增霞（2012）"高级汉语"教材"高"在哪里，《江西师范大学学报（哲学社会科学版）》第5期。

6. 蒋可心（2006）板块教学法——对外汉语高级阶段综合课的一种方法，《黑龙江教育》第6期。

7. 柯润兰（2013）高级阶段综合课语篇能力训练的模式研究，《湖北社会科学》第1期。

8. 李菊先（1992）关于中高级汉语教材的思考，《世界汉语教学》第4期。

9. 李泉（2010）汉语综合课的性质和特点探讨，《海外华文教育》第3期。

10. 李泉（2017）课文编选：理念为先，理念贴心——以《发展汉语·高级综合（Ⅱ）》三篇选文为例，《国际汉语教育》第 2 卷。

11. 李杨（1992）《中高级对外汉语教学论》，北京大学出版社。

12. 刘姝（2014）高级综合课教学的汉语语感培养，《海外华文教育》第 1 期。

13. 刘英林（1991）中高级阶段对外汉语教学的理论探讨，《语言教学与研究》第 2 期。

14. 刘月华（2006）中文教材的课文和语法，《中文教材与教学研究》，北京语言大学出版社。

15. 吕必松（1993）关于中高级汉语教学的几个问题，《语言教学与研究》第 1 期。

16. 施光亨、李明（1987）文学作品与中高级汉语教材，《第二届国际汉语教学讨论会论文选》，北京语言学院出版社。

17. 王凤兰（2008）高年级汉语精读课教学的影响因素及解决策略，《云南师范大学学报（对外汉语教学与研究版）》第 3 期。

18. 王晓澎、倪明亮（1997）高级阶段汉语教学散论，《语言教学与研究》第 2 期。

19. 吴成年（2004）对文学作品作为中高级对外汉语教材的思考，《新疆师范大学学报（哲学社会科学版）》第 2 期。

20. 吴叔平（1988）小小说进课堂的启示——谈中、高级阶段汉语教材的编写，《语言教学与研究》第 2 期。

21. 肖路（2005）从学习者的视角谈高级精读教材编写，《语言教学与研究》第 1 期。

22. 杨翼（2003）培养成段表达能力的对外汉语教材的结构设计，《世界汉语教学》第 1 期。

23. 于昆（2010）高级汉语综合课教学中的文化因素，崔希亮主编《对外汉语综合课课堂教学研究》，北京语言大学出版社。

24. 于天昱（2017）任务型高级汉语综合课教学——以人物专访为例，《语言教学与研究》第 2 期。

25. 曾毅平（2009）语体理论在对外汉语教学中的应用，《修辞学习》第 5 期。

26. 张艳华（2011）高级阶段精读课语法教学多维互补策略探析，《华文教学与研究》第1期。

27. 张一波（2007）对外汉语高级精读教学问题研究，《大连教育学院学报》第3期。

28. 郑艳群（2001）课堂上的网络和网络上的课堂——从现代教育技术看对外汉语教学的发展，《世界汉语教学》第4期。

浅谈面向俄语区留学生的《俄汉翻译》课程[*]

张 扬[**]

摘　要：随着"一带一路"倡议的提出，越来越多的俄语区留学生来到中国学习汉语。为了使汉语国际教学的学科更具多样性，北京语言大学汉语学院分别在二、三、四年级为广大俄语区留学生开设了选修课《俄汉翻译》课程。该课程在其他院校鲜有开设，学科设置、教学材料、教学方法等方面的研究尚处于初级阶段，急需广大汉语国际教学教师及相关科研工作者共同研究和探讨。

关键词：俄语区留学生；俄汉翻译；课程设置

北京语言大学的对外汉语翻译教学有着悠久的历史。1964年建校之初，就开设了外译汉翻译课程，并于1974年专门成立了翻译教学小组，主要进行外译汉翻译教材的编写、翻译理论研究等工作（李扬，2018：12－18）。近五十年来，随着课程建设的需要，学校根据历年留学生的入学、

---

[*] 本课题为北京语言大学院级科研项目（中央高校基本科研业务专项资金资助），项目编号为17YJ080119。

[**] 张扬，北京语言大学汉语国际教育学部汉语学院讲师。

选课情况，曾先后开设过英语、法语、日语、德语、阿拉伯语、西班牙语、阿尔巴尼亚语、罗马尼亚语、韩语、俄语等多语言外译汉课程（孙慧双，1990：54－63）。目前，北京语言大学汉语学院常年开设的翻译课程主要涉及英语、日语、汉语、俄语四个语种，其中俄汉翻译课程于2012年春季学期正式开课。

一、课程设置

俄汉翻译目前为选修课程，开设年级为二、三、四年级，其中二年级课程名称为《俄汉翻译基础》，全学年开课，2学时/周；三年级课程名称为《高级俄汉翻译1》，全学年开课，4学时/周；四年级课程名称为《高级俄汉翻译2》，上半学年开课，2学时/周。该课程的教学对象为"以俄语为母语，或具有相当于母语水平的俄语区国家来华学习的本科留学生"。这些学生主要来自俄罗斯、哈萨克斯坦、吉尔吉斯斯坦、乌兹别克斯坦、塔吉克斯坦、乌克兰、白俄罗斯、阿塞拜疆、土库曼斯坦等俄语区国家。

面向留学生翻译课程的教学目的主要是"利用汉外两种语言的不同特点，进行对比教学，结合翻译基础知识的讲授，通过口译、笔译练习，帮助学生提高汉语表达能力和语言对译的能力"（朱庆祥，1982：105－109）。俄汉翻译课程以此为出发点，根据留学生的汉语水平，将各年级教学目标设定为：

（1）初级阶段（二年级）的教学目标为：能翻译与综合课内容相关的、各种生活场景中的对话。翻译速度为80—100词/小时，译文忠实原意，语言通顺。

（2）高级阶段（三年级）的教学目标为：能翻译一般性文学作品、新闻，翻译速度为130—160字/小时。译文忠实原意，语言通顺，用词基本准确，能体现出书面语与口语体的差异。

（3）高级阶段（四年级）的教学目标为：能翻译部分外事、外贸应用文及反映中外生活、政治、文化的文章，译文无重大语法错误，用词较为准确，能够适当兼顾各种语体的语言特征。

根据各年级教学目的的不同，教学内容及材料方面，各年级各有

侧重:

二年级围绕综合课、口语课中的部分话题,选取小说、电影中不同生活场景的人物对话作为翻译教学的主要内容。该阶段以在一定情景中的"单句翻译"为主,帮助学生把在综合课、口语课中学到的语法、常用句式与母语中相关表达建立联系,在翻译实践中感受俄汉两种语言的差异。

三年级以短文翻译为主,主要选取政治、经济、文化、文学类的网络时事新闻、景点介绍等短文为翻译教学内容,篇章长度为180—250字为宜。通过翻译短文,适当练习学生的语篇连贯问题,在翻译实践中掌握汉语中各类虚词、连词的使用,避免"前言不搭后语"的情况出现。

四年级以各类功能性语体翻译为主(如合同、签证、邀请函等),以文学作品及网络新闻为辅,使学生能够在翻译实践中,体验到各类公文事务语体的翻译技巧和规律。

通过学生在课堂上的表现,以及在课后翻译作业中反映出来的问题,整体来看,各年级俄汉翻译课程教学效果良好。

第一,课堂反应方面,学生普遍表示教材内容难度适中,虽然部分语篇翻译难度较大,但基本达到教学目的;第二,口头翻译方面,学生基本可以做到马上翻译出基本内容;第三,笔译方面,学生能够较好地掌握课文重点、难点句法翻译技巧,但部分汉字书写仍需借助词典的帮助;第四,课后作业方面,学生们作业完成情况良好,课上所讲的翻译技巧和难点、重点可以体现在翻译中,但俄汉语词序、多义词词义选择、部分复杂句的翻译仍是学生出问题较多的方面。

二、课程存在的主要问题

(一)学生俄语水平程度不一

北京语言大学汉语学院从2012年春季学期开设《俄汉翻译》课程以来,共有来自17个国家的354名留学生,进行了863人次的选课(图5—1)。其中,选课人数最多的留学生来自哈萨克斯坦,其次为俄罗斯。2012—2014年课程开设之初,有来自日本、韩国、德国、法国、朝鲜、土耳其等非俄语区国家，但较为熟悉俄语的部分学生选课。随着选课制度的规范，近五年来，俄汉翻译课程仅面向母语为俄语（或俄语相当于母语水平）的学生开放。

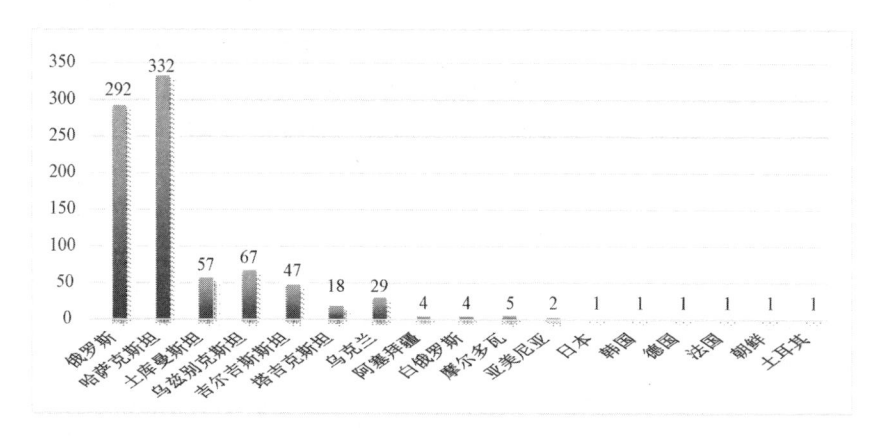

图5—1　2012年2月至2019年7月《俄汉翻译》课程选课情况

备注：共计17个国家，354名留学生，863人次选课。

资料来源：笔者根据选课记录统计所得。

选课学生的国情背景、宗教背景较为复杂，具有多元化特征。前苏联时期，苏联政府曾在各加盟共和国的中小学阶段，大规模推行系统的俄语教育；但苏联解体后，中亚地区国家纷纷寻求自身发展道路，大力推行本民族语言教育，部分地区甚至取消了俄语基础教育。这就导致部分来自中亚地区的留学生俄语水平参差不齐。教学过程中，偶尔会出现部分同学不理解俄语句子本身意义的情况。如：

（1）6.5 - километровая велосипедная дорога свяжет район Шанди,
　　　　6.5公里的　　　自行车的　道路　连接　地区　上地
пекинский центр высокотехнологичных компаний, с густонаселённым
北京的　　中心　　高科技的　　　　公司　　与　密集的
кварталом Хуэйлунгуань.（选自 https：//novostivl.ru/post/71784/）
居住区　　回龙观。

译文：上地是北京科技公司聚集地，回龙观是人口密集居住区。6.5

公里长的自行车专用路连接了上地和回龙观地区。

原文中的俄语句子，是一个复杂句，包含了同位语结构，即"Шанди（上地）, пекинский центр высокотехнологичных компаний（北京的高科技公司聚集中心）"，其中"пекинский центр высокотехнологичных компаний（北京的高科技公司聚集中心）"作为同位语修饰和限定"Шанди（上地）"。在翻译实践过程中，曾有多名中亚地区学生因不了解、不熟悉该语法结构表达的语义关系，表示"不知道俄语表达的是什么意思"。

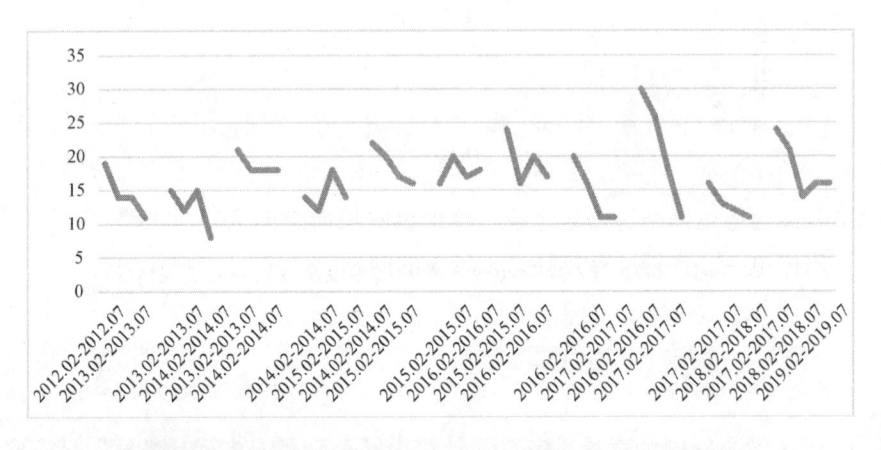

图5—2　2012年2月至2019年7月各学期选课人数比较
资料来源：笔者根据选课记录统计所得。

（二）各年级学生选课人数波动较大

纵观7年来俄汉翻译课程的选课情况（图5—2），可以发现：二年级选课人数通常较多，三年级会有较大的下滑，且具有一定的人员流动性。这主要是因为：

（1）汉语学院为八学期制本科教学，分春秋两季招生，每学期都会有部分同学留级或退学情况，同时也会有部分新生入学，并根据汉语的程度编入不同年级。因此，人员流动性较为明显。

（2）学生在二年级主要以必修课为主，选修课程较少，俄语区学生选课比较集中；升入三年级后，学生开始分专业（经贸、双语、汉语言、国际教育），各专业均有自己的必修课和选修课，学生生源开始分散。

汉语学院自 2019 年春季学期开始，在四年级开设俄汉翻译课程，由于四年级各专业必修课及选修课的课时量均有所减少，《高级俄汉翻译》课程选课人数有所提升。

（三）教学材料选取困难

国内市场上所有与俄汉翻译相关的教材，均以中国学生为授课主体设计；教材内容以讲解俄语语法及翻译技巧为主。尚无针对留学生俄汉翻译课程出版的正式教材。而留学生普遍词汇量较少，表达形式单一，对很多多义词、近义词掌握较差。他们的听力水平和理解水平与中国人仍有较大的差距，学生对教师讲授的翻译理论很难理解。因此，市场上的俄汉翻译教材对留学生并不适用。目前，俄汉翻译课程的教学材料多为任课教师根据个人经验通过网络、书籍、杂志等渠道收集而来的文章，主要存在数量少、语体单一、各篇文章难易差别较大的问题。

三、俄汉翻译课程的教学原则

第一，俄汉翻译课程是其他语言知识类课程的辅助教学课程。

与面向中国学生开设的翻译课程不同，面向留学生的翻译课程是一门以"提高汉语水平"为目标的语言技能课。为此，课堂教学中应以汉语词汇、句式的讲练为主，针对部分俄语基础较差的学生，需适当讲解俄语基本语法。

此外，翻译过程是译者经历"阅读原文—理解内容—生成标的语"的过程，即"解码—编码—生成"过程。翻译课堂实践中，通常涉及"词汇选择、句式选用、语篇衔接"，需要调动学生在汉语课程上学到的各类汉语知识。如在词汇释义选取方面，俄语中有很多多义词，学生们可以借助翻译工具查找词汇基本释义，但使用哪个具体的词汇来准确表达该义项，则取决于学生自身对汉语的语感和对词汇的熟悉程度。在句式选用方面，俄、汉语法规则具有较大差异，"把"字句、"被"字句、"致使结构"在俄语中没有完全对应的句法结构。学生能否准确使用汉语特有句式将俄语句子翻译出来，取决于他们对汉语语法的掌握情况。而在篇章衔接中，则需要调动学生对汉语虚词、连词的知识。笔译，整理成文的过程涉及"写作技能"；口译，则涉及"连贯表达"。因此，面向留学生的翻译课本质上是其他汉语言知识类课程的综合辅助教学。任课教师，需实时结合各年级综合、口语、写作的教学重点，选取相关翻译教学材料，以达到最佳教学效果。

第二，课堂教学需坚持"口译""笔译"并行，根据教学活动需要适当调整比重。

早在20世纪80年代，孙慧双（1990：54-63）、朱庆祥（1982：105-109）等老一辈学者认为"留学生在华期间无论是生活还是学习的各个方面，都离不开汉语口头表达"，因此翻译教学中应"以口译为主，笔译为辅"。但笔者认为，在教学实践中，应该根据学生汉语水平及教学活动的需要，坚持"口译"、"笔译"并行。

二年级留学生处于汉语学习的初级、中级阶段，所掌握的汉语词汇数量有限，表达形式较为单一，因此教学重点应为通过笔译练习，让学生发现自己的知识盲点，加深印象，巩固汉语知识。但仅有笔译练习会使学生感到枯燥无味，为了提高学生的主动性，在课堂教学过程中需适当添加口头翻译练习，增强学习的趣味性。三年级、四年级留学生处于汉语学习的高级阶段，可使用汉语进行较为流利的对话。因此，在翻译实践中，通过口译练习可加强学生使用汉语进行连贯表达的成就感，提升学习兴趣。该阶段的笔译练习主要以语篇连贯、功能语体翻译练习为主。

第三，教学流程需在"北语模式"基础上寻求突破与创新。

赵菁教授（2018：18-21）指出"北语留学生本科专业综合课的汉语教学过程已形成一套相对完整的任务链和相对规范化的教学流程"，即预备阶段（含组织教学、复习、检查作业）、主体阶段（含生词、语法、课文、表达训练）、后续阶段（含总结、作业）。俄汉翻译课的教学内容及教学目标不同于综合课，但课程的基本教学流程是相同的，任课教师需紧抓课前、课上和课后三个环节，在此基础上结合翻译课程特点寻求突破。

预备阶段，主要为组织教学、复习旧知识点、检查作业，这一阶段需要注意的是学生课前预习情况。翻译课程不同于综合课，需要学生事先借助翻译工具查阅大量生词，部分较为复杂句式需要预先翻译。这是进行有效课堂教学的必要前提。随着时代的发展，纸质词典、电子辞典已逐渐被智能手机上的各种翻译软件取代。为了学生们能更好地提升自身汉语水平，任课教师需正确引导学生使用翻译软件，避免学生利用人工智能进行整句或全文翻译。

主体阶段，即课堂教学环节，同样包括单词、语法、课文三个部分，但与综合课侧重有所不同。单词方面，翻译课上对单词的讲解，多数从"词义选择"的角度出发，讲解同一个俄语单词在汉语中对应的不同词汇之间的差异，当词汇意义相近时，需进行同义词辨析；词汇意义不同时，需进行单独讲解。语法方面，以俄语基本句式入手，结合例句翻译，让学生自己对比、分析、总结部分特殊句式的翻译规律和技巧，并通过大量练习巩固所学知识点。课文方面，综合课强调学生对课文的理解和自由表达能力的培养，而俄汉翻译课程则强调学生译文的准确性、连贯性。对同一段课文的翻译，不同学生会有不同的翻译方法，学生所提出的问题也是千差万别。因此任课教师需随时结合学生课堂翻译情况，在保证完成教学任务的前提下，灵活调整教学内容。

后续阶段，总结重点，布置作业。该阶段主要涉及学生课下作业完成环节。翻译技巧的提高，必然以大量翻译实践经验为基础，因此翻译课程的课后作业是必要的，但不宜过多。可鼓励学生根据个人兴趣寻找材料进行翻译练习，以提高学生学习积极性。

结语

俄汉翻译课程是我校进行对外汉语教学的特色课程。从俄语视角反观汉语，可以使学生更好地掌握汉语的表达特点，有助于学生提高汉语学习水平。总体来看，面向俄语区留学生的《俄汉翻译》课程在其他院校鲜有开设，该课程的学科设置、教学材料、教学方法等方面的研究尚处于初级阶段，急需广大汉语国际教学教师及相关科研工作者共同研究和探讨。

参考文献

1. 李扬（2018）北语来华留学生汉语言专业建设轨迹，《国际汉语教学研究》第 1 期。

2. 孙慧双（1983）高年级法语翻译课教学中的积淀做法和体会，《语言教学与研究》第 3 期。

3. 孙慧双（1990）对外汉语翻译教学的理论指导与具体实践，《语言教学与研究》第 3 期。

4. 赵菁（2018）北语留学生本科专业初级阶段汉语教学设计要点，《国际汉语教学研究》第 1 期。

5. 朱庆祥（1982）试谈"留学生翻译课"教学，《语言教学与研究》第 3 期。

二
汉语国际教育教学研究

面向留学生的特色双语翻译专业课堂教学探索

何 洁[**]

摘 要：北京语言大学汉语学院的双语翻译专业，作为面向留学生的特色语言专业，在教学理念、教学模式、课程设置、课堂教学等方面，特点突出，既不同于一般的单纯学习汉语的汉语言文学专业，也不同于一般的面向中国学生的语言专业或者翻译专业。本研究尝试从教师实际的课堂教学情况出发，基于教师的教学经验以及双语翻译专业的特点，对面临的课程设置和课堂教学问题进行讨论，提出了适合留学生二语习得特点的教学理念和教学方法。

关键词：双语翻译专业；教学理念；教学方法

北京语言大学汉语学院的双语翻译专业，作为面向留学生的特色语言专业，在教学理念、教学模式、课程设置、课堂教学等方面，特点突出，既不同于一般的单纯学习汉语的汉语言文学专业，也不同于一般的面向中

---

[*] 本成果受北京语言大学院级项目资助（中央高校基本科研业务费专项资金），项目编号为18YJ080103。
[**] 何洁，北京语言大学汉语国际教育学部汉语学院讲师。

国学生的语言专业或者翻译专业。

一、面临的问题

（一）英译汉 V.S. 汉译英

课程设置中，我们面临的问题之一就是英译汉还是汉译英。就英译汉和汉译英比较而言，目前我们以英译汉为主。在留学生语言使用中，用词不当、用错词、不注意汉语的搭配习惯是常见的错误。另外，词汇比较贫乏，句式不够熟练，使用虚词的能力差。量词、补语、动态助词"了"、"着"、"过"、"把"字句等也是学生特别难于理解和掌握的。因此，学生的难点在汉语，翻译课的主要目的在于切实帮助他们解决一些汉语方面的实际问题。另外，根据双语翻译系目前学生来源的构成情况，相当部分的学生来自于东亚、东南亚以及中亚国家，英语水平也有待于提高，针对这部分学生，我们只在四年级开设了汉英翻译的课程。

（二）理论 V.S. 实践

这是我们面临的另一个实际问题。鉴于汉语学院学生自身的特点，教学对象急切需要解决的问题是尽快提高汉语水平，进而掌握具体的翻译技巧。因此，对于这门课程来说，翻译不是目的，而是一种手段，也就是说，翻译课的教学任务应该是运用语言对比的方法，通过翻译练习，使学过汉语的学生进一步了解汉语的特点及使用规律，更有针对性地克服母语的影响，从而更快更好地掌握汉语。当然，对准备从事翻译工作的学生也可以为其深造打下一定的基础。翻译课跟其他语言基础课程一样，必须强调实践性原则。当然，在大量实践的基础上进行概括，总结出一些带有规律性的东西来也是非常必要的。但是对于留学生来说，不能过分强调理论的系统性、完整性，而应以能否解决实际问题为出发点。通过各种不同方式的练习，提高学生的汉语水平，培养他们的翻译能力。实践证明，只有紧密结合教材和学生在练习中出现的实际问题，再总结出规律性的东西，教学效果才比较好。如果我们把留学生翻译课当作一种翻译专业课来上，用比较多的时间讲授翻译理论和技巧，就会脱离绝大多数学生的实际需要。目前我们的做法是，根据各年级学生的汉语水平和不同特点，根据学生母语的具体情况，适当讲授一些有关翻译的理论与技巧，如"翻译标准""词义的选择""词性转换""省略法""增词法""被动语态的翻译法"以及"长句的翻译法"等。三年级主要开设基础性质的翻译理论与技巧课程，四年级开设综合性的翻译实践课程。通过理论的总结讲授，以及在理论指导下的练习实践，逐步培养和提高学生的翻译能力及汉语水平。

基于我们面临的实际问题，针对双语学生翻译学习方面的特点，我们在教学理念上，以学习者为中心进行课堂教学内容的安排，探索根据留学生的习得特点进行教学的新模式，体现"以学习者为中心"的现代教育理念，充分调动学生学习的积极性和主动性，开设基础性质的翻译理论与技巧课程以及综合性的翻译实践课程，结合学生的具体汉语水平和实际需要进行授课。在具体的教学方法方面，探索任务型教学法在留学生的翻译教学实践中的应用。

二、教学理念的转变

（一）教学模式的转变："以教师为中心"到"以学习者为中心"

传统的翻译课堂，往往以教师为中心，学生完成翻译作业，教师向学生讲授授课内容，给出标准译文，布置作业。以学习者为中心的翻译教学，从课程内容设定、教学材料选择，一直到课堂教学、作业评估等环节均以学生为主，充分考虑学生的因素。在教学材料选择方面，有控制地让学生参与翻译材料的取舍；课堂教学中，组织有效的小组讨论和课堂活动，以激发学生的积极主动参与；具体的教学过程中，侧重于培养学生批判性思维的能力和实际的语言能力，不设标准译文，鼓励翻译文本的多样性；评判学生译文时，在充分肯定其优点之后，注重分析错误的原因和改进的空间。从传统的"以教师为中心"向"以学习者为中心"的教学模式的转变，体现了"以学生为本"的教学理念，能充分激励学生的积极性与创造性，使学生从过去的教学活动中被动的接受者转变为现在积极的建构者。"教师应该突破传统的'师生关系'的观念，充分调动师生的互动关系，鼓励学生从被动的受教者转变为主动的受教者，即与教师一样都是'语言游戏'的平等参与者。"（刘宓庆，2003：26）

（二）教师作用的转变：重视教师在该模式实施中的引导作用

我们认为，在翻译教学中，教师应该改变角色，从传统的"中心"地位转化成"从属"地位。但这并不是说，教师的地位并不重要。事实上，好的翻译教师就像是一位高明的导演，始终吸引学生的注意力，不时地通过提问、讨论、分析、归纳等方法启发学生，引导学生在翻译的学习过程中去发现、去学习。因此，教师应该对所教授的课程有一个整体的规划，对教学的内容和方法有控制，对要达到的目标有控制，并且以开放的心态做好准备，在教学过程中随时根据学生的反应和需要调整教学方法和内容。从这个意义上来说，在"以学习者为中心"的教学模式中，教师的引导作用是至关重要、不可或缺的。

（三）教学方法的转变：多样化

传统的翻译教学通常为学生做练习，教师讲评，然后总结翻译原则和技巧，学生记录。这种教学方法突出了教师的中心地位，而忽略了学生的主动性。重复次数多了以后，学生会失去主动探求的精神，对翻译的热情也会下降。而教学流程程式化之后，教师本人也逐渐缺乏上课的激情和积极改进教学方法的动力。在翻译教学中，应该采用形式多样的教学方法，注意在各个环节激发学生学习的动力和热情。比如，在教学中，我们常常让学生进行讨论。学生可以自由组合成若干小组，上课时以小组的形式就坐，便于讨论。在学习翻译理论时，教师一般会提前将下一课的论题告诉学生，鼓励学生课前自己去搜寻相关内容。在进行翻译实践时，我们采用了独立完成与小组讨论的方式。首先要求学生独立完成翻译任务，然后在小组中进行讨论。这样学生对翻译理论和技巧的应用有了切实的体会，同时他们的翻译思维能力也得到了训练。

三、课堂实施：任务驱动型小组合作式教学法

在"以学生为中心"的教学理念的指导下，我们对具体的课堂教学模式进行了很多新的探索。我们要详细介绍的是任务驱动型小组合作式教学法。

任务驱动教学法是一种建立在建构主义学习理论基础上的教学法，它将以往以传授知识为主的传统教学理念，转变为以解决问题、完成任务为主的多维互动式的教学理念，将再现式教学转变为合作探究式学习，使学生处于积极的学习状态，保证每一位学生都能根据自己对当前问题的理解，运用共有的知识和自己特有的经验提出解决方案。因此，我们尝试将这种教学方法运用到实际的翻译课堂，并进行实践与研究。

在翻译任务的设计方面，选择任务有针对性，要求明确，具体任务驱动型教学采用的是提出任务→分析任务→解决任务的模式。就翻译教学而言，由教师根据教学目标设计并提出相应的翻译任务，给出解决任务的思路和操作方法，引导学生按操作步骤完成所设计的任务。任务驱动教学模式符合翻译教学的层次性和实践性特点。我们的具体做法为：

第一步，要求学生分成若干小组。分组要体现学生间的互补，不同性别、不同性格、不同水平、不同母语的学生搭配，以便互相帮助。每组3—5人，共同完成每次的翻译任务。

第二步，任课教师精选翻译任务材料。之所以强调"精选"，是因为翻译任务的选择和安排需要与学生的具体情况紧密联系起来，这样才能有效提高翻译课程的教学质量。教师选择训练材料时应注意针对性（根据教学目的、重点、难点、需要解决的问题等）、知识性、趣味性、难度、陌生度、生词量等，使之既能达到练习的目的，又能引起学生的兴趣。

第三步，将精选的任务材料连同任务要求发给学生。翻译任务的要求具体为：

（1）学生小组合作式翻译应该按如下步骤进行：个别阅读—共同讨论—分配任务—个体翻译—集体修改—轮流执笔—分别审校—汇总定稿—共享成绩。

（2）小组打印最终译文一份，并把译文电子版发送到班级微信群，以便教师和其他小组同学用于课堂上的讨论环节。

（3）每周安排一个小组轮值，将本小组本周在翻译过程中的讨论（主要是所译材料中的难词、难句或最能体现英汉思维差异的表达方式）配以PPT，向同学们进行展示和讲解，归纳英译汉过程中出现的主要问题，对其进行分析和概括，总结经验教训，发现规律，形成普遍性认识。

第四步，进行巩固性翻译练习，给学生第二篇文稿进行翻译实践。在讨论总结的基础上，学生现场进行翻译。第二篇文稿通常包含与第一篇文稿相似的重点难点语法点、句型等，并给出具体的使用场景，具有更重要的实践价值。

实践证明，任务驱动型小组合作式翻译教学法不仅提高了课堂教学的效率，更重要的是让学生获得更多思考和表达的机会，发挥了学生的主体作用，培养了学生的合作精神、多渠道获取信息的能力、创新能力和参与意识，激活了课堂，使学生在和谐的氛围、平等的关系中互帮互学、共同进步、全面发展。

任务驱动的特点之一是围绕任务展开教学，因此翻译任务的设计、编写非常重要，既要注重翻译方法和翻译知识体系，又要考虑到翻译教学的文化性、综合性，兼顾学生其他素养的形成和培养。对教师而言，这是一种全新的尝试和挑战，在具体的翻译教学过程中，切实实施起来具有一定的难度。新的教学理念、教学内容、教学方法等在内的翻译教学体系，需要相应的教材配套，很多翻译材料需要教师根据教学对象的水平进行相应调整。设计翻译任务应着重考虑知识趣味性与挑战性的结合，要以激发学生的学习兴趣为着眼点，还应考虑到学生将来就业的知识储备，体现教学目标中的难点、重点，对学生的思维和实践能力有一定的挑战性。学生的个体情况千差万别，完成任务的过程也就不尽相同。因此，在设计任务时，应凸显教师的点拨作用，多考虑学生可能出现的误译问题，尽量在译前给予提示，以节约学生对细小问题的探究时间，引导学生将精力集中在关键的步骤上，从而提高课堂的学习效率。

四、结语

汉语学院的双语翻译专业，特点突出，既不同于一般的单纯学习汉语的汉语言文学专业，也不同于一般的面向中国学生的语言专业或者翻译专业。我们尝试从教师实际的课堂教学情况出发，基于教师的教学经验以及双语翻译专业的特点，对面临的课堂教学问题进行了讨论，提出适合留学生二语习得特点的教学理念和教学方法。在教学理念上，以学习者为中心进行课堂教学内容的安排，探索根据留学生的习得特点进行教学的新模式，体现"以学习者为中心"的现代教育理念，充分调动学生学习的积极性和主动性，针对学生不同的语言水平开设不同层次的双语翻译课程；在具体的教学方法方面，研究分析了任务驱动型小组合作式教学法在留学生的双语翻译课堂的实践与应用。希望本文能够引起相关学者对对外汉语教学中英汉翻译课程教学策略的关注，提升翻译课程的教学效果。

参考文献

1. 李德凤、胡牧（2006）学习者为中心的翻译课程设置，《外国语》第 2 期。

2. 刘宓庆（2003）《翻译教学：实务与理论》，中国对外翻译出版公司。

3. 穆雷（1999）《中国翻译教学研究》，上海外语教育出版社。

4. 文军（2004）论翻译课程研究，《外国语》第 3 期。

5. 苑锡群（1988）谈谈留学生的翻译课教学，《世界汉语教学》第 4 期。

6. 赵真、郝丽萍（2003）中译外翻译教学现状及对策，《中国高教研究》第 5 期。

7. 朱庆祥（1982）试谈"留学生翻译课"教学，《语言教学与研究》第 3 期。

现代汉语语气词"吧"认识情态的表达[*]

高 蕊[**]

摘 要：本文通过对语气词"吧"的考察，认为"吧"表达一种不确定的判断语气，以这种不确定的判断语气为核心，语气词"吧"引申表达测度、征询、认同、使令等认识情态。

关键词：语气词；吧；认识情态

一、问题的提出

语气词是现代汉语中所存在的一种比较特殊的语言现象，从1898年《马氏文通》问世后，很多学者就关注语气词的研究，在不少论著中都或多或少地涉及到了现代汉语的语气表达及语气词的问题。而"吧"似乎更受大家的青睐，关于语气词"吧"的论著屡见不鲜。

朱德熙（1982）、陆俭明（1984）、贺阳（1992）、胡明扬（1993）、

---

[*] 本成果受北京语言大学校级项目资助（中央高校基本科研业务费专项资金）（18YBB03）。
[**] 高蕊，北京语言大学汉语国际教育学部汉语学院讲师。

邵敬敏（1995）、张伯江（1997）、齐沪扬（2002）、徐晶凝（2003）、冉永平（2004）、屈承熹和李彬（2004）、卢英顺（2007）、周士宏和岑运强（2008）、高增霞（2010、2011）等学者从语义、语用等不同角度对"吧"做了较为详尽的分析与解释。但大家似乎没有找到一个统一的答案。

作为现代汉语中一个重要的语气词，"吧"到底表达何种语气？既然与说话人的主观判断有关，"吧"所表达的情态意义是什么？

以北京大学中国语言学研究中心的语料库（CCL语料库）为基础（下文中所引用例句均出自CCL语料库），我们从中随机选取了1853条含有语气词"吧"的有效语料。通过对语气词"吧"的考察，我们认为"吧"表达一种不确定的判断语气，以这种不确定的判断语气为核心，语气词"吧"引申表达测度、征询、认同、使令等四种情态意义。

二、"吧"表达测度义

语气词"吧"的语法意义的核心为表达不确定的判断语气，语气词"吧"首先表达了一种测度义。

语气词"吧"的使用与说话人的主观态度密切相关，而这种主观态度是基于对事件现实状况的一种判断，这一事件可能成立也可能不成立。也就是说，"吧"的使用带有说话人强烈的主观性印记，"吧"通常会与多种主观性标记同现。这些主观性标记主要包括情态副词、情态动词、心理动词、主观性话语标记等四类，详见表7—1[①]。

作为副词的一个分类，情态副词也被称为语气副词、估价副词、评注副词，虽然名称不同，但实质相同。情态副词与情态的表达密切相关，表达说话人对于命题的主观态度及认识。在体现交际功能和语篇功能这一层面上，情态副词与语气词"吧"有异曲同工之处，因而情态副词与"吧"的同现频率高达60.27%。与语气词"吧"同现的情态副词可细分为推测

[①] 情态副词和情态动词的分类标准：看其能否单独用于句首且可用"，"与主句分隔，能用于句首的是情态副词，不能用于句首的是情态动词。

类、推断类、感叹类以及评价类。

表7—1 与"吧"同现的主观性标记（*表示出现的例句数）

主观性标记 (370)*	实例	
情态副词 (223)	推测类	大约、恐怕、怕、也许、或许、大概、至少、起码、最多、大抵、差不多
	推断类	还（是）、就（是）、也、又
	感叹类	太、挺
	评价类	总
情态动词 (102)		可能、敢、会、能、要、得（děi）、准、可以、该、应该、应当、一定、肯定、够、足够、好像、不过
心理动词（11）		想、幻想、估计、感觉、猜
主观性话语标记 (34)		我想、我看、想来、想必、看来

下例（1）、（2）是推测类情态副词"恐怕、或许"与"吧"同现，表达了说话人对所陈述事实的不太确定的主观推测。

（1）几扎水果汁榨下来就价值几十元，这<u>恐怕</u>也是深圳餐饮费居高不下的缘由之一<u>吧</u>！

（2）我家住在杭州，这是一个美丽的城市，可是我却对它没什么留恋，<u>或许</u>是熟悉的地方没风景<u>吧</u>。

下例（3）、（4）是推断类情态副词"还、就"与"吧"同现，这些例句表达了说话人对事情的起因或者结果的一种主观推断，这一推断在语气上是不太确定的。

（3）小将滕海滨：自身<u>还</u>是有些问题<u>吧</u>，但现在说这些也没用了，回去好好总结吧。

（4）她在气质上根本无法和郭静比。刚才能在众多的小姐中一眼挑了她，就是因为她长得像郭静吧。

例（5）中感叹类情态副词"太"与"吧"同现，表达了说话人对所陈述事实的一种主观判断，这种主观判断里包含着说话人的些许感慨，在语气上是不太确定的。

（5）这应该是我最后一次参加奥运会了。现在我已经34岁了，再过4年参加北京奥运会，太老了吧？

例（6）中评价类情态副词"总"与"吧"同现，表达了说话人对所陈述事实的一种主观评价，因为有了语气词"吧"，这种主观评价在语气上是不太确定的。

（6）有人劝阻他说，神宗刚刚去世，马上把他的政治措施改掉，总不大好吧！

情态动词是现代汉语情态表达的主要手段和主要载体，现代汉语的情态动词以多义情态动词居多，单义情态动词只有"敢、肯、想、必须、许、必然、可能"（参见彭利贞2005）。

在表达测度义时，情态动词与语气词"吧"的同现是情态协调（modally harmonic）的组合，二者都表达了说话人对于命题能否为真的主观看法，是他对于命题所出现的相关情境的一种主观判断，也是他的一种心理预期，即二者都表达的是认识情态。情态动词表达了说话人对于命题成真的"可能性"或"必然性"的判断，语气词"吧"表达了这样一种主观认识，即这一判断是不确定的。

与表测度义的"吧"共现的情态动词共有16个，详见表7—1。

单义情态动词"可能"原本就是表达认识情态的，见例（7）。

（7）25分钟很快过去了，活鸡还没来。"可能是还在接受检查吧。"有人在旁边猜测。

"会、能、要、得（děi）、准、可以、该、应该、应当、一定、肯定、够、足够、好像"都是多义情态动词，但它们此时都只表达一种情态意义，与"吧"共同表达认识情态，见例（8）—（10）。

（8）虽是春季，记者却想起了香山刚入秋时的红叶，正是红的时候，而且<u>会</u>随着秋深越来越红<u>吧</u>！
（9）一提起踢毽子，他便显得兴致勃勃："这是双腿踢，这是双膝踢，总共<u>得</u>有十几种踢法<u>吧</u>。"边讲着他还给记者做起了示范。
（10）如何将企业加以定位呢？一般的经营者<u>一定</u>会用演绎法来解决这一问题<u>吧</u>！

单义情态动词"敢"原本是表达动力情态的，在与"吧"同现时，或者出现在"总得、总该"后，或者变为否定形式"不敢"，这些句子表达了说话人对于自己或他人所具备的某种能力的主观判断，也是认识情态，见例（11）、（12）。

（11）<u>总得敢</u>"走前人没有走过的道路"<u>吧</u>？
（12）像这位女友一样，肯定也有众多男孩在暗恋着我，他们一定也<u>不敢</u>向我发动进攻<u>吧</u>。

与语气词"吧"同现的心理动词有"想、幻想、估计、感觉"等，反映了说话人对命题做出判断的心理历程，见例（13）、（14）。

（13）这使赵三<u>想</u>："二里半当了走狗<u>吧</u>？"
（14）"黑熊的皮毛这么厚，还经常在户外活动，<u>估计</u>它们夏天最不好过<u>吧</u>！"一位游客担心地问。

主观性话语标记表明了说话人对自己所说话语的立场、态度和感情，与表测度义的语气词"吧"同现的主观性话语标记有"我想、我看、想来、想必、看来"等，见例（15）、（16）。

（15）我不知道他说的话多少是真的，多少只是为了吸引眼球，<u>我想</u>大概各占一半<u>吧</u>。

（16）赵雅芝笑着问我，看我这身庄重打扮，<u>想来</u>混得不错<u>吧</u>！我苦笑了一下告诉她，什么不错呀，还在原地踏步，一点起色也没有。

以上例句都是说话人的主观推测，表明的是"自我"认识，因而主观性话语标记都是"我"类结构。"你"类结构具有更强的交互主观性（参见张旺熹、姚京晶2009），主要是与表征询义的语气词"吧"同现（见第三节）。

主观性话语标记"我看"可表达"认识情态"和"道义情态"两种意义，当说话人对命题能否成真或者事件能否成立提出自己的看法或者预测时，与表测度义的语气词"吧"同现，是认识情态；当说话人对听话人提出自己的建议时，与表使令义的语气词"吧"同现，是道义情态（见第五节）。

表达测度义的语气词"吧"与主观性标记同现的频率高达91.54%，也许你会据此认为"吧"字句所呈现的测度义并不是由语气词"吧"来表达的，但事实并非如此，语气词"吧"的使用的确表达了说话人对命题所持观点的不确定性，不管说话人的观点是来源于客观事实还是来源于主观判断。例（17）中没有出现任何主观性标记，"吧"所出现的语句仍然表达了说话人对某种事实存在的主观判断，这种测度义正是由语气词"吧"来实现的。

（17）我们在Loyola大学举行测试，快到那儿时，他问我NBA有多少人会在那。我说，五、六十<u>吧</u>，有些人你是见过的，尽量不要紧张。

当与表示"或然性"的主观性标记同现时,语气词"吧"似乎可有可无,但"吧"出现在句末使整个句子的判断语气更加不确定,测度义增强,请比较例(18)、(18)'。

(18)可是他却未曾采取任何相应措施,也许他根本不知道该怎么办才好吧。退货堆积如山,以特价拍卖的结果,销售额比平常更低。

(18)'可是他却未曾采取任何相应措施,也许他根本不知道该怎么办才好。退货堆积如山,以特价拍卖的结果,销售额比平常更低。

当与表示"必然性"的主观性标记同现时,语气词"吧"一定不能省略,否则整个句子所表达的语义就会发生很大的改变,由不确定的测度变为确定的测度,请比较例(19)、(19)'。

(19)那一夜,董文华也一定睡了吧,可有多少曲十五的月亮在人们的心头吟唱啊!

(19)'那一夜,董文华也一定睡了,可有多少曲十五的月亮在人们的心头吟唱啊!

三、"吧"表达征询义

征询义与测度义具有一定的内在联系。语气词"吧"在表达征询义时,首先一定蕴含着说话人的判断,在关于命题成立与否这一点上,似乎与测度义的表达没有区别。但二者的不同在于:用"吧"表达测度义时,说话人表明了自己的主观判断,判断的对象主要针对自己或第三者,不管这个判断的成真性有多大,是不需要听话人予以回答的;用"吧"表达征询义时,说话人同样表明了自己的主观判断,判断的对象主要针对听话人,因而需要听话人做出回应,也就是说在表达征询义时,说话人和听话人之间的交互主观性增强了。人称代词类主观性话语标记与语气词"吧"

同现的不对称现象似乎正可以解释二者的不同。

在第二节中我们已论述了表测度义的语气词"吧"可与"我"类主观性话语标记（我想，我看）同现，不能与"你"类主观性话语标记同现。但"你"类（其实只有"你看"）主观性话语标记可与表征询义的语气词"吧"同现，见例（20）。

(20) <u>你看</u>，我说对了<u>吧</u>？这里的确比我那里方便，不但天天可以洗澡，还有搓背的！

判断的不确定是因为说话人心中存疑，我们认为表达征询义的"吧"就是朱德熙（1982）所说的表示疑问的"吧$_1$"。朱先生认为"用'吧'字表示说话的人已经知道是怎么回事，只是还不能确定，提问是为了让对方证实"。这一类句子前似乎都隐含"请问"，如例（21）添加"请问"后变成例（21）'，转变后的句子在语义上并没有什么改变，只是交互主观性增强而已。

(21) 一位朴素、端庄的中年女同志径直来到我面前问道："你就是徐老的外孙女<u>吧</u>？"

(21)' 一位朴素、端庄的中年女同志径直来到我面前问道："*请问*，你就是徐老的外孙女<u>吧</u>？"

表征询义的语气词"吧"通常会与某些词语组成固定组合，如"对吧、不对吧、是吧、可以吧、还好吧、不错吧"，以及带有方言色彩的"成吧、中吧"。在一个话轮中，说话人首先陈述自己的看法、态度或者情感，这些固定组合一般出现在其后（即句末），希望得到听话人的确认，见例（22）—（23）。

(22) "老乡，我在甘肃工作过。看你们的打扮，就知道是甘肃人，<u>对吧</u>？"

(23) 记者：罗先生你好，这些天来，你的身体感觉<u>还好吧</u>，能谈谈你这些天经历的治疗、用药过程是怎样的吗？

说话人就某一事实存在或已然发生的事件征询听话人的意见时，语气词"吧"前一般会出现体标记"了"，表明说话人对此了然于心，早已有了自己的主观判断，见例（24）。

（24）朋友说：早告诉你，一笑先动左嘴角的人具有音乐天赋，验证了吧。我故作谦虚状，心里却得意非凡：想不到人近中年，居然发现还有音乐潜质未曾发掘。

四、"吧"表达认同义

在听说双方的交际过程中，一方提出自己的观点、疑问、建议等，另一方对此要有所回应，此时话语中出现的语气词"吧"一般表达认同义。表达认同义的语气词"吧"具有比较规律的句法表现。表达认同义的"吧"一般位于交际语篇中的答句部分，因为位置的不同而区分于表达征询义的"吧"，也就是说表达征询义的"吧"位于起句，表达认同义的"吧"位于结句。

说话人先以干净利落的"好""行""可以"等回应交际的另一方提出的建议或者请求等，如果紧随其后一个"吧"字句，这时语气词"吧"一定表达认同义，见例（25）。

（25）"好！那么就把分单给我吧！我拿住了分单就不着急了！"

"好吧"通常作为一个固定组合出现于句首，表示认可他人提出的建议、请求等，结束本轮话题，开始一个新话题，紧随其后是说话人对将要采取的行动的解释，见例（26）。

（26）她说："好吧！我都听你的就是了！"

在听说双方的交际过程中，为了令人不愉快的事情易于被理解，让交际能够顺利进行下去，交际双方会采取各种措施来提高语言的可接受度。冉永平（2004）将言语交际中为了实现种种交际目的，说话人采取的策略或语言手段统称为"缓和语"。语气词"吧"正是"缓和语"的一种，由此也衍生出一些表示认同义的固定句式。

第一类："随他去吧，听他去吧，由他去吧"类固定句式，表达的是说话人对某人或某事的一种不太积极的态度。出于礼貌或其他原因，说话人勉强认同了听话人提出的观点。在这一类句式中，语气词"吧"是一定不能缺少的，因为说话人态度上的不积极以及语气上的勉为其难正是由语气词"吧"表达出来的，见例（27）。

（27）但是小蝎摇头。是的，他肯死，也不肯去丢那个脸。他叫我把那个兵放了："<u>随他去吧</u>！"

第二类："VP 就 VP 吧"类固定句式，见例（28）。这一类句式中，说话人对听话人提出的建议、请求等表示赞同、认可。

（28）我在福利院工作十几年，这些孩子我都熟悉了，也有感情了，<u>能多带几个就多带几个吧</u>。

第三类："（就、也）算是……吧，就当是……吧，就等于……吧"类固定句式，这一类句式中，说话人通过推测，得出自己的主观结论，即对所讨论的问题得出认同性的判断，见例（29）。

（29）我们小学时曾是同桌，能百里挑一来到重点中学而且又分在一个班，<u>也算是一种"缘分"吧</u>。

第四类："就这样 VP 吧，就这么 VP 吧"类固定句式，"就这样办吧"及"就这么办吧"是这类句式中最为常见的两种句式，句首通常会出现

"好"类词语，表明说话人的积极态度，对听话人所提建议的强烈认同，见例（30）。

(30) 周幽王拍着手说："好极了，<u>就这么办吧</u>！"

在表达认同义的句子中副词"就"与"吧"的同现率高达40.26%（154个表示认同义的句子中"就"出现62次），这是因为说话人认同了听话人或者第三方的观点，据此要结句，结束本轮话题。

五、"吧"表达使令义

很多语法著作普遍认为语气词"吧"可用于祈使句、是非问句及陈述句中，不能用于感叹句中（是否能用于感叹句中，我们暂且不作讨论）。"吧"大量用于祈使句中，以达到某种交际目的，很多时候这种交际目的就是说话人对听话人的一种请求。这种请求是多样的，可以是强硬的命令，也可以是委婉的建议，可以是豪迈的倡议，也可以是善意的劝告，可以是恳切的哀求，也可以是自我的祈愿。分别对应如下例句（31）—(36)：

(31) 秦王政毕竟有点怀疑，对荆轲说："叫秦舞阳把地图给你，你一个人上来吧。"

(32) "安娜夫人，请你本着对沫若兄一贯的爱心，尽快结束这种令人愁肠万断的局面吧！"

(33) 让我们伸出热情的双手，拥抱这盛大的节日吧！

(34) 院长劝吴自迪陪老伴看病："快一辈子了，吴老总你就侍候夫人一次吧。"

(35) 我弟弟痛苦地说："大夫救救我吧！疼死我了！"

(36) 台湾，就像我心头一个解不开的谜。什么时候，让我去一趟台湾吧！我在脑海里常常跃出这样的念头。

以上这些语句都是祈使句,句中所出现的语气词"吧"应该就是朱德熙(1982)所认为的表祈使的"吧$_2$"。这些表祈使的句子前后会出现劝慰、央求、哀求、鼓励、提议等类似的词语。

主观性话语标记"我看"与语气词"吧"同现时可表达两种情态,一种是认识情态,与表测度义的"吧"同现(我们已在第二节中分析过);一种是道义情态,与表使令义的"吧"同现,此时说话人对听话人提出自己的建议、观点、请求等,见例(37)。

(37)他们走向展示摊位,太太低声道:"你瞧,那儿有标价,要750美元,我看我们回家吧!只有500美元的预算。"

"看着办吧、瞧着办吧、走着瞧吧、等着瞧吧、算了吧、这样吧、这么着吧"等也是经常出现的表达使令义的固定句式,在这些句式中,说话人对听话人或者第三方的行为、建议等并不赞成,因此用具有使令义的"吧"字句表达一下自己的愤恨或勉为其难,见例(38)、(39)。如果没有语气词"吧",这些句子仍然能够成立,只是说话人的愤慨、怨怼、勉强等语气要强硬得多,会影响到听说双方言语交际的顺利进行。

(38)曾利华顿时红颜大怒,非常生气地说:"如果没钱,此事就办不成,你们自己看着办吧。"

(39)张丽杰告诉孩子妈妈说:"这样吧,我们马上进货,请您留下住址。"

人际交往,尤其是言语交际,是交际双方为了实现一定目的而展开、推进的一个互动参与过程,其间离不开说话人对语言形式与策略的选择,以实现推进话语进展或"以言行事"(saying-doing)的作用。语气词"吧"正是说话人在言语交际过程中为了让交际顺利进行下去而选择的一种语言形式。

六、结语

作为现代汉语重要的语气词之一,"吧"是介于信疑之间且信稍大于疑的一个语气词。"吧"表达了说话人对于所述命题的不确定的判断语气,可以表达测度、征询、认同、使令等认识情态。

介于信疑之间,"吧"所表达的语气就是不确定的,表达的认识情态首先就是测度;有疑问就要释疑,这时"吧"表达征询义;当信大于疑时,说话人使用语气词"吧"已有心理预期,不管他的判断是肯定的还是否定的,他都希望得到听话人的认同;得到了认同,说话人就会提出自己的建议,请求听话人予以执行。多数情况下,语气词"吧"的出现增加了句子语义表达上的不确定性。

说话人使用语气词"吧"所表达的是命题情态中的认识情态,而不是事件情态。因为认识情态表达了说话人对于命题的现实状态的判断,而事件情态只与两类事件相关,一类是未被实现的事件,一类是还未发生只是有潜在发生可能的事件。由此我们推断,语气词"吧"的使用或与事件的"现实相关性"相关,将另文讨论。

参考文献

1. 崔希亮(2003)事件情态和汉语的表态系统,《语法研究和探索》(十二),商务印书馆。
2. 高增霞(2010)"吧"字祈使句的使用条件,《语文研究》第2期。
3. 高增霞(2011)从评价到语气——兼论"吧"的意义,《河南师范大学学报(哲学社会科学版)》第38卷第6期。
4. 郭锡良(1988)先秦语气词新探(一),《古汉语研究》第1期。
5. 郭锡良(1989)先秦语气词新探(二),《古汉语研究》第1期。
6. 贺阳(1992)试论汉语书面语的语气系统,《中国人民大学学报》第5期。
7. 胡明扬(1993)陈述语调和疑问语调的"吧"字句,《语文建设》

第 5 期。

8. 陆俭明（1984）关于现代汉语里的疑问语气词，《中国语文》第 5 期。

9. 卢英顺（2007）"吧"的语法意义再探，《世界汉语教学》第 3 期。

10. 吕叔湘（1980）《现代汉语八百词》，商务印书馆。

11. 彭利贞（2005）现代汉语情态研究，复旦大学博士论文。

12. 齐沪扬（2002）论现代汉语语气系统的建立，《汉语学习》第 2 期。

13. 屈承熹、李彬（2004）论现代汉语句末情态虚词及其英译——以"吧"的语篇功能为例，《外语学刊》第 6 期。

14. 冉永平（2004）言语交际中"吧"的语用功能及其语境顺应性特征，《现代外语（季刊）》第 27 卷第 4 期。

15. 邵敬敏（1995）"吧"字疑问句及其相关句式比较，《第四届国际汉语教学讨论会论文选》，北京语言学院出版社。

16. 邵志宏（1999）语义变异与语用变异，《四川外语学院学报》第 15 卷第 3 期。

17. 史金生（2003）语气副词的范围、类别和共现顺序，《中国语文》第 1 期。

18. 徐晶凝（2003）语气助词"吧"的情态解释，《北京大学学报（哲学社会科学版）》第 40 卷第 4 期。

19. 张伯江（1997）认识观的语法表现，《国外语言学》第 2 期。

20. 张旺熹、姚京晶（2009）汉语人称代词类话语标记系统的主观性差异，《汉语学习》第 3 期。

21. 周士宏、岑运强（2008）试论语气词"吧"的情态意义，《北方论丛》第 6 期。

22. 朱德熙（1982）《语法讲义》，商务印书馆。

23. Palmer, F. R. 1986 *Mood and Modality* (1st edition). Cambridge: Cambridge University Press.

24. Palmer, F. R. 2001 *Mood and Modality* (2nd edition). Cambridge: Cambridge University Press.

对外汉语教学中新词语、流行语教学浅析[*]

郭 九[**]

摘 要：2019 年 5 月 31 日，教育部、国家语委在京发布《中国语言生活状况报告（2019）》，新一批的十大新词语、十大流行语、十大网络用语等随之浮出水面。这些词"该不该教？哪些该教？该怎样教？"等问题一直是对外汉语教师面临的一大难题。本文建议这些词的教学应该从词语本身和学习者两个角度出发，以选修课、辅助课、兴趣活动、竞赛等形式对其进行具体的分类、类推、翻译、情境式教学，进而帮助学生更好地理解、掌握，使用相关的新词语、流行语。

关键词：对外汉语；新词语；流行语；教学

一、新词语、流行语的界定及特点

无论是新词语还是流行语，学界对其的界定都众说纷纭，没有完全统

---

[*] 本文为 2019 北京市教学名师共建项目阶段性成果。
[**] 郭九，北京语言大学教师。

一的固定标准。本文中提到的新词语、流行语则仅仅以具有一定代表性和权威性的《中国语言生活状况报告》中近五年的十大新词语、流行语（详见附件）为例。

研究表明：新词语、流行语不同于一般词汇，它具有典型的时代性、易变性、不稳定性、流行性、广泛传播性、领域性、高情境性等特点。

时代性是指新词语、流行语随着时代、社会的发展而出现，最能反映时代发展和社会变化，比如"一带一路、互联网+、两学一做、雄安新区、进博会"等词都反映了时代特点，具有一定的时代性；易变性是指新词语、流行语经常随着社会的变化而变化，纵观近五年来十大新词语、流行语，我们可以便看到其易变性；不稳定性是指新词语、流行语的使用、流行都是不稳定的，由于时代性和易变性的影响，新词语流行语的使用和流行都非常的不稳定，比如"红通、小短假、阅兵蓝、灰犀牛、闺蜜门"等；流行性则是一定时期内词语的使用人数和范围，新词语和流行语都在曾在一定时期内非常流行，比如"一带一路"、微信红包、互联网+、吃瓜群众等；广泛传播性，新词语、流行语的流行性决定了它具有较高的广泛传播性，比如"微信红包、表情包、摩拜单车、吃瓜群众"等词，在各个人群、各个领域都得到广泛的传播；领域性，则是指大部分新词语、流行语的使用都有具体的领域，比如"新常态、沪港通、依法治国、抗战胜利70周年"等词经常出现在政治领域，"互联网+、众创空间、人工智能、大数据杀熟、冰屏"等词则经常出现在科技领域；高情境性，则是指新词语、流行语常常依附于一定的情境而出现，因此其使用时常常需要借助一定的情境。

上述新词语、流行语的特点决定了其教学形式、教学方法的特殊性。这就提示教师们要充分考虑其特点，然后再结合学习者的年龄特征、汉语水平、兴趣爱好等进行有的放矢的教学。

二、新词语、流行语的选择

那么，在实际的汉语教学中，新词语、流行语能进入课堂教学的具体标准是什么呢？本文认为，进入课堂中的新词语、流行语应该同时兼顾词语本身和学习者等两方面的特点，具体如下：

第一，从新词语、流行语本身的角度来看。新词语、流行语的选择应该考虑词语的流通度、使用度、生命力、规范性、难易度等。

词语的流通度是指词语在社会传播中的流行通用程度，流行通用程度高，人们的视觉、听觉就容易接受，就觉得熟悉、能说，否则，就觉得陌生、不顺畅，不能说；使用度是指词语的使用程度、范围、频率等，使用度越高，说明其在词汇系统和社会生活中的地位越重要；生命力（刘长征，2012）是指词语自出现后在一定的空间范围和时间范围内的生命活跃程度，是判断其能否进入新词教学的重要标准，只有选择生命力强的词语，教学才会有意义；规范性是指新词语、流行语应该符合汉语语法规范、形式和社会习惯，否则会影响学习者的正确理解和使用；难易度是指词语的难易程度，由于新词本身具有新奇、幽默、夸张等特点，所以其学习具有一定的挑战性，这就需要教师们在教学时选择难易度适中的词语。因此，新词语、流行语的选择应尽量选择流通度高，使用度频繁，生命力旺盛、规范性强、难易度适中的词进入对外汉语课堂，因为它们更贴近时代、贴近生活，也是学习者学习生活中常见的，更能取得较好的教学和学习效果。

第二，从学习者的角度来看。新词语、流行语的选择还应该考虑学习者的年龄、汉语水平、学习动机、有无目的语环境等。

首先，学习者年龄对词语的选择有着重要的影响，如果学习者是儿童，应该选择一些符合儿童交际用语、简单的、具有趣味性的词语；如果学习者是老年人，就应该根据其具体兴趣爱好进行适当的选择；如果学习者是年轻人，则应该根据其要求详细地教授。其次，学习者的汉语水平是选择的根本标准，因为汉语直接决定了他们能不能接受、接受的数量等；如果选择的词语和学生水平相当，学生能理解并正确使用，他们就愿意学习；否则他们则会因为过难学不会或过易不具挑战性而放弃学习。再次，学习者的学习动机对词语的选择也有着重要的影响，若学习者以了解中国文化为目的，那么和中国文化相关的词语更具有选择性；若学习者以商务为目的，那么我们的选择必定和经贸相关。最后，学习者的学习环境也时刻影响着新词语、流行语的选择，如果学习者在目的语环境中学习，那么为了交际的需要，教师有必要将日常交际中需要的、学生感兴趣的新词语和流行语教给学生；如果学习者处于非目的语的环境，则没有必要教授那些不影响交际，学生也不感兴趣的词语，否则会影响甚至阻碍汉语教学的进度。因此，新词语和流行语的选择还必须按照学习者的年龄、汉语水平等慎重选择，只有这样学习者才愿意尝试新词语、流行语的学习，进而正确使用新词语和流行语。

总之，选择新词语、流行语进入教学时需要注意到以下几个方面：首先，适度适量。新词语、流行语的教学虽然能给学习者带来新鲜感，激发他们的学习兴趣，但是并不是其最想和最应该掌握的知识，所以选择时我们应该把握好度与量，比较难和复杂的词不被引进，引进新词数量不宜过多等等。其次，强调交际性。学习的最终目的是为了交际，所以在课堂上和日常生活中涉及不到的或者使用频率不高的新词，比如专业术语类新词等，尽量少教或者不教，因此对于交际性弱的词，应尽量采取回避政策，以免时间和精力的双重浪费。最后，回避消极性，选择时还应该回避代表消极对象和有消极字眼构成的词，比如"欧猪五国"等词，因为将贬义、粗俗、毫无品味的词教授给学生不仅对他们的学习、交际没有任何帮助，同时还有可能损害国际间的友好关系，所以在教学中应该尽量抵制此类消极性高的新词。因此，在新词语、流行语的教学中，教师们应谨慎小心，选择合适的词、使用正确的方法，将积极有效的新词语和流行语教给留学生，进而帮助他们了解中国、认识中国。

三、新词语、流行语的教学

新词语、流行语的性质特点决定了其教学形式多以选修课、辅助课、兴趣小组活动等形式出现；其教学方法多以分类法（政治、经济、生活、科技等类）、类推法（"族"类词：追星族、密码族、月光族、啃老族等；"奴"类词：房奴、孩奴、上班奴等；"代"类词：名二代、富二代、网一代等）、情境法、多媒体教学法（图片、小视频等）、翻译法等方法为主。本文建议先根据常用领域对近五年来的十大新词语、流行语进行简单的分类，然后在分类的基础上具体分析各类词的教学方法，具体如下：

国际类（抗埃、失联、习马会、巴西世界杯、人类命运共同体、贸易霸陵、贸易摩擦等）。此类词具有典型的国际性、国别性和时段性，往往出现在一定的时期，比较适合联合国班高级水平者学习。因为此类词和学习者的日常生活关系不大，因此需要根据学习者的国籍和兴趣爱好选择性地教学，不能一概而论地全部教给学习者。同时此类词多为国际性专有名词，使用情境难以简单化、生活化，因此本文建议主要采用传统的翻译法对此类词进行教学。

政治类（占中、宪法修正案、一照一码、依法治国、四全面、十九大、抗战胜利等）。此类词和国家政策相关，比较适合研究中国政治、历史的高级班留学生，对大部分学习者的日常交际几乎没有影响，因此也需要选择性地教学。和国际类词语相似，此类词的教学主要也主要采用翻译和设置情境的方法进行教学，同时设置情境时还需要注意情境难易度，尽量设置浅显易懂的情境来帮助学习者理解和掌握，否则会无形中加重学习者的学习负担。

经济类（新常态、"一带一路"、人民币入篮、亚投行、大众创业、限竞房、灰犀牛、进博会等）。此类词多涉及国家当时当地经济政策，比较适合经贸、商务专业的高级汉语学习者学习。在教授此类词时，教师们可以结合当时的社会环境，通过翻译、小视频、阅读、对比等方法对相关的词语进行解释。其中，"一带一路"作为生命力旺盛的高频词，需要教师采用图片、视频、情境等方法对其进行重点讲解，进而帮助学生更好地理解"一带一路"。

科技类（互联网＋、嫦娥五号、阿尔法围棋、人工智能、冰屏、直播答题等）。此类词主要和科技相关，多为具象性名词，因此在进行教学时主要采用翻译法，同时结合相关的情境进行讲解。此类词虽然和学习者的日常交际没有很大的关系，但是和学习者的学习形式、毕业设计有着重要的影响，因此依旧需要教师根据学生的兴趣爱好和汉语水平进行简单讲解。比如互联网＋、人工智能等词是学习者在学习时经常借助的辅助工具，充分了解相关的科技类词语，有助于学习者更好地完成其毕业设计。

网络、生活类（微信红包、网约车、表情包、摩拜单车、网络大电影、吃瓜群众、共享充电宝、锦鲤等）。此类词和学习者的日常生活密切相关，是学习者在日常生活中经常使用的，直接影响着交际的成功与否，且具有较强的生命力，因此需要教师进行详细、系统的讲解。此类词的教学不仅需要关注学习者的理解层面而且需要关注学习者的使用层面，即教师要采用图片、全身反应、体验、小视频等方法帮助学生理解并学会使用网络生活类词语，进而帮助学习者更好更快地适应目的语国的生活。比如"微信红包、网约车、表情包、摩拜单车、吃瓜群众"等词都是学生日常生活中常用的付款、聊天、出行、评价工具，使用频率非常高，因此教师应该身体力行地教学习者应该如何使用这些日常生活用词，进而达到学习的交际性目的。

教育精神类（屠呦呦；长征精神；洪荒之力；立德树人；不忘初心牢记使命；幸福都是奋斗出来的等）。此类词主要以国家层面的主流精神为主，多为抽象性名词，教授起来具有一定的难度，这就提醒教师在教授此类词时应注意结合学习者的汉语水平，将其简化并转化成和学生生活相关的可理解性情境，然后在一定的情境中进行教学。比如"洪荒之力"一词，教师可以通过设置这样的情境"我们班的A同学学习汉语非常非常努力，他使出了全身的力气。在这样的情境下我们可以说他使出了洪荒之力"帮助学生理解"洪荒之力"的意思，然后再借助傅园慧的采访小视频帮助学生进一步掌握"洪荒之力"的使用情境，进而达到学习和交际的目的。

总之，新词语、流行语的易变性和不稳定性决定了其教学形式和教学方法也是灵活多变的，需要教师随着词语性质、特点、类别、使用度和学生年龄、汉语水平、兴趣爱好等的变化而不断改进和优化。

参考文献

1. 王铁昆（1989）新词新语的规范问题，《天津师大学报》第2期。
2. 王铁昆（1991）10年来的汉语新词语研究，《语文建设》第4期。
3. 李宇明（2007）发布年度新词语的思考，《光明日报》8月24日，第5版。

4. 白朝霞（2007）试论对外汉语教学中的新词新语问题，《德州学院学报》第2期。

5. 刘长征（2012）新词语的生命力，《北华大学学报（社会科学版）》第10期。

6. 牛东博（2013）对外汉语教学中的新词教学，辽宁大学学位论文。

7. 国家语言资源监测与研究中心《中国语言生活状况报告》，商务印书馆。

谈中级汉语综合课中的汉字教学

来静青[*]

摘　要：汉字教学是对外汉语教学的基础，也是对外汉语教学的难点。本文从《汉语水平词汇与汉字等级大纲》中的要求与学生实际水平的差距及《博雅汉语》初、中级汉语教材中汉字编写的缺失来阐述中级汉语综合课程加强汉字教学的必要性，提出汉字教学的策略，包括系统学习汉字知识，奠定汉字学习基础；注重字源与文化知识的讲解，加深学生对汉字理据性认识；注重偏旁部首和部件教学，减轻学生的记忆负担等，并提出了针对汉字教学的一些建议。

关键词：汉字教学；教学策略；字源与文化；部件教学

汉字教学是对外汉语教学的基础，也是对外汉语教学的难点。近年来，我们非常欣喜地看到学术界在汉字研究方面取得了丰硕的成果，但是与此同时笔者也深刻地感受到虽然对外汉语教学界一直呼吁汉字教学的重要性，可是汉字教学在整个汉语国际教育中仍然没有摆脱"从属"和"附庸"的地位。留学生汉语教学课程体系中一般没有设置专门的汉字课，大

---

[*] 来静青，北京外国语大学中文学院讲师。

多数院校只是将它设置为选修课。因此，如果我们不能扭转这个局面，不能给汉字教学应有的地位，也就不能将汉字研究成果更高效地运用于汉字教学实践中，造成理论与实践仍然脱节，这必将阻碍汉字教学向科学、有效的方向发展。

一、中级汉语综合课中加强汉字教学的必要性

（一）《汉语水平词汇与汉字等级大纲》中的要求与学生实际水平的差距

笔者近几年从事中级汉语综合课教学，教学对象绝大部分为学习汉语一年半到两年的国际班学生，使用教材为《博雅汉语准中级加速篇Ⅱ》，学生掌握的词汇量为 1500 左右。根据《汉语水平词汇与汉字等级大纲》中对不同阶段的汉语学习者习字量的规定是"对对外汉语教学来说，基础及基础后阶段要掌握常用字 2000—2200 个，高级阶段应掌握常用字和次常用字 700—900 个，这样共掌握常用字和次常用字 2900"[①]（注：基础后阶段是指中级阶段）。但是教学实践和问卷调查显示，这些学习汉语至少一年半的学生并没有系统地学习过汉字，甚至不知道偏旁与部首的概念。让笔者感到不解的是，一些最基本的常用偏旁，例如"竹字头""虫子旁""走之旁"等，很多学生并不知道它们的意义，更不了解这些形旁在汉字中的位置与作用。

这些问题说明，我们的对外汉语教学在初级阶段并没有给汉字教学应有的地位，汉字并没有独立设课，课程设置的缺失导致学生汉语水平虽然达到了准中级或者中级，确切地说是学生的汉语水平更多侧重于听说达到中级程度，但是在对汉字的认识与理解方面仍然存在很大的问题。附录 1 中的必修课使用教材情况表显示，口语课与阅读写作课选用的教材相比，口语课级别更高。这一问题如果长期存在，势必会阻碍学生读写水平和汉语整体水平的提高。笔者认为，学习者在初级阶段汉语学习过程中，如果

[①]《汉语水平词汇与汉字等级大纲》，第 26 页。

没有建立起汉字的基本常识与概念、没有系统地学习汉字基本知识，那么在中级阶段的汉语教学中一定要给予高度的重视，要给学生弥补上"认识汉字、了解汉字基本知识"的课程内容，为学生汉语水平的进一步提高搭建脚手架。

（二）《博雅汉语》初、中级汉语教材中汉字编写的缺失

《博雅汉语》初级起步篇Ⅰ与Ⅱ的课本中没有针对汉字知识的讲解，只是在练习册中安排了"汉字书写练习"，列出汉字的笔画顺序，让学生在田字格中描写汉字。《博雅汉语》准中级冲刺篇Ⅰ与Ⅱ的课本中也没有汉字知识的相关内容，只是在每一个单元的练习一中设计了找某些汉字的相同部首，然后写出带有这些部首的若干汉字练习。从编写者的理念来看，他们是强调汉字书写练习与掌握汉字偏旁部首重要性的。然而，对于学习者来说，即使会摹写汉字，但是如果不了解汉字的基本知识，没有一定的汉字基础，甚至不知道偏旁部首的意义，他们又怎么会记住这些汉字的写法呢？学习了很多汉字，却记不住常用汉字，长此以往，畏难情绪必然由此而生，挫伤学生学习汉字的积极性，这应该是导致汉字"难学、难认、难写"的根本原因之一，也是我们长期以来不能突破汉字教学"瓶颈"的主要原因。

基于以上两点，笔者认为长期以来"汉字难学"的现实，不仅仅是由于汉字本身的特点决定，也与我们教材编写理念和教师对汉字教学的重视程度不够密切相关。因此，中级汉语综合课中加强汉字教学是必要而紧迫的。

二、针对中级汉语水平学生的汉字教学策略

（一）系统学习汉字的基本知识，奠定汉字学习基础

笔者认为，留学生学习汉字之初，一定要系统地学习汉字知识，包括汉字的种类、汉字的基本结构、汉字的基本笔画、汉字的书写规则、偏旁与部首的概念等，这些知识是他们学习汉字的基础，也是他们打开汉字之门的钥匙，占有举足轻重的地位。根据成人学习第二语言的认知规律与心

理特点，留学生可以接受并理解相关汉字知识，也可以在短时间内构建汉字知识的基本脉络。

笔者曾经担任过零起点"欧盟青年经理"和"德意志学术交流项目"（DAAD）等汉字教学工作。对这些零起点、需求多、要求高、非汉字圈的高层次青年人才开设汉字课具有极大的挑战。对两批欧盟青年经理和四批DAAD学员汉字教学实践显示，通过一个学期（共16周）、每周4课时的汉字课学习，他们在汉字各方面的学习能力，包括汉字认读、书写、记忆、汉字文化理解、形似字辨析、掌握多音多义字、段落阅读、篇章阅读等诸方面都得到迅速提升。一个学期的汉字课为他们今后的汉语学习奠定了扎实的基础。

实验显示，留学生在初级汉语入门阶段后，增加一定量的汉字课程是十分必要的。根据针对留学生汉字学习的问卷调查显示，如果学生在初级阶段没有系统地学习汉字相关知识，那么即使学生的汉语水平达到了中级甚至高级，他们可能也只会盲目地写汉字，不知道为什么这样写，由此造成"汉字难学、难认、难记"的后果，不解决好这一问题，学生的汉语综合水平的提高将会受到制约。

（二）注重字源与文化知识的讲解，加深学生对汉字理据性认识

通过课堂教学实践与问卷调查显示，在汉字教学中，注重字源义的文化教学，不但能提高学生学习汉字的兴趣，而且能够加深他们对汉字的印象。我们这里指的字源义教学，目的是为了方便学生认识与记忆汉字，不需要具体分析汉字的源流和演变。同时，教师也应该向学生传授，汉字不仅是中国文化的瑰宝，也是世界文化宝库的奇葩，因为汉字本身就可以绘出一幅幅中国历史文化的生动画面，汉字是文化信息的载体，因此学习汉字是了解和感受中国文化的必经之路。

这里以《博雅汉语准中级加速篇Ⅱ》的生词中的一些汉字为例，教师利用图片展示和清晰地文化介绍，将引发学生极大的兴趣。比如"疑"字，甲骨文的字形是一个人张大了嘴，扶着拐杖，站在路口左顾右盼，似乎迷路的样子；"采"字，甲骨文的字形是一只手正在采摘树上的果实；"孕"字，甲骨文的字形很明显是妇女怀胎的样子；"酉"字甲骨文就是

"酒"的意思，字形很像古代盛酒的罐子。因此，字源义的教学在对外汉语教学的初级阶段和中高级阶段都需要、也都重要。教师需要注意的是，选择常用汉字、依靠图片对汉字进行简单、生动的解释时，一定要把握好时机与分寸，忽视汉字字源义的教学和不加选择性地过多使用字源义教学都是不可取的。

（三）注重偏旁部首和部件教学，减轻学生的记忆负担

这里首先要解释三个概念——偏旁、部首与部件。偏旁是"旧称汉字合体字中，左为偏，右为旁，如'湖'字的'三点水'和'胡'，'崮'字的'山'和'固'。'水'和'山'表示意义，称形旁，'胡'和'固'表示读音，称声旁"。[①] 部首为"汉语字典里属于同一偏旁的部目。东汉许慎作《说文解字》，以小篆为主，分析字形的结构，把具有同一个形旁的字归在一起，称为一'部'，全书共分为540部，开始是'一'部，最后是'亥'部。每部共同所从的形旁字列在开头，这个字就称为部首。如玉、山、人、水、木等都是部首"。[②] 部件是构成汉字的二级结构单位，其内涵比部首以及偏旁复杂得多，学术界对部件的定义有不同的看法。笔者更倾向于张静贤指出的"部件是由笔画组成的、能独立运用、具有组配汉字功能的构字单位；部件是对整字进行一次或几次切分后得出来的。它介于笔画和整字之间。"[③]

初级及中级阶段的汉语综合课教学中，教师应该注重为学生介绍常用汉字偏旁的意义与位置，为学生建立汉字偏旁部首的概念，这有助于他们理解和记忆汉字。同时，教师应该善于运用"部件教学法"，将部件作为识记单位，因为切分出来的单位意义越明确，越有利于识记。"从汉字认知角度看，'部件教学法'符合一定的心理学原理，心理学指出，人的短时记忆容量是有限的，'模块'策略是提高记忆效率的一种有效方法；记忆又受到一定空间的限制，复杂物要比简单物占据更多的记忆工作空间，

[①] 辞海（上），第586页。
[②] 中国大百科全书总编辑委员会编：《中国大百科全书·语言文字卷》，中国大百科全书出版社，1988年版，第30页。
[③] 张静贤：《汉字教程》，北京语言大学出版社，2004年版，第45页。

影响记忆的容量。相关心理学研究表明，部件是汉字识别的单元，部件是直接建立在笔画激活基础上的认知层次，仍有较强的特征分析属性。"[1] 在运用部件教学法的过程中，教师要注意为学生解释清楚位置不同但是意义相同的部件，同时为了加强学生的汉字部件意识，教师应该注重对部件位置的解释和说明。徐静（2012）"根据对《辞海》16339 个汉字进行切分和分析的结果，构字能力居前三位的部件'三点水'、'草字头'、'木字旁'的构字能力分别为 761、697、690，而它们在左、上、左位置的出现频率分别为 760、697、585。可见它们出现的位置是相当有规律的。"[2] 教师如果能将这些构字能力强且部件位置单一的特点教授给学生，很大程度上会帮助学生形成部件意识，掌握部件的规律，从而加深对汉字的理解和掌握。

（四）加强学生对形似字的辨析能力，强化形似字教学

字形教学应该成为贯穿汉字教学始终的重点。研究表明，留学生汉字偏误中形近而误者最多。江新、柳燕梅的实验表明，字形偏误在留学生的书写偏误中占绝对优势。沈敏、唐贤清（2013）针对初级班留学生的汉字偏误进行了一个学期的记录与研究，他们将汉字偏误分为四类，字形相近而误、字音相近而误、形音相近而误和其他偏误。在这四类中，字形偏误占的比例最高，达到 75%。因此，我们在教学中应该加强字形辨析，强化字形教学，必须要注重对形似字的辨析，形似字教学在初级和中级汉语教学中都十分重要。

三、结论与余论

汉字教学是对外汉语教学的一个重要组成部分，也一直被认为是对外汉语教学中的困难环节。我们固然承认汉字"难认、难写、难记"这一事

---

[1] 徐彩华：《汉字教学中的几个认知心理问题》，《北京师范大学学报（人文社会科学版）》2000 年第 6 期。

[2] 徐静：《对外汉语教学中汉字部件位置教学研究》，《科技风—学术论坛》2012 年 12 月上。

实，但是如果学生在汉语学习的初级阶段没有坚实的汉字基础，那么即使他的汉语达到了中级甚至高级水平，汉字仍然是制约其汉语水平整体提高的关键因素，因此我们呼吁在基础阶段加强汉字教学的必要。如果学生在初级阶段没有系统地学习过汉字的基本知识，那么一定要在中级阶段弥补上这一课，否则将不会突破"汉字难学"的瓶颈。既然我们承认汉字教学在对外汉语教学中的重要性，就应该给它应有的地位，特别要在初级阶段的汉语教学课程设置中，设置专门的汉字课（每周至少四节）。

针对那些中高级水平但没有系统地学习过汉字课的学生，教师要为他们补上这一课。即使在中高级阶段不容易将汉字单独设课，那么至少应该为学生安排几次汉字相关讲座，这对他们"写"的技能输出十分必要。同时，在综合汉语教材的编写过程中，也应增加专门的汉字配套教材编写，形成汉语课和汉字课的无缝对接，全面提高学生的听说读写的综合技能。

总之，对外汉语教学应该充分发挥汉字教学的优势，在注重汉字本身特点的基础上进行科学、有效、实用的汉字教学，通过汉字所承载的丰富的中国文化内涵，传播中华民族优秀而灿烂的传统文化。

参考文献

1. 江新、柳燕梅（2004）拼音文字背景的外国学生汉字书写错误研究，《世界汉语教学》第1期。

2. 徐静（2012）对外汉语教学中汉字部件位置教学研究，《科技风》第12期。

3. 沈敏、唐贤清（2013）论汉语国际推广背景下的对外汉字教学，《湖南社会科学》第4期。

4. 仇中海、管秀丽（2014）汉字的意象性与对外汉字教学策略，《华北科技学院学报》第2期。

5. 崔希亮（1997）《词汇文字研究与对外汉语教学》，北京语言大学出版社。

6. 李乐毅（2002）《汉字演变500例》，北京语言大学出版社。

7. 张静贤（2004）《汉字教程》，北京语言大学出版社。

附录

必修课使用教材情况

级别	汉语	口语	阅读与写作
C	博雅汉语准中级加速篇（第二版）（北京大学出版社）	中级汉语口语1（第三版）（北京大学出版社）	初级汉语阅读教程I（北京大学出版社）
D	博雅汉语准中级加速篇2（第二版）（北京大学出版社）	中级汉语口语2（第三版）（北京大学出版社）	初级汉语阅读与写作教程1（北京大学出版社）
E	博雅汉语中级冲刺篇1（第二版）（北京大学出版社）	准高级汉语口语上（第二版）（北京大学出版社）	初级汉语阅读与写作教程2（北京大学出版社）
F	博雅汉语中级冲刺篇2（第二版）（北京大学出版社）	准高级汉语口语下（第二版）（北京大学出版社）	中级汉语阅读与写作教程1（北京大学出版社）
G	博雅汉语高级飞翔篇1（第二版）（北京大学出版社）	高级汉语口语1（第三版）（北京大学出版社）	中级汉语阅读与写作教程2（北京大学出版社）

留学生古汉语教学中对训诂学原理的应用[*]

刘　畅[**]

摘　要：以词汇教学为中心的古代汉语教学中，必不可少地会应用到传统训诂学原理。论文在梳理古汉语词义特点的基础上，结合留学生古代汉语课教学的特点，讨论针对留学生古汉语的教学，应当如何选择性地对传统训诂学加以继承与发扬。

关键词：训诂学；古代汉语；留学生；词义；扬弃

古代汉语与现代汉语具有密切的渊源关系，是汉语学习者尤其是高层次学习者知识结构中不可缺少的版块。在北京语言大学汉语学院，《古代汉语》课程已开设多年。课程引导学习者选读古代汉语名篇，通过翻译讲解词句、传授古代汉语词汇语法常识，培养学习者阅读简单古文的能力以及借助工具书阅读其他古文献的能力；并沟通古今，帮助学习者进一步提高现代汉语水平。

---

[*] 本课题为北京语言大学院级科研项目（中央高校基本科研业务专项资金资助），项目编号为16YJ080107。
[**] 刘畅，北京语言大学汉语国际教育学部汉语学院讲师。

训诂学作为我国传统"小学"的重要组成部分之一,在长期的实践中积累了极为丰富的材料和经验。上世纪以来,又在几代学者的有力推动下,逐步开始复苏,厘清了与其他相关学科的关系,建立了较为完整的学科体系,形成自己的理论架构。在留学生古代汉语教学中,必然需要运用训诂学的相关知识。而面对留学生古汉语教学的特殊性,如何有针对性地、有选择性地对传统训诂学原理加以继承和发扬,就成为了一个摆在我们面前的重要课题。

一、古汉语词汇与词汇教学

词汇是古代汉语教学的中心内容。王力先生在谈其经典教材《古代汉语》时就曾指出:"学习古代汉语,重点必须放在词汇上"(王力,1981:绪论)。我们再进一步细分的话——作为词的"内容"的词义部分,更是重点中的重点。因此,我们这里主要谈词汇,尤其是词义的特点及其教学。

(一) 词义的特点

词义反映了一定社会集体对客观事物的观察和总结,它具有多种特性。在教学当中最值得关注的是:

1. 词义的概括性

词义虽然是对客观事物的反映,但这种反映不可能是对其对象原封不动地照搬,而必定是某种或某些主要特征的概括。吕叔湘先生曾经说过:"外界事物呈现无穷的细节,都可以反映到人的脑子里来,可是语言没法儿丝毫不漏地把它们全都表现出来,不可能不保留一部分,放弃一部分",这就要求"语言不可避免地要有概括作用或抽象作用"(吕叔湘,1998:64-65)。这是一个由繁到简的过程,其间必然要省略掉一些东西,只要满足人们在交际中事物与事物相互区别的要求就可以了。如"车",古人对"车"的认识无非就是一种"在陆地上行走的有轮子的交通工具",只要具备这样的特征就可以与"舟""马"等其他交通工具区分开来,而不会构成交际的障碍,至于这个车是大的还是小的、有盖的还是没盖的、用来拉货物的还是用来作战的都无关紧要,如果需要可以再进一步地加以限定。

但"语言活动有个人的一面,又有社会的一面","言语活动是多方面的、性质复杂的,同时跨着物理、生理和心理几个领域,它还属于个人的领域和社会的领域。"(索绪尔,1996:30)对词义特征的选取起初就是一种个人化的行为,"如日之为名,太古人不知也,不知必谓之既大且明、既圆且热之物,则合数字形容一物,而繁杂不可理矣。故造字必以简号代之,……故名词者,乃由动词形容词中择一要义以为之名"(黄侃、黄焯,1983:195),这个"择一要义",正是词义概括性的写照,它导致了一个词的词义可能难以涵盖这个词对应的对象所包含的全部内容,而人们在具体使用某词时又可能只强调它所指称的某个方面,这时候词义就不再是清楚的,而是模糊的了。

2. 词义的系统性

词义的系统性有横向和纵向两个层次的体现。从横向来看,词义与词义之间是相互勾连的,这既与客观事物之间具有千丝万缕的联系有关,又与人们对客观世界的认识有模糊性和联想性有关。

纵向来看,词义由一个起点(即词的本义)出发,可以往一个或几个方向不断地引申发展,形成一个词义系统。在此我们借用王宁先生对词义引申基本理论的阐述(王宁,1996:54-58,例证从略):

> 词义从一点出发,沿着本义的特点所决定的方向,按照各民族的习惯,不断产生相关的新义或派生同源的新词,从而构成有系统的义列,这就是词义引申的基本表现。
>
> 引申是词义运动的基本形式,它展示词义运动的内部规律,决定多义词的各义项关系和同源词意义相通的关系。
>
> ……
>
> 引申是以具体的词义特点为依据的,但它并不是零散孤立的,而是有规律的。引申规律指的是甲、乙两个义项彼此相关或甲、乙两个同源词之间意义相通的规律。从汉民族文献语言看,这种规律有两种类型:理性的引申和状所的引申。

......文献语言中理性的引申有同向和异向两种：同向的：（一）时空的引申；（二）因果的引申；（三）动静的引申；反向的：（四）施受的引申；（五）反正的引申。状所的引申又分三种情况：（一）同状的引申；（二）同所的引申；（三）通感的引申。

（二）古代汉语词义的特殊性

词义的概括性和系统性是任何一种语言都具有的特点，但不同的语言必然体现出不同的民族性。具体到汉语来说，它的词义——尤其是古汉语的词义——因为由汉字这种表意文字体系作为载体，而具有其独特性。

1. 二词音同造成误记

受发音部位和发音方法的限制，人类能够发出的音节总是有限的，而古代汉语阶段词以单音节为主，作为口头形式的语音不能无限量地增加，同一音节能够承载表达的意义数量受到限制，这就势必要求在书写形式上加以扩充，以满足区别词义的需求。正因为具备这种特性，古汉语中的同音词极多，但我们今天所看到的书面形式的典籍，在古代更多却是诞生于口耳相传时的笔录，所以二词同音造成误记的情况是很有可能发生的。

2. 二字形似造成误传

在汉语中，一个词在书面形式上的体现基本就是一个字。与其他拼音文字不同的是，一般拼音文字只代表它所指代的词汇的语音，从它的书写形式上不能直接推断它的意义，因此一个掌握了英语基本发音方法但词汇量不大的人，可能能流利地读出一段英文文章，但并不能真正理解它的含义；反过来说，只要准确地记录下来了词汇的发音，一般也就准确地记录了词义。而汉字作为一种表意文字，常常同时与其所代表的词义和语音发生关系，它本身就可以比较直观地表现词义；但汉字笔画繁复、结构复杂，很容易写错，一旦字在记录或传抄过程中发生错误，词义的传播就连锁性地受到影响。

3. 同源通用和同音借用

虽然字是记录词的符号，但在实际使用过程中，字与词却不一定具有一一对应的关系，可能出现一词由多字记录或一字记录多词的现象。前者我们一般称为异体，后者则一般称为通假。所谓的"通假"其实反映了两种不同的文字现象：一是同源通用字；二是同音借用字。李国英就这一分类问题进行了专门的讨论，指出"古人用假借概念指称的用字假借，也就是通假现象中，仍然存在着两种性质不同的文字现象，即在本字和借字之间存在意义相关和意义无关两种现象"，"'同源通用字'与'同音借用字'虽然形式十分相似：它们都不写现存的本字，而写和本字音同或音近的他字来代替本字。但是两者却有本质的不同。同音借用字是意义无关的字在使用过程中的互相替代，是单纯的文字现象，同源通用则是词语分化推动文字孳乳的过渡阶段界限模糊的表现，它不但是文字现象，而且反映词汇现象。"（李国英，1989：54、57）

二、留学生古汉语教学中对传统训诂学原理的扬弃

训诂学作为一门以解释词语为主要任务的学问，与现代的词汇学"有一定的内同性和互补性"（张青松，2007：73）。这一点，从《隋书·经籍志》中就将"小学"划分为"训诂、体势、音韵"即可见一斑。因此，我们在进行以词汇为中心的古代汉语教学时，运用基本的训诂方法——如以形索义、因声求义、比较互证等——是必不可少的。然而留学生古代汉语教学的特殊性，又使我们不得不时刻反思，具体应当如何应用、应用到何种程度。

（一）面向留学生的古代汉语教学的特殊性

1. 学习目标

同为古代汉语课，为留学生开设的与为中国学生开设的，应当说有本质的不同。如前所述，我们的古代汉语课，是引导学习者选读古代汉语名篇，通过翻译讲解词句、传授古代汉语词汇语法常识，培养学习者阅读简单古文的能力以及借助工具书阅读其他古文献的能力；并沟通古今，帮助学习者进一步提高现代汉语水平。也就是说，知识的输入不是最终目的，而是要为学生奠定继续深入学习的基础，并以提高现代汉语水平为着眼点；教学中应当注重实用，而不强调古汉语知识的系统传授。

2. 汉语水平

留学生不仅接触古代汉语语料的时间短、机会少，而且汉语语感不足，现代汉语水平尚且不足以支撑起对古文翻译的自如理解。上课时，通常在讲完一个词的翻译后，还要对所翻译的现代汉语词汇再进行解释和说明。

这一点，对我们的教学内容和教学方式有很直接的影响。例如，古人训诂，惯用近义词互训的方式，这种传统的词义训释方式沿用至今，依然是我们辞典编纂和教学中惯用的手段。对于中国学生而言，罗列现代汉语中的近义词来解释古代汉语，有助于学生的学习理解；而对于外国学生而言，首先用来解释的词学生未见得理解，其次很少有完全相同的一组词，而近义词辨析正是汉语教学当中的重要内容之一，大量采用近义词互训以及近义词罗列的方式，反而会影响其现代汉语词汇的学习和使用。

除了以上两点以外，还有诸如文化差异、学习规律等方面的因素，也会对教学构成影响。

（二）对传统训诂学原理的继承与发扬

有鉴于此，在承担留学生古代汉语课的教学任务时，我们希望提请同行注意：

1. 古今有别

讲解汉字词汇时，形音义三要素不可割裂，但不能忽视古今演变造成的差别。不必动辄追本溯源，或强行系联。在确定教学内容时，建议选择与现代汉语有联系的、常用的、对学生学习古代汉语和现代汉语均有帮助的内容。

以部首为例，讲"扌、辶、月"等部首的汉字，通常就比讲"夂、纟、礻"要易于使学生接受；与课文、例句相结合，也比单讲汉字接受度高。比如在《邹忌讽齐王纳谏》一文中，同时出现了"明、旦、朝、暮"等"日"部字，将它们综合起来，联系课文当中的句子，一起来讲，非常有利于学生形成一个综合性的认知。

我们再来看看《论语》中的例子："习"，《说文》"鸟数飞也"，后来词义扩大到对所有技能的学习。《论语》开篇："学而时习之，不亦说乎？"

朱熹注："学之为言，效也。人性皆善而觉有先后，后觉者必效先觉之所为，乃可以明善而复其初也。习，鸟数飞也。学之不已，如鸟数飞也。说，喜意也。既学而又时习之，则所学者熟而中心喜说，其进自不能已矣"，说明了"习"是"学"之后一个必不可少的熟悉巩固的过程，也就是我们今天所讲的"练习、复习"。像这样十分常用但学生很少有深入了解的词，稍作提示说明，通常会取得比较好的课堂效果。

2. 中外有差

教师在教授古汉语时，不能停留于字词讲解本身，仅仅满足于将句子文章翻译出来，而是要引导学生发掘翻译背后的内容，做到真正地了解其意义，而不是靠死记硬背。这其中，尤其不能忽略对文化内涵的阐述。文化差异是存在于汉语教学方方面面的影响因素，古代汉语课也不能例外。事实上，中国传统的训诂学，从来也不止步于对词义的解说，而也注重义理的阐释、哲学的思考。

例如，《黔之驴》中，"形之庞也类有德，声之宏也类有能"，如果仅从字面去翻译它，学生很难理解这个句子，更遑论其中还有比较复杂的语法现象。只有把它其中蕴含的中国人的传统审美观念做一个简单介绍，才能帮助学生真正地理解其含义。

3. 难易有度

讲解词汇时，我们应继承传统的训诂方法，但对具体内容进行有选择性的输入。

比如我们很熟悉的"有朋自远方来"句中的"方"，通常将"远方"二字连读，认为"方"就是"地方"，句义是"有朋友从很远的地方来"。但俞樾《群经平议》中却提出了一个独特的观点，他说："《说文·方部》：'方，併船也。象两舟省总头形。'故方即有并义……友朋自远方来，犹云友朋自远并来。"这种解说有其可取之处，但对留学生而言，还是以掌握接受度更高的、更普及的"地方"说为宜。

此外，关于"方"字的词义引申，段玉裁在《说文解字注》中有很精彩的论述："併船为本义，编木为引伸之义，又引伸之为比方……又引伸之为方圆、为方正、为方向，又假借为旁……""方"是象形字，象两船相并之形，所以可以用来指称船或木筏等船的替代物，经过动静引申用作动词，即"渡水"义，如《诗经》中就有"江之永矣，不可方思"的句子。由"併船"的本义出发，可以捕捉到它的两个特点，一个是两物并在一起，一个是形成方形的渡水工具。词义也随之向两个方向发展，一个方向是从"并"的特点引申，可有"并列、并排"之义，后来又进一步派生出"防御"之"防"；还可有"相当、齐等"之义；有"比方"之义，又派生出"相仿"之"仿"。另一个方向是从"方形"的特点引申，因古人有天圆地方的观念，所以可有"大地"之义，又引申出"地方、区域"、"边境"、"方向"等义，再派生出"旁""房"等。

这是一组很有意思的引申序列，如果给中国学生授课，应当是一个很好的教学内容，但对一般的外国留学生而言，未免难度过高。

总而言之，"为学习汉语的外国留学生开设的古代汉语课程，与给以汉语为母语的中国汉语言文学专业的本科生开设的'古代汉语'应该具有明显的区别。这两类学习者的汉语水平有很大差异，对中国传统文化的了解程度相差悬殊，而其学习古代汉语课程的目的也有所不同。所以，我们认为，给留学生开这门课，思路要变，教材要变，教法也要变。我们特别强调，这是为发展学生现代汉语能力服务的'古代汉语'"（朱瑞平，2001：116）。

参考文献

1. 杜敏（2003）训诂学与解释学之比较——兼及训诂学当代发展的途径，《陕西师范大学学报》第6期。
2. 黄侃、黄焯（1983）《文字声韵训诂笔记》，上海古籍出版社。
3. 李国英（1989）试论"同源通用字"与"同音借用字"，《北京师范大学学报》，第4期。
4. 吕叔湘（1998）《语文常谈》，三联书店。
5. 索绪尔（1996）《普通语言学教程》，商务印书馆。
6. 王力（1981）《古代汉语（修订本）》，商务印书馆。
7. 王宁（1996）《训诂学原理》，中国国际广播出版社。
8. 杨端志（2003）训诂学与现代词汇学在词汇词义研究方面的差异与

互补，《文史哲》第 6 期。

9. 张青松（2007）试论训诂学在现代汉语词汇学中的价值，《安徽大学学报》第 4 期。

10. 朱瑞平（2001）关于对外汉语教学中"古代汉语"教学及教材建设的几点思考，《北京师范大学学报》第 6 期。

实践分层教学，打造学校品牌

——以北语汉语学院为例

李金莲[*]

摘 要：分层教学既符合中国传统"因材施教"的理念，也符合现代认知心理学的规律。本文以北京语言大学汉语学院为例，提出针对优秀学生，建立"精品"班级。从一年级开始，每个学期班主任推荐出优秀学生，建立"精品人才库"。新学期开始时，教务办公室提前把这些学生组成一个或两个班。每个年级班主任接力，沟通优秀学生情况，做成一份"备忘录"。笔者设想为优秀学生开通"精品人才培养通道"，争取培养出优秀人才，回馈社会，打造学校品牌。

关键词：分层教学；优秀学生；精品人才培养

一、引言

（一）研究缘起

对外汉语留学生的本科教育已经走过40年的风雨历程，在人才培养、

---

[*] 李金莲，北京语言大学汉语国际教育学部汉语学院教师。

课程设置等方面有很多成功的经验，但笔者作为一名一线的年轻教师，在教学中也遇到一些困惑。多年来笔者一直教授一年级初级汉语综合课，作为一名班主任，对学生的情况比较了解。每次教的班级中都有几名优秀学生，他们学习态度好、上课认真，回答问题积极，对教师布置的作业能按时地、保质保量地完成，获得任课教师的一致好评。之后，他们会升到二年级、三年级直到四年级毕业。我非常想了解这些学生在高年级学习怎么样？他们能否一直保持优秀？据本人观察，这些优秀学生有的最后成为"优秀毕业生"之一，而有的由于种种原因已经变为普通生。因此，笔者设想在留学生本科教学中可以运用"分层教学"的方法，根据学生不同的学习情况，进行分层分班教学，使优秀学生得到更好的培养，差生也能得到更细致、更人性化的学习帮助，争取使每个学生都能得到适合其能力和水平的教学指导。

（二）分层教学的理念

分层教学法，古已有之。我国伟大的教育家孔子就提出"因材施教"的理念。孔子将学生分为上、中、下三等，他认为对不同智力水平的学生应使用不同的教育方法；另外，学生对学习的兴趣是最重要的品质，要根据其学习兴趣和个性特点选用不同的教学内容和教学方法。孔子的教育思想蕴含了分层教学的理念，也为分层教学提供了理论依据。

宋代的《四书集注》也概括了这一思想，并成为当时思想的主流："圣贤施教，各因其材，小以小成，大以大成，无人弃也。"这表明我国古代教育者就很重视学生的差异，争取使每个人都学有所成（尹烨，2018：4）。

美国应用语言学家克拉申的"i+1"理论也早已得到学界的广泛认可。他认为习得语言必须通过可理解的信息或语言输入，要有足够数量的可理解的语言知识被提供，使学习者在语言环境中自然接受。在同一班级里学生的水平参差不齐，教师所提供的语言不能满足每个学生的现有水平，因此分层教学非常必要。

另外，每个学习者的学习背景、学习能力、学习策略和方法、克服困难的毅力等都不尽相同，因此分层教学是符合认知心理学的规律的。

(三) 分层教学法的定义

笔者认为，分层教学，就是在教学过程中，教师按照学生能力水平的不同将学生分成若干层次，不同层次的学生的教学内容、教学进度、教学要求、教学目标等都不尽相同。通过分层教学，不同层次的学生在各自的起跑线上获得不一样的训练和成长，通过努力每个学生都能得到自身最大化的发展和最优学习效果。

国内外学者给分层教学下的定义较多，总的来说，分为广义和狭义两种。广义的分层教学是指年级间的班际分层；狭义的是指针对班级内部的分层。本文研究的是广义的分层教学。即同一年级中，把优秀学生分成一到两个班，把差生也分成一到两个班，大部分班级为中等水平的学生。

(四) 分层教学的相关研究

目前，英语学习方面分层教学的相关文献数不胜数，如《分层教学法在初中英语教学中的应用》（张蕾，2018），《分层教学在高中英语教学中的应用探讨》（何硕平，2018），《大学英语教学中分层教学的应用》（周燕，2018）等。另外，小学语文的分层教学和实践也有很多文献。如：《分层教学在小学语文中的应用》（段艳，2019）等。少数民族的汉语学习也有分层教学的文献，如《少数民族预科汉语分层教学研究》（娄阳，2017）等。

有关对外汉语分层教学研究的文章也有很多：《国际学校（中学阶段）对外汉语分层教学初步研究》（蔡婷婷，2012）提出国际学校中学阶段的分层教学策略，将对外汉语初级教学分为三个阶段，分别提出教学的目标和重点，采用支架教学模式和分合想结合的模式，使分层教学的模式下各层次教学目标之间具有衔接和连贯性。《分层教学在对外汉语教学中的应用研究》（郭旭，2014）以重庆师范大学国际汉语文化学院的汉语进修生为实验对象，使用分层模式进行了 8 个月的教学实验，在不同课型中采用分层教学和传统教学两种方法进行观察和对比，在课堂教学环节对教学目标、教学内容、练习及作业进行分层设置，实验结果为分层教学确实提高了课堂的教学效率。《对外汉语初级口语分层教学探究》（马舒绮，2016）

从"学习任务分层"到"学生分层"两个角度归纳出一系列的教学方法。《分层教学法在泰国高中汉语课堂中的应用研究》（何晋，2016），该文鉴于高中学生水平差别很大，设计了实验班和对照班进行对比研究。《分层教学法在西澳大利亚小学汉语教学中的应用》（尹烨，2018），作者在班内对学生进行分组，教学内容、课堂活动等都分层组织，效果明显。

由此可见，有关分层教学的理论已经比较成熟，相关研究和实践也非常丰富。但以上对外汉语分层教学的研究都集中于班内分层或者分层教学班与常规教学班的对比研究，针对留学生本科人才培养方面的分层教学研究还没有涉及。因此，本文提出在留学生本科人才培养上也可以使用分层教学法。

二、留学生本科教育的分层教学

本文以北京语言大学汉语国际教育学部汉语学院（以下简称"北语汉院"）为例，进行讨论。北语汉院从1978年起一直承担来华留学生的本科人才的培养，现有本科留学生1400人左右，来自70多个国家和地区，学院实行8学期制，每年春、秋两季招生，春、秋两季都有毕业生，目前已累计有4000多名留学生获得本科学士学位。

对留学生的汉语本科教学，一般需要4年，北语汉院采用了补学分的方法，3年也可完成本科学业。但与短期汉语速成学习和进修生的汉语学习相比，本科生学习时间相对较长，学校更应重视本科人才的培养方案。

目前北语汉院同一个年级学生开学时的分班方式为按照学生报名的顺序随机分班，学生的成绩、学习能力等并没有考虑在内。

虽然在同一个年级，有的学生平均成绩在90分以上，有的学生各门课程刚刚及格，这样水平相差较大的学生混在一个班级上课，存在一些明显的问题，如优秀的学生学习态度好、学习能力高、掌握得快，希望课堂的节奏快一些，而水平差的学生会"慢吞吞"地回答问题。教师为了公平起见，一视同仁，难免会拖慢课堂的节奏。而同时"差生"因为学习能力、学习习惯等原因认为教学进度偏快，希望能"细嚼慢咽"，教师也应该对他们做到耐心等待、循循善诱。

目前提倡班内分组教学的相关研究和教学实践很多。我们称为狭义的分层教学。即在同一个班里，针对不同水平的学生确定不同的教学目标、教学重点以及布置不同的作业。笔者认为这种分层教学适用于混龄班或国外的一些学校。虽然这样做有很多好处，也可以做到因材施教，重视不同学习者之间的差异。但并不适合国内的留学生本科教学，存在一定弊端。如，同在一个班级，差别对待如此明显，差生、优生很容易被"标签化"，对学生的心理健康不利，另外，同一个班级往往教材、教学进度、考试范围等都是统一的，教师也不好操作。

本文讨论的"分层教学"是广义的分层，并不是在班内分层教学，而是同一年级中，根据学生的学习能力、考试成绩等来分成不同的班。与水平相当的同学在一个班级学习，教学层面教师好操作，对学生心理健康也有好处。为了培养优秀人才，打造学校品牌，本文只讨论针对优秀学生设置"精品班级"的分层教学模式，中等学生和差生的分层教学暂不作讨论。

三、分层教学的实施

（一）分层教学的必要性

根据本人的教学经验，从一年级开始一部分优秀的学生就初露端倪，他们学习能力强、学习态度认真、上课听课效率高、课后完成作业质量好，这些学生在第一个学期就会脱颖而出。这些优秀的学生能否一直保持优秀，与学校的培养和本人的努力是分不开的。在学校层面，我们应该尽可能地为这些优秀学生建立一套完善的人才培养制度，多关注他们，多花精力培养他们，不同年级间教师保持沟通，一气呵成，使优秀学生更加优秀，打造北语品牌，培养优秀校友。

（二）具体实施方法

由于班主任老师对班上的"好学生"比较了解。笔者认为，可以把一年级第一个学期作为"考察期"，每个班主任在与各任课老师沟通的基础上，推荐出本班的优秀学生，以学习态度积极、学习能力强、有理想、性格好、是否要在北语毕业等为标准，本着多则多选、宁缺勿滥的原则，为北语汉院的人才培养做出一个"精品人才库"。第二个学期开学时，教务办公室提前把这些学生组成一个到三个"精品"班。从一年级开始，每个年级班主任老师接力，沟通优秀学生的情况，做成一份"备忘录"。

二年级、三年级和四年级以此类推。二年级老师可以咨询优秀学生对专业的兴趣，鼓励他们多参加一些活动，如演讲比赛、诗歌朗诵比赛、作文比赛等，提高这些学生的综合素质和能力。高年级时可以多介绍一些实习的机会，锻炼提高他们各方面的能力。

同时要建立灵活的进退机制，如果学生不愿意、成绩发生了变化或者考虑到其他的因素，每个学期开学时可以做出调整。如果新生入学分到二年级，我们就把二年级的第一个学期作为"考察期"，同样使优秀学生进入"精品人才库"。

另外，从三年级开始学生会进入专业的学习，不同的专业人数不同。目前北语汉院分为两个专业，汉语言专业和汉语国际教育专业。其中汉语言专业分为经贸汉语方向、汉英双语方向、汉日双语方向、日汉翻译方向、韩汉翻译方向。分班可以根据每个方向选课的人数来决定。笔者认为某个方向选课人数在40人以上就可以考虑建立"精品班"。另外，随着近年来"一带一路"倡议的实施和国外汉语教学中本土教师需求的增长，汉语国际教育专业的学生人数不断增长，如马来西亚班和南亚师资班。这些学生在与其他国家的学生混班上课后，同样要参加分层模式的教学。

（三）课程设置方面

在保持汉语言、经贸、翻译、汉语国际教育等优势专业的同时，学院可以再增加一些特色课程供学有余力的学生提高综合素质，如时事政治课、旅游课、演讲课、论文写作课等等。经贸方向的学生可以增加经贸实践课、校企合作课等等。

另外，我们可借鉴双学位的方法，优秀留学生除了学好本专业课程外，还可以申请与本校中国学生同班上课，在自己感兴趣的专业上，修够相应的学分即可获得双学位。这样可以激励优秀留学生充分发挥个人潜能，成为优秀人才。

（四）毕业论文方面

本科留学生在四年级时都会进行毕业论文写作。学院要求每位教师都要承担论文指导工作。笔者认为，可以为"精品班"的优秀学生配备副教授等优秀教师来辅导，争取写出北语精品论文。

（五）实习及后续跟踪

除了写毕业论文，实习经验对于毕业生来说很重要。学校应联系企业，为优秀学生提供一些实习岗位。针对翻译方向的学生，我们可以和一些翻译公司包括翻译软件公司合作，为翻译方向的优秀学生提供实战的平台；针对经贸方向的学生，我们可以和国际化的国内大公司如小米、华为等合作，培养本土有竞争力的人才；国际教育专业的学生可以和一些国际学校联系，为这些学生找到能真正走进课堂的机会，锻炼提高他们的实际教学能力。总之，学校除了教授课堂学习的知识以外，应该为优秀学生搭建实习平台，提供实习机会，进一步增强他们的能力。

目前留学生的毕业去向问题还没有引起足够的重视。我们建议对优秀学生的毕业去向做一个统计，毕业班的班主任与这些优秀学生保持联系，教务办公室建立历届"优秀学生毕业去向统计表"，保留优秀学生的联系方式，跟踪他们职业发展的轨迹，为学校培养优秀校友做出一分贡献。

四、小结

众所周知，好的生源是保证教学质量的重要一环。笔者设想在留学生本科教育中为优秀学生开通"精品人才培养通道"，多加关注，精心培养，提供分班、选课、教师配置、毕业论文辅导、工作实习机会介绍、毕业后跟踪联系等"一条龙"的精品服务，争取培养出优秀人才，回馈社会，打造学校品牌。笔者希望通过实践分层教学，学校可以多培养一些优秀学生，进一步提高学校的知名度和口碑，吸引更多的优秀学生加入北语大家庭，通过"好学生—精品人才培养通道—优秀学生—吸引更多的好学生"

这样一种良性循环，提高教学质量，打造学校品牌。

参考文献

1. 蔡婷婷（2012）《国际学校（中学阶段）对外汉语分层教学初步研究》，吉林大学硕士学位论文。

2. 段艳（2019）分层教学在小学语文中的应用，《江西教育》第2期。

3. 郭旭（2014）《分层教学在对外汉语教学中的应用研究》，重庆师范大学硕士学位论文。

4. 何晋（2016）《分层教学法在泰国高中汉语课堂中的应用研究》，西安外国语大学硕士学位论文。

5. 何硕平（2018）分层教学在高中英语教学中的应用探讨，《教育理论研究》第二辑。

6. 娄阳（2017）少数民族预科汉语分层教学研究，《文教资料》第16期。

7. 马舒绮（2016）对外汉语初级口语分层教学探究，《兰州教育学院学报》第11期。

8. 尹烨（2018）《分层教学法在西澳大利亚小学汉语教学中的应用》，华中科技大学硕士学位论文。

9. 张蕾（2018）分层教学法在初中英语教学中的应用，《读与写杂志》第11期。

10. 周燕（2018）大学英语教学中分层教学的应用，《海外英语》第4期。

初级汉语语法教学中"精讲"的原则[*]

刘敬华[**]

摘　要： 初级汉语语法教学在来华留学生本科教育中占有重要地位。针对初级汉语语法教学的原则和模式，此前研究从理论和实践等角度进行过深入探讨，总结出"精讲多练"等行之有效的方法，但在"精讲"的原则方面讨论得还不够充分。本文立足于课堂教学实践，尝试对其中"精讲"的原则进行了提炼归纳。文章认为"精讲"可以归纳为"形成对立""图示说明""补充语境"几个基本原则。其目的都在于激活学习者头脑中已有的语言知识。

关键词： 初级汉语语法教学；精讲；对立；图示；语境

一、引言

来华留学生汉语本科教学已经走过四十余年的历史。北京语言大学的

---

[*] 本研究为北京语言大学梧桐创新平台"中央高校基本科研业务费专项资金"（项目编号17PT03）阶段性成果。

[**] 刘敬华，北京语言大学汉语国际教育学部汉语学院讲师。

来华留学生本科教育始于 1975 年二系试办的现代汉语本科专业，1978 年正式招收来华留学本科生，2003 年机构改革以后，汉语学院主要承担来华留学生本科学历教育工作。① 与其他性质的学习者相比，来华留学生要圆满完成本科阶段的学习，既需要具有扎实的汉语技能，又需要掌握扎实的汉语知识。随着对外汉语教学向汉语国际教育的发展（崔希亮，2010），我们要致力于培养本土教师（赵金铭，2014b），培养学习者掌握扎实的汉语语法知识和技能更重要。

汉语综合课在传授汉语知识和培养汉语技能方面起着重要作用。汉语基本语法框架主要在初级汉语阶段的综合课上完成。以汉语学院目前使用的初级汉语综合教材是《尔雅中文·初级汉语综合教程》（下文简称《尔雅中文·初级》）为例，该套教材共分上下卷，上卷两册要求在一个学期完成，约需 300 个学时，系统讲授了基础汉语语法知识。

初级汉语语法教学模式在此前研究中得到了充分讨论（崔永华，1989；赵金铭，2014；杨德峰，2019），由此归纳出"理解 + 练习 + 运用"这一行之有效的模式，一些有代表性的语法教学手册如白建华等（Bai, 2009）、杨玉玲（2014）正是按照这种模式编排的。这一模式中"精讲多练"原则是北京语言大学在长期教学实践中总结出来的，得到了学界的广泛认同（赵金铭，2014a）。不过，正如杨德峰（2019）指出的，对外汉语语法教学模式研究成果偏少，关注范围也偏窄。来华留学生背景具有多元化的特点，而目前大部分教材和教辅是以英语作为媒介语，编写时有特定的目标群体，如 Bai（2009）设定的教学对象是"全封闭式强化训练下的明德大学中文暑校的本科及研究生"，"如果学习者较为年轻，或者学习环境不同，教师应调整教学程序和所问的问题，以适应学习者的特点"。而东亚、东南亚、中亚不少学习者的英语水平不足以理解语法讲解中的说明。这一现象需要教师在课堂教学的"精讲"这一环节采用一定的手段解决。

就"精讲多练"这一原则而言，如何练大家讨论得比较多，在语法教学手册中也设计得比较清楚，而"精讲"受到的注意还不够。本文将对

---

① 资料来源（2019 年 6 月 20 日查阅）：http://hyxy.blcu.edu.cn/col/col7519/index.html。

"精讲多练"中的"精讲"部分的原则做初步的探索。

二、教学案例

下面,通过几个具体的教学案例,对"精讲多练"的"精讲"过程加以说明。①

(一)"了"的教学

"了"是在汉语本体和应用领域都得到充分讨论的一个问题,目前在教学中采用的通常是《现代汉语八百词》中的结论:"了"有两个。"了1"用在动词前,主要表示动作的完成。如动词有宾语,"了1"用在宾语前。"了2"用在句末,主要肯定事态出现了变化或即将出现变化,有成句的作用。如动词有宾语,"了2"用在宾语后。

《尔雅中文·初级》关于"了"的教学内容分布在第6课《昨天你做什么了》、第8课《大夫给我开了一些药》、第11课《我说汉语说得越来越好了》。第6课主要是"肯定事态出现了变化",第8课主要是"表示动作的完成",第11课则是"事态即将出现变化"。

一方面,由于汉语的"了"和学习者的母语的语法现象缺乏对应,学习者很难把握其意义和用法。这就要求教师在课堂上设法通过汉语内部的对比来呈现其意义。另一方面,虽然缺乏与学习者母语的对应,但"了"本质上是汉语对人类关于时间认知的反映,所以要激活学习者头脑中已有的相关时间概念范畴。

教学中,为了凸显句尾"肯定事态出现了变化"、"有成句的作用"的"了2"的用法,我们给出了如下一组例句。

(1) a. 昨天我去食堂吃饭了。
　　　b. 明天我要去食堂吃饭。

---

① 下文展示的教学案例于2018—2019学年在北京语言大学汉语学院两个初级班(第一学期的1003班和第二学期的1052班)进行了实验教学,取得比较理想的效果。

  c. 每天我都去食堂吃饭。
  d. 现在我正在食堂吃饭。

  例（1）四个例句中，时间词分别是"昨天""明天""每天"和"现在"，对应使用不同的动词表现形式。时间观念是已知世界每种语言都有的范畴，学习者作为已经掌握一种或多种语言的成人，通过这种最小对立之间的对比，能帮助学习者建立一种汉语表达时间的框架。

  在上述对比的基础上，我们以板书的形式给出如图12—1所示，加强其对比效果：

过去	现在	将来
昨天我去食堂吃饭了。	现在我正在食堂吃饭。	明天我要去食堂吃饭。
每天我都去食堂吃饭。		

  图12—1　"了2"在教学中的处理图示

  "了1""用在动词前，主要表示动作的完成。"这一阐述是比较抽象的，对于学习者来说不易理解，但是"V＋了＋数量名"结构是"了1"比较典型的一个分布，我们在教学中给出如下一组例句。

  （2）a. 昨天我去食堂吃了两个包子。
    b. 明天我要去食堂吃两个包子。
    c. 每天我都去食堂吃两个包子。

  "了1"和"了2"（肯定事态出现了变化这一用法）的用法区别是学习的一个难点，这方面，我们参考徐晶凝（2014）的研究成果，该文认为，在叙事语句中，"了2"用于叙述者对故事主要进展阶段的主观划分，与其他指向成分（时间、空间、人物等）一起共同设置故事推进的大框架。而故事进展框架中的具体事件，则用"了1"加以叙述。上例中，

(3a)"去五道口了"是大框架,(3b)中"买了一本书""喝了一杯咖啡""看了一场电影"则是其中的具体事件。

在吸收上述研究成果的基础上,我们在教学中给出如下一组例句。

(3) a. 昨天我去五道口了。
　　 b. 在五道口我买了一本书☆,喝了一杯咖啡★,看了一场电影●。

并辅之以如图 12—2 所示,让学习者注意:(3a)是一个大事件;(3b)则是几个小事件。

过去			现在	将来
══════════════════════➤				
昨天我去五道口了。○				
买了一本书 ☆	喝了一杯咖啡 ★	看了一场电影 ●		

图 12—2　教学中解释"了1"和"了2"的区别图示

一句话中如果出现两个事件,会构成如"我下了课就去"这样的结构。这一结构既可用于已然,也可用于未然。在教学中,我们给出如下一组例句。

(4) a. 昨天我下了课就去食堂吃饭了。
　　 b. 明天我下了课就去食堂吃饭。
　　 c. 每天我下了课就去食堂吃饭。

并辅之以如图 12—3 所示。

过去	现在	将来
☆★		☆★
昨天我下了课就去食堂吃饭了。		明天我下了课就去食堂吃饭。
每天我下了课就去食堂吃饭。		
☆：下课； ★：吃饭		

图 12—3 教学中如何展示"V1 了就 V2"格式

（二）"以后"和"后来"

随着学习者词汇量的增加，区别近义词成为学习中的重要内容。而一些涉及抽象表达的近义词对学习者来说不易掌握，成为易混淆的对象（张博，2007）。

"以后"和"后来"是学习者容易混淆的词。赵新、李英（2009）给出丰富的例句说明了"后来｜然后"、"后来｜以后｜之后"的异同。

《尔雅中文》教材中有如下例句。

（5）三四岁的时候我就开始和爸爸踢球，上小学时一直是我们足球队的队长，后来，足球队的教练看中了我……

（6）来北京以后，我经常和同学们一起看球、踢球。

教学中，我们给出如图 12—4 所示。

过去	现在	将来
来北京以后		毕业以后
[☆事1]，后来，[★事2]		以后……

图 12—4 "以后"和"后来"的区别图示

辅之以图示，我们的解释是："后来"只能单独用于过去；"以后"在"VP以后"格式中既可用于以后，也可用于将来。通过这种手段，在学习者头脑中建立一个时间轴的概念。使他们将不同的语言成分放入相应的时间范围内。以后学习到新的词语（如"之后"）也能方便地进行归类，起到举一反三的效果。

（三）复合趋向补语"回来/回去"

补语是汉语语法体系的重要特征，是汉语第二语言学习者面临的难点。《尔雅中文·初级》简单趋向补语和复合趋向补语在第16课《我只好走上来了》，该课以复合趋向补语学习为主。

趋向补语涉及说话人和听话人对空间的认知。用形象化的图示可以方便解释。课本有两处图解："V + 来/去"部分（第2册，52页）说明"V + 来"是朝向说话人；"V + 去"是离开说话人的方向。练习部分（第2册，56页）涉及"V + 过去/过来""V + 上去/上来/下去/下来""V + 进去/进来/出去/出来"。但没有涉及"起来"、"回来/回去"。

"V + 回来/回去"是学习者不容易理解掌握的问题。替换练习里（第2册，55页）有两个问题都是关于这一问题的。因为涉及认知心理的问题。①

我们在教学中给出如下情景。

（爸爸在超市给妈妈打电话）
爸爸：家里还有水果吗？需不需要我买回去一些？
妈妈：没有了。你买回来一些吧。
（爸爸回到家）
爸爸：水果买回来了，放在哪儿？
妈妈：放在冰箱里吧。

我们在教学中，从说话人和听话人所处的位置不同的角度，把 V〔上

---

① 宗守云（2019）讨论的"出国"和"回国"有类似之处。

来/下来］、V［上去/下去］归纳为上下的问题，把V［进来/进去/出来/出去］归纳为里外的问题。V［回去/回来］则是从A处出发，路过B处，又回到A处的问题。如果说话人在A处，则用"V回来"；如果说话人在B处，则用"V回去"。

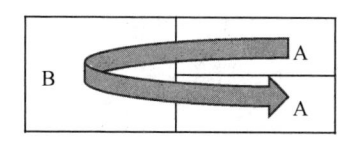

图12—5　复合趋向补语"回来/回去"的教学图示

三、"精讲"的原则

在上述教学实践的基础上，我们尝试提炼出下面几项"精讲"的原则。

（一）形成对立

"最小对立"本来是语音研究中提出的概念。我们引入到语法讲解环节，认为给出的例句应减少无关信息。如上面例句（1）中，主要的动词都是"我去食堂吃饭"，（1a）中"昨天"与"了"相关；（1b）中"明天"与"要"相关；（1c）中"每天"与"都"相关；（1d）中"现在"与"正在"相关。通过这样的最小对立，将要讲解的部分凸显出来，使学习者意识到，汉语时间词语和相应的助词或副词一起，刻画人类认知中的时间范畴。

（二）图示说明

教材的国别化还在发展中，目前教材语法讲解部分的译文大多是英译，且不说是否译得准确，即使译得准确，英语非母语的学习者也不容易充分理解。图示法是解决上述问题的一个办法。英语在这方面有所尝试（Richards & Gibson，1973）。杨玉玲（2014）附赠光盘中包含书中全部图片，方便使用。姜丽萍（2010）更是一种重要的尝试。郭锐（2015）在本体研究中也利用图示来说明问题。

本文认为，图示不应局限于一个生动的人物形象，更要注重用图示来说明阐释一些抽象的时间和空间范畴。图1-4我们利用时间轴的形式来解释汉语在表达过去、现在、将来事件方面采用的不同的语法手段；图5我们利用图示的方法解释汉语复合趋向补语"回来/回去"的概念。这样的图示能起到一种元语言的效果，避免文字解释给学生带来认知负担。

（三）补充语境

语言学习中，充分的语境至关重要。冯胜利、施春宏（2015）总结出"结构、功能、语境"结合的"三一语法"原则。

"补充语境"与"最小对立"并不矛盾。把语境信息尽可能地补充出来，形成最小对立。练习、使用过程中，再把信息逐渐减少。从广义上说，图示法也是给学习者提供一个易理解的语境。

在复合趋向补语的教学，设计合适的语境，使之形成对立，并辅之以图示，能达到比较理想的效果。

四、结语

本文在教学实践的基础上，归纳出"精讲"的原则：形成对立、图示说明、补充语境。这几项原则的背景是要考虑到学习者的母语背景多样化的特点，更重要的要利用学习者掌握了一种或多种语言的认知优势。

参考文献

1. 崔希亮（2010）对外汉语教学与汉语国际教育的发展与展望，《语言文字应用》第2期。
2. 崔永华（1989）对外汉语语法课堂教学的一种模式，《世界汉语教学》第2期。
3. 冯胜利、施春宏（2015）《三一语法：结构·功能·语境——初中级汉语语法点教学指南》，北京大学出版社。

4. 郭锐（2015）汉语谓词性成分的时间参照及其句法后果，《世界汉语教学》第 4 期。

5. 姜丽萍等（2010）《图解基础汉语语法》，高等教育出版社。

6. 杨德峰（2019）初级汉语综合教材语法教学模式初探，《语言教学与研究》第 2 期。

7. 杨玉玲（2014）《国际汉语教师语法教学手册（第 2 版）》，高等教育出版社。

8. 张博（2007）同义词、近义词、易混淆词：从汉语到中介语的视角转移，《世界汉语教学》第 3 期。

9. 赵金铭（2014a）附丽于特定语言的语言教学法，《世界汉语教学》第 4 期。

10. 赵金铭（2014b）何为国际汉语教育"国际化""本土化"，《云南师范大学学报（对外汉语教学与研究版）》第 2 期。

11. 赵新、李英（2009）《商务馆学汉语近义词词典》，商务印书馆。

12. 宗守云（2019）"出国"和"回国"，《语言文字周报》5 月 22 日第 1838 期。

13. Bai，Jianhua（2009）*Chinese Grammar Made Easy*［对外汉语语言点教学 150 例］. Yale University Press。

14. Richards & Gibson（1973）*English through pictures*. Pippin Publishing.

汉语词汇知识课教学内容探讨

唐 伶[*]

摘　要：学界现有关于对外汉语词汇教学的讨论更多是在技能课的范畴。词汇知识课是汉语言专业和汉语国际教育专业的重要课程，与技能教学有很大区别。本文拟讨论的是词汇知识课的教学问题，尤其是词汇知识课教学内容的确定原则。文章以北京语言大学汉语学院的词汇知识课教学为案例，首先说明了该案例中表现出的一些事实和问题，然后提出汉语词汇知识课在确定教学内容时应遵循基础性、实践性、系统性原则。

关键词：汉语词汇知识课；教学内容；基础性；实践性；系统性

一、写作缘起

自 2002 年国家汉办颁布《高等学校外国留学生汉语言专业教学大纲》以来，针对来华留学生设立的汉语言本科专业得以正名，随之展开了很多关于学科建设的讨论，其中，语言知识课的重要性和地位被逐渐认可。

---

[*] 唐伶，北京语言大学汉语国际教育学部汉语学院副教授。

2013年，教育部设立了汉语国际教育专业，在该专业的课程体系中，语言知识课为必修课之一。可见，语言知识课在汉语言和汉语国际教育两个专业的建设中都是不可或缺的部分。汉语言知识课包括语音、汉字、词汇、语法、修辞、语言学等课程，它们在教学中具有同质性，但又各有特点，本文只讨论其中的词汇教学。

对外汉语学界的词汇教学研究成果颇丰，比如李晓琪（2004）、李如龙（2005）、张和生（2005，2008）、李彤（2010）、万艺玲（2010）、李明（2013），但这些文献主要是在语言技能课的范围内讨论如何更好地展开汉语词汇教学，以及如何取得更好的教学效果；也有学者从语言知识课的角度讨论过汉语词汇教学，比如孙德金（1999）、潘先军（2008）、万艺玲（2005），他们讨论了语言知识课在课程性质、教学内容、教学要求和教学方法等方面的性质和定位。

从语言知识课开设至今，讨论焦点有所改变，已从是否必要转向如何建设，本文拟在前人的基础上重点讨论词汇知识课教学内容的设定原则。

二、案例与分析

在还不够了解其他院校开设词汇知识课的有关情况下，本文暂以北京语言大学汉语学院的词汇知识课教学作为个案，对其中教学内容方面的一些问题展开分析[①]。我们曾先后对北京语言大学汉语学院三、四年级学习过汉语词汇知识课的132名留学生进行了调查，了解他们对词汇知识课所学内容的态度、对课堂讲解方式的看法、对学习收获的自我评价，以及对该课程的建议。

（一）教学内容及学生态度

这一部分的调查是让学生从实用的角度出发，选出在词汇知识课上应该学习的内容。调查结果显示，60%以上的学生认为词语学习、同义词辨

---

① 北京语言大学汉语学院的汉语词汇知识课作为独立课程，设在三年级上学期；汉语言专业汉语言方向和汉语国际教育专业必修，其他专业或方向选修。

析、汉语词汇和文化等内容有实用价值,应该学习;约40%的学生认为词汇学基本知识有一定的实用性,应该适度学习。同时,他们不欢迎在词汇知识课上只注重理论或只注重实践的教学,而是希望教学内容兼顾实用性和理论性,以实用性为主。

(二) 课堂讲解方式及学生评价

关于课堂讲解方式,我们没有调查具体的授课方式或教学手段,而是设置了"讲解是否清楚、讲解是否有趣"等选项让学生选择,以了解教师对教学内容的处理是否得当。调查结果显示,选择"讲解清楚"的有85人,占比约64%;选择"讲解有趣"的有49人,占比约37%;而认为"讲解不清楚"和"讲解无趣"的分别有11人和9人,各占比约8%和7%。数据说明,多数学生认可教师对教材内容的处理结果,但也有小比例的学生不能接受。我们认为,不能接受的原因除了与教师的操作有关以外,也与教学内容本身有一定的关系。

(三) 学习收获

这一部分的调查设计了三类选项考察学生在词汇知识课上的收获,分别是"提高了词语运用能力、学习了词汇知识、为将来深造或工作打下了基础"。调查结果显示,选择"提高了词语运用能力"的有101人,占比约76%;选择"学习了词汇知识"的有100人,占比约75%;选择"为将来深造或工作打下了基础"的有21人,占比约16%。[①] 数据说明,大多数学生认为通过词汇知识课的学习在实践能力和理论储备两个方面都有收获,即词汇知识课既讲授了理论知识,又有实践内容。而选择词汇知识课的学习对未来规划和发展有帮助的比例很低,这有可能是因为有的学习内容确实没有助益,也有可能是教学内容和未来事业之间不是即学即用的关系,学生暂没有体会到其中的联系。

[①] 2.1、2.2和2.3.的调查设计都是可多选,所得数据并不互补。比如,在2.1的调查中,有的学生既选择了学习实用性强的内容,同时也选择了学习理论知识,我们统计时只是计算出选择某选项的人数在总人数中的绝对占比情况。2.2、2.3的统计方法与此同。

（四）学生建议

这一部分的调查本意是不设选项，由学生们自由表达。但可能是受限于汉语书面表达能力，或者是碍于师尊、认为提出意见对教师不够礼貌，又或者是怕麻烦不想书写，我们收回的建议并不多，尤其是四年级学生，回答这个问题的态度非常消极。

根据问卷的填写态度，可把学生的意见分成三类：A 无评论 B 消极意见 C 积极意见。有 84 人放弃填写此项调查，属于无评论；有 25 人虽然表达了意见，但没有任何具体看法或建议，只是填写了"没有意见""很好"等内容，属于消极意见；有 23 人提出具体的意见或建议，属于积极意见。他们提出的建议包括多个方面：（1）教学内容上，增加实践内容并降低课程难度，多教学生怎么使用词语，减少跟实际无关的内容的学习，比如分析合成词的结构；（2）练习形式上，除了课堂集中练习以外，增加小组讨论和课后集中练习；（3）教学方式上，多做游戏、增加课外活动；（4）考试形式上，除了期末考试以外，加强期中考核；（5）课程设置上，把每周两课时改为每周四课时；（6）教学语言上，放慢语速。

综上，在北京语言大学汉语学院目前的词汇知识课教学中：（1）教学安排和教学内容兼顾了理论性和实践性，但从学生角度来说，词汇知识课应该进一步增强实践性；（2）已经取得的教学效果基本令人满意，但讲解的清晰度和趣味性方面还有提升空间。简言之，教学过程中如何增强教学内容的实践性和趣味性显得比较突出，这是学生更为关注的问题。但是，如前所述，词汇知识课不是语言技能课，属于语言知识课，我们应该在语言知识课的框架内讨论如何确定教学内容，使其兼顾理论性和实践性的需要。

三、词汇知识课教学内容的确定原则

本文暂不详细讨论词汇知识课具体的教学范围和内容是什么，只是就确定教学内容的原则进行论证。孙德金（1999）提出，知识课的教学应当考虑基础性、兼容性、系统性三个方面，这对确立知识课的教学内容具有很好的指导作用，但并不完全适用于词汇知识课。

"语言知识课的基础性主要体现在：各课程所属领域内的最基本概念，以及由这些基本概念表述的基本语言理论知识，这种知识不具有专门化、个性化特点。""所谓兼容性是指教学内容中的概念、体系、理论观点为各学术领域内部普遍接受。或者即使在某些问题上有不同意见，为了特定的需要，经过广泛的研讨制定出大家共同认可的带有规范性的系统，这种系统也具有兼容性。"[①] 我们认为，基础性和兼容性实际上是实与名的关系：基础性是选择教学范围，即教哪些不教哪些，是"实"；兼容性是对所选定的教学范围如何处理，即运用什么术语、概念或观点来介绍，是"名"。在流派众多、理论推新的语法学研究中，确定教学内容时考虑兼容性确实很有必要，不然会引起学生的混乱，而对于词汇学来说，这种干扰要少得多，所以兼容性也显得不那么必要了。根据词汇教学的特点，本文提出词汇知识课的教学内容应该考虑基础性、实践性和系统性三个方面。

（一）基础性

基础性必不可少，它是从丰富的本体研究成果中遴选学习内容的重要准则，可以保证教学内容能体现词汇学中最基本的概念和最基本的理论知识。词汇学最基本的概念比如词、词汇、语素、词根、词缀、义项等，而最基本的理论知识往往都是在这些基本概念的基础上延伸的，讲解的时候不一定能截然分开。概括起来，词汇知识课的基础内容应包括：（1）词汇的分类及构成；（2）词的形式、词的意义、词与词之间的关系等；（3）熟语的形式特点和表意特点；（4）汉语词汇和文化的关系。

（二）实践性

鉴于留学生学习群体的特点，针对他们的词汇知识课的教学肯定不同于国内高校中文系专业课的教学，在教学内容方面要平衡理论性和实践性两者的关系。

[①] 关于基础性和兼容性的两处说明均引自孙德金（1999）。

上文调查数据已经说明，留学生对词汇知识课的定位有一定的认识，希望在这个课堂上学习一些词汇学的理论知识，但同时更希望获得实践能力。而留学生认可的实践能力多是指所学知识具有直接的实践意义，即能现学现用，这样理解是有失公允的。实际上，词汇知识课的实践性应包含两层意义：一个是显性的实践性，一个是隐性的实践性。前者比如外来词、新词、同义词的辨析等，留学生觉得这些内容有助于扩大词汇量，并进一步提高交际能力，从而对这些内容的实践性没有疑义；后者比如词根和词缀的特点、合成词的结构类型、语素义和词义的关系等，留学生不一定能认识到这些内容对扩大词汇量、理解并准确地运用词语、教学实践及应用等的作用，会觉得这些内容没有实践性。所以，教学内容是否有实践意义除了参考留学生的意见以外，也非常需要教师在教学过程中保持系统性的教学意识，帮助学生梳理思路，建立起知识和实践在不同层面的联系。

综上，在确定词汇知识课的教学内容时，实践性非常必要，但一定要从课程建设的高度出发，不能仅止于建立学习内容和实践的直接相关性，还要注意相关性考察的深度和层次。

（三）系统性

相对于语音、语法知识的系统性来说，词汇的系统性要松散很多。词汇本身是一个开放的系统，对词汇的研究不是线性的，而是多维度的，将这些研究成果反映在教材当中就会显得相对松散，尤其是如果受到教学时限等因素的影响，对词汇知识不能全盘处理而需要选讲时，其系统性就显得更加松散。但如上所言，如果只是零散地选择看似很有实践意义的内容进行教学，一方面与语言技能课无异，没有体现语言知识课的课型特点，无法完成语言知识课的教学任务；另一方面也会给学生留下词汇知识杂乱无章、缺乏系统性，从而学习困难的印象。因此，在确定词汇知识课的教学内容时，一定要有系统意识，即使是选讲，也要确定讲授内容之间的联系，并尽量把这些联系外化体现在课堂教学上。

四、余论

确定教学内容是教学过程中的重要一环,但它并不是孤立的存在,还有很多方面与之密切相关。比如练习的设计。设计精良的练习能直接检验和体现词汇知识课的内容是否符合基础性、实践性和系统性的原则;与其给学生强调学习理论知识的重要性和必要性,不如通过练习来让学生自己体会和发现。所以,设计练习时除了考虑是否与教学内容对应之外,还应该考虑最大限度地发挥复习作用和验证作用。再比如教学原则的确定。虽然精讲多练是对外汉语教学的基本原则之一,但是面对虽已进入高级阶段、已有知识储备却远远不够的留学生来说,精讲多练有时并不奏效,因此语言知识课不宜简单地移植"精讲多练"的原则,而要提倡"讲懂练够"的原则。

本文只是关于北京语言大学留学生词汇知识课教学的个案分析,一些讨论和阐释缺乏概括性和全局观。随着来华留学生本科学历教育的发展,以及留学生汉语国际教育本科专业的建设和需要,增设语言知识课的教学单位应该会越来越多,如果能结合其他院校的情况来宏观地讨论词汇知识课的教学问题,将具有更加深远的意义。

参考文献

1. 陈绂(2001)汉语言专业的本科教学必须把语言本体课列为必修课——对汉语言专业课程设置的一点看法,《语言文字应用》第2期。

2. 崔希亮(2015)关于汉语国际教育的学科定位问题,《世界汉语教学》第3期。

3. 李立成(2007)来华留学生本科学历教育总体设计的意义,《外国留学生工作研究》第4期。

4. 李明(2013)近20年来对外汉语词汇教学研究,《天津师范大学学报(社会科学版)》第6期。

5. 李泉(2017)对外汉语课程设置:总反思与再规划,《语言战略研究》第 2 期。

6. 李如龙（2005）略论对外汉语词汇教学的两个原则，《语言教学与研究》第 2 期。

7. 李彤（2005）近十年对外汉语词汇教学研究中的三大流派，《语言文字应用》s1。

8. 李晓琪（2004）关于建立词汇——语法教学模式的思考，《语言教学与研究》第 1 期。

9. 陆俭明（2014）汉语国际教育专业的定位问题，《语言教学与研究》第 2 期。

10. 孙德金（1999）对外汉语专业教育中语言知识课的定位问题，《语言教学与研究》第 1 期。

11. 孙德金（2006）《对外汉语词汇及词汇教学研究》，商务印书馆，2006 年。

12. 潘先军（2008）《对外汉语分类教学实践》，北京语言大学出版社。

13. 万艺玲（2000）《汉语词汇教程》，北京语言大学出版社。

14. 万艺玲（2005）留学生汉语词汇课的性质和定位，《中国大学教学》第 4 期。

15. 万艺玲（2010）《汉语词汇教学》，北京语言大学出版社。

16. 曾立英（2010）关于对外汉语词汇教学系统性的探讨，《民族教育研究》第 2 期。

17. 张和生（2005）对外汉语词汇教学研究述评，《语言文字应用》s1。

18. 张和生（2008）利用汉语义类进行词汇教学的实验报告，《世界汉语教学》第 4 期。

面对来华留学生的汉语语音课教学相关问题探讨

王安红[*]

摘　要：本文分析了目前来华留学生本科二年级第一学期汉语语音选修课程教学中存在的难点及挑战，提出了已逐步得以验证的改进方案，坚持理论先行，但要把系统的语音知识离散化，反复斟酌语音点的选取，每节课原则上只能出现一个语音点，记忆要点尽可能地简洁，又能迅速地学以致用。教师在开展课堂正音环节时，要善于使用对比法帮助学生分清近似音；课堂活动中多感受汉语韵律之美；鼓励学生发现式学习，培养学生听音、辨音和正音的能力。

关键词：来华留学生；汉语语音课；教学难点；对策

引言

汉语语音课是为本科二年级第一学期的来华留学生设置的选修课。教学目的有两个：一是讲授现代汉语语音知识；二是为学生正音。语音知识

---

[*] 王安红，北京语言大学汉语国际教育学部汉语学院讲师。

的讲解有助于学生掌握准确的声韵调发音，正音的过程也是学以致用的过程。

开设多年的汉语语音课在改善学生语音面貌方面起到了一定的作用，但课程中出现的问题更值得我们拿出来讨论。

首先说说语音知识教学部分。因为本科一年级的汉语教学以听、说、读、写等语言技能为主，基本没有出现语言文化方面的知识课，所以当学生进入二年级，首次接触知识课，特别是首次接触到科学性更强一些的语言知识课程之后，往往会有畏难情绪，有的学生向教师抱怨，"这些内容即使用我的母语给我讲，我也听不懂。"也有的学生因为自己的汉语发音不错而选了语音课，但并不是真的想了解汉语发音知识，甚至对学习语音知识有抵触情绪。同样面对全新面孔的语言知识课，也有一些学生适应能力比较强，认为语音课讲得很有意思，对提高发音很有帮助。

因为学生们对汉语语音知识的学习态度差异较大，加之教师需要用一个学期的时间来完成较为系统的汉语语音知识授课任务，所以课堂上时而会出现学生跟不上教师上课节奏的现象。

跟完成语音知识教学相比，正音环节更是充满挑战，主要原因如下：一是学生的语音面貌参差不齐，教师在为某些学生纠正发音的时候，语音面貌相对比较好的学生会觉得在浪费自己的时间；二是学生对待自己语音面貌的态度也不一样，有的学生希望能改进自己的汉语发音，精益求精，而有的学生觉得自己的汉语语音面貌能交际就行，反正很多中国人说汉语也都有自己的口音；三是学生的心理承受能力不一样，有的学生虽然经历教师的反复纠音，仍然能表现出积极配合的一面；而有的学生刚刚被指出一两次发音问题，就已经满脸的不高兴，消极对待。

基于长期存在的汉语语音课教学现状，有以下问题值得进一步深入思考。

一、汉语语音课的理论先行是否需要改变

在对外汉语教学中，教师是否需要向学生讲授语音理论知识？如何向学生讲授语音理论知识？目前对此进行深入讨论的文献并不多。

鲁健骥（2010）肯定了汉语教师需要掌握一定的汉语语音理论知识，但不建议直接把语音知识教给学生，认为对于学习汉语的外国人来说，"多数没有语言学背景，特别是没有语音学背景，企图通过讲解发音部位、发音方法等理论，教会他们语音，收效肯定不大"，"只能靠恰当的教学方法，通过实践让他们学会"。而对于教师来说，"掌握语音学的基本理论是必要的"，教师的任务"一要运用语音学的理论辨别学生的正误"；"二要善于把语音学所讲的发音知识，转化为教学的手段"。

张宝林（2005）提到，语音教学阶段，教师常常是理论先行，向学生讲解发音部位、发音方法，展示舌位图、唇形图，然后做示范，带领学生进行语音操练，这种理论先行，继之以反复操练的做法，是语音教学的基本方法。具体教学方法则有演示法、对比法、夸张法、手势法、拖音法、带音法、分辨法、固定法、模仿法、录音法等多种方法。张宝林（2005）认为这些教学方法都是建立在口耳之学的基础之上，教学中需要学生反复体会，不是那么直观明显。建议采用先进的教学手段，"利用计算机可以进行声母、韵母和声调的语音动态分析和显示"，"这样进行语音学习，非常形象直观，便于学生理解掌握，而且趣味性较强，有助于提高学生的学习积极性，与传统语音教学方法相比，可以收到更好的教学效果。从教学改革的角度来看，这样的教学也有其重要意义"。

上面两篇文献主要是在讨论对外汉语教学中语音阶段的教学方法，而没有专门讨论开设于中级阶段的"汉语语音课"的讲练方法。但他们总的看法是，在对外汉语语音教学中，不主张讲解过多理论，建议引入一些先进的教学手段。

那么语音知识的理论教学真的对提高学生发音水平帮助不大吗？陶德年（2002）对目前在北京学习的34名缅甸学生进行了汉语语音面貌及其语音学习策略方面的调查。在语音学习观念部分，高分组被试最为认可的三个学习观念分别是"跟母语相比，汉语发音不奇怪，也不难听"、"我认为对比汉语内部的发音来反复练习会对我的汉语发音有帮助"、"我认为，学习基本的汉语语音知识（比如汉语的发音部位和发音方法）会对汉语语音学习有帮助"，对于这三个语音学习观念，高分组和低分组的被试认可度有显著差异，三个语音学习观念中第二个跟语音知识相关，第三个是说学习者掌握语音知识的重要性。高分组的人普遍认为：不排斥汉语发音、认真比较汉语内部发音的区别、学习基本汉语语音知识对提高汉语发音水平很有帮助。

我们认为，开设于中级阶段的汉语语音课有必要保持已有模式，即理论先行，第一节课讲解语音知识，第二节课练习发音。必要的语音知识可以帮助学习者判断自己的发音是否正确，如果错了，又错在哪儿。有了发音知识的引导和辨析，经过反复操练，有可能从根本上改变自己的顽固发音偏误。

正如对汉语发音排斥、就学不好汉语发音一样，对汉语语音知识排斥，也很难学好汉语语音知识，学习态度重于学习方法。为了让大多数学生对这门课有着积极的学习态度，我们在多年的教学实践中，逐渐摸索出一套减轻学生的畏难情绪、提高学习效率的方法。即对系统性较强的汉语语音知识进行分解处理，力求做到每次课只出现一个学习难点，而且循序渐进，提高已学知识的复现率。比如第一次课练习画口腔发音部位示意图，并学会了8个发音部位的名字，这幅图及发音部位的名字会在之后的课堂上被反复提到。经过多年的语音教学实践，基于《现代汉语语音》教材离析出的语音难点和重点均匀分布在16个教学周内，基本上根据学生的接受能力已调整到重点简化、学以致用的程度，也就是说努力让学生抓住课堂授课重点，所学语音知识能起到提高自己汉语发音水平的作用。

目前离散出来的语音难点和重点分为两部分：一是语音基础知识；二是汉语普通话语音知识。

语音基础知识分四次课进行，教学内容依次如下所示：

1. 教学生画口腔发音部位示意图，标出8个发音部位的名称：上下唇、上下齿、舌尖、舌面、舌根、齿龈、硬腭和软腭，并引导学生找出发不同辅音时用到的发音部位，比如b、p、m的发音部位是上唇和下唇。

2. 辅音和元音的主要区别在于气流在口腔有无受到明显阻碍。受到明显阻碍的是辅音，没有受到明显阻碍的是元音。发辅音要注重阻碍的部位和方法，发元音要注重舌位的前后、高低和嘴唇的圆展。

3. 汉语拼音字母不能准确表示发音，同一字母在不同韵母中可能有不同发音，同一字母在不同语言中表示的发音可能并不相同，这些不同发音可以用国际音标来区分。

4. 声音四要素"音色、音高、音长和音强"与语音特征相关：元辅音的不同发音会改变音色；声音的高低会改变声调和语调；元音持续时间的长短会改变音长；用力的大小会改变音强。

汉语普通话语音知识原则上分十二次课进行，离散出的教学内容依次如下所示：单字调、塞音声母、擦音声母、塞擦音声母、鼻边音声母和零声母、单韵母、复韵母、鼻韵母、韵母省略规则、连读变调、轻声、儿化。并力求每一个离散语音点需要记忆的内容不超过 100 个汉字。

汉语语音教学从全面系统走向语音点相对离散是一个不断尝试的过程，目前也取得了一些成效，特别是在学生生源质量下降的情况下，这种语音点离散教学的方法帮助推进了课堂进度，完成了必要的语音教学任务。至于引入一些先进的教学手段，我们也在逐步尝试，互联网电子资源提供了大量动态发音视频，但目前还缺乏较为成熟的帮助学生实时得到汉语发音偏误反馈的手机应用软件（App）。

二、教师如何顺利地开展课堂正音环节

如何顺利地开展正音环节，完成为学生正音的教学目标呢？经过多年的摸索，我们认为解决方案要从提升教师正音水平和完善课堂活动两方面入手。

提升教师正音水平主要是指教师应尽力让正音过程变得科学和有效。对于大多数成年学习者学习汉语发音来说，缺点是语音模仿能力下降，发音明显受限于第一语言音系；而优点是认知能力提升，可以通过对比法区分开近似音。汉语教师应该针对学习者的这一特点，主动了解学习者母语和目的语的易混淆音有哪些，帮助学习者更新对汉语音系的认知，继而采用各种有效手段帮助学习者正确产出和听辨这些近似音。

这些近似音不只包括目的语中与母语发音相近的近似音，还包括由于母语音系的影响，目的语中的两组易混淆音。

先说前者，很多国家的学生，包括母语为英、日、韩、泰等语言的学习者，可能会用母语中的喉擦音 h［h］来替代汉语普通话中的 h［x］。而

汉语教师又常常发现不了这两个音的本质区别，不能采取有效手段及时帮助学生纠正，就造成很多学习者会把这一偏误带到高级阶段，而学习者由于受到母语音系的影响，单靠自己的听辨模仿，是很难发现两个擦音的发音区别的。类似的问题还有把单韵母 ü 发成母语里的 [iu]，把单韵母 e 发成母语里的 [ɯ]，等等。

再说后者，母语发音和目的语发音如果存在一对多的关系，目的语中的不同近似音就会出现混淆。比如汉语第二语言学习者普遍存在的平舌音和翘舌音混淆偏误，根源在于相似发音在学习者母语中只有一种发音部位；再比如英语、日语和马来语等不少语言里塞音的不送气和送气没有区别意义的作用，那么这些国家的学生在学习汉语普通话塞音不送气和送气音时，在产出和听辨方面就有可能出现混淆；还有日语里只有一个鼻音，日本学习者在产出和听辨汉语前鼻音和后鼻音韵尾时，肯定会有混淆的问题。

科学的正音手段应该首先帮助学生建立音位的概念，在母语中没有区别意义作用的两个发音在汉语里可能会有重要的区别意义作用，然后再利用各种有效教学手段帮助学生在发音上区分开来。比如对于 b 和 p 的发音教学，可以使用吹纸法；对于 d 和 t、g 和 k，用气流对比感知法效果更好一些，同时辅助以一些听辨练习，然后督促学生从常用词入手，牢记易混淆的声韵调，把课堂正音成果带到日常交际中去。

最后我们再来看如何完善课堂活动。完善课堂活动并非活动越多越好，也并非越新越好。如何让课堂活动变得学生参与度高、正音任务在课堂活动中得到有效执行，这是评判一个好的语音课堂的重要标准。

在最近几年的教学摸索中，我们发现有两种正音活动比较受学生的欢迎。一是感受汉语韵律之美，包括朗诵诗歌，有感情地为电影片段配音等；二是鼓励学生发现式学习，培养学生听音、辨音、正音的能力。

汉语是一种声调语言，讲究抑扬顿挫，有着韵律之美。声调和语调相互依托，高低起伏的音高曲线既有区别词义的作用，又能表情达意，传达出多种感情色彩。如果只是学习四声和变调未免太枯燥，而且也不能解释语流中的整个韵律现象，所以用朗诵韵文和夸张表演影视剧台词的方式去感受汉语韵律在语流中的多变，更容易让学生陶醉其中，在潜移默化中获得汉语准确发音。

发现式学习的缘起是听音辨音的分组练习，一人读，另一人听辨，但两人的意见有时会出现分歧，不知道是读的一方发音不准确，还是听的一方听辨能力有问题。由此，我们提出鼓励学生在课堂上发现自己或者他人的发音问题，并利用学到的语音知识进行分析，最好找出解决的办法。通过这种相互正音的方法，增强了学生的参与积极性，而且他们所使用的一些正音手段获得了意想不到的效果。语音课班上曾经有一名巴基斯坦学生，他说自己一直分不清楚 c 和 s 的区别，每次发 c，教师都说他发成 s，时间一久，他对改正这一发音错误已经不抱希望。班上的其他同学听到此事，瞬间掀起为他正音的热潮，其中一名英国学生的方法取得了成功，就是先发英语里的 nuts，然后接着说出"菜"这个字。教师在学生正音成功的基础上，再来引导学生回顾塞擦音和擦音的区别，探讨为何用 nuts 可以成功引导出 c 的发音，就容易让学生有把语音知识学以致用的感受。

参考文献

1. 曹文（2002）《汉语语音教程》，北京语言大学出版社。
2. 鲁健骥（2010）对外汉语语音教学几个基本问题的再认识，《大理学院学报》第 5 期。
3. 陶德年（2019）《缅甸学生汉语语音面貌及其语音学习策略研究》，北京语言大学硕士学位论文。
4. 张宝林（2005）语音教学的现状与对策，《云南师范大学学报（对外汉语教学与研究版）》第 6 期。

第二语言课堂教学中实施合作学习策略的研究[*]

王 锐[**]

摘 要：合作学习策略是一种新的教学策略。本文介绍了合作学习的理论基础以及指导型、过程型、结构型和探究型四个基本类型的合作学习方法与策略。详细分析了在第二语言课堂教学中使用合作学习策略的七个基本原则即：互动性、目标性、参与性、形式性、情景性、自主性和评价性的原则。在此基础上本研究重点分析了目前在第二语言课堂教学中使用合作学习策略所存在的小组活动不协调、小组成员角色地位不平等、过度噪音以及小组活动缺乏监控等问题。并针对这些问题提出了在第二语言课堂教学中有效使用以小组活动为主要形式的合作学习策略的具体建议和方法。

关键词：合作学习；小组活动；异质小组；策略

引言

合作学习（Cooperative Learning）是目前世界上许多国家普遍采用的

---

[*] 本成果受北京语言大学院级项目资助（中央高校基本科研业务费专项资金）（401190280）。
[**] 王锐，北京语言大学汉语国际教育学部汉语学院讲师。

一种有创意的教学理念和策略体系，它改变了传统的偏重于单向传递的教学模式，对于改善课堂内的社会心理气氛，提高学生成绩，培养学生良好的非认知品质效果显著。已经成为当代主流教学理论与策略之一。并被人们誉为"近十几年来最重要和成功的教学改革。"（Vermette P., 1994）

合作学习于20世纪70年代初兴起于美国，并在70年代中期至80年代中期取得实质性进展。我国于20世纪80年代末、90年代初开始了对合作学习的研究与实验，取得了很好的效果。之后合作学习的理论及策略被引入第二语言教学实践，对合作学习的研究也延伸至第二语言教学领域。

一、合作学习的内涵

关于合作学习的定义，目前没有统一的说法。合作学习的主要代表人物美国约翰斯·普金斯大学的 Slavin（1995）认为，合作学习是指学生在小组中从事学习活动，并依据他们整个小组的成绩获得奖励或者认可的课堂教学技术。美国明尼苏达大学的 Johnson D. W. & Johnson R. J.（1990）认为合作学习是指在教学上使用小组，使学生共同活动以求最大程度地促进他们自己以及他人的学习。著名的教育心理学家以色列特拉维夫大学的 Sharan 博士则认为，合作学习是组织和促进课堂教学的一系列方法的总称。在课堂上，同伴之间的合作通过组织学生在小组中活动来实现，小组通常由3—5人组成，学生通过个人以及与同伴之间的相互作用和交流展开学习（周全，2007）。

由此可见合作学习是指一系列促进学生共同完成学习任务的教学方法，以便通过学生之间的交互作用对学生的认知、发展、学习情感和同伴关系产生积极影响。它主要以小组学习为主要组织形式，采用某种合作程序引导学生在学习过程中协同活动，相互帮助，共同进步。并以团体成绩为评价标准，共同达成教学目标。

二、合作学习的分类

据资料显示，目前合作学习的方法和策略有不下百种，这还不包括每一种方法的变式，纵观国内外合作学习的分类研究成果，合作学习方法和策略可以归为四个大类：指导型、过程型、结构型和探究型。

（一）指导型

指导型的合作学习强调教师在合作学习过程中的中心地位和指导作用。此类型的代表是小组成就分工法，简称 STAD（Students Teams-Achievement Divisions）。STAD 由美国合作学习研究的代表人物 Slavin 博士创立。在 STAD 中，学生被分为 4 人异质学习小组。教学程序始于教师授课，然后学生参与各自小组的合作学习，目的是使所有小组成员掌握所学内容。最后，学生参加个人测试。小组成员的得分总和构成小组成绩，达到一定标准的小组得到认可或奖励。

（二）过程型

过程模式的合作学习强调小组学习过程以及成员技能的发展。其著名代表是美国 Johnson D. W. & Johnson R. J.（1990）提出的共学法，简称 LT（Learning Together）。LT 涉及以下 5 个教学程序：（1）教师确定具体教学目标，组织合作小组，设计互赖性的教学材料，分配小组活动角色；（2）教师确定小组活动目标，解释学习任务，落实小组成员责任；（3）学生参与小组合作学习活动，彼此协作，共享信息，努力实现小组目标；（4）教师监控小组活动，提供帮助，必要时传授合作技能；（5）教师和学生分别对小组活动过程和成绩进行评价。

（三）结构型

Kagan（1990）设计了小组可以运用的结构，这些结构派生出的具体合作学习策略可供小组学习使用。Kagan 设计的基本结构包括：课堂构建结构、小组构建结构、沟通建设者结构、精熟结构、概念形成结构、劳动分工结构以及合作项目结构。这7个结构旨在形成具有凝聚力的合作小组，提高学生交流技能，通过团队协作以及多样的辅助活动来促进学生掌握所学知识。

（四）探究型

探究型的合作策略的重点是对复杂问题的小组调查。Sharan（1990）提出的探究型合作学习包含下述步骤：（1）教师确定学习总课题；（2）学生查找相关信息，就总课题提出问题，并根据兴趣自行分组活动；（3）小组就所提出问题开展调查，寻找答案；（4）小组提出研究报告；（5）教师和学生共同对探究过程和结构进行评价。

三、合作学习的原则

合作学习注重发展学生的学习自主性和能动性，这要求合作学习必须遵循以下原则。

（一）互动的原则

在合作学习的诸多理念中，最为核心的当属其互动原则（王坦，2002）。由于合作学习视教学动态因素之间的互动为促进学生学习的主要途径，因而不同于传统的互动观，合作学习的互动不再局限于师生之间的单纯的知识传授和接受的互动，而是将教学互动进一步拓展为教师与教师、学生与学生之间的互动。教学不再局限于教师与学生之间的双边互动过程，它还涉及以下四种互动过程：1. 单向型互动：教师作为唯一信息源将信息传递给学生，学生是信息接受者；2. 双向型互动：师生之间相互传递信息，及时反馈；3. 多向型互动：师生之间、生生之间多边互动，传递信息；4. 成员型互动：教师作为小组成员与学生平等参与活动。合作学习的互动是多种互动过程的有机统一，是一种复合活动。

合作学习把互动的中心放在了生生之间关系的拓展上，认为生生互动是当前教学活动中时常被忽略的领域，是教学活动成功的不可缺少的重要因素。同时合作学习还将师师互动作为教学的前导性因素纳入教学系统，强调不同知识结构、思维方式、认知风格、教学方式的教师之间的相互启发和互补，这样更利于教学目标的达成。

（二）目标性原则

合作学习注重培养学生良好的非认知品质，因此这种教学理论更具感情色彩。但合作学习在强调达成情感领域的教学目标的同时，也非常重视其他各类教学目标的达成。因此合作学习"注重突出教学的情意功能，追求教学在认知、情感和技能目标上的均衡达成。"（王坦、高艳，1996）

合作学习的基本假设是：学生愿意学，才能学得好。因此，情感色彩渗透于合作学习教学过程的各个环节之中。尤其是小组活动中，成员之间平等参与，互相帮助，共同进步。在融洽的气氛中，学生学得愉快，也就更利于其进步。这样就实现了认知、情感与技能目标的均衡达成。另外，合作学习过程中每个成员都有机会发表自己的观点，聆听同伴的意见，使学生有机会形成良好的人际交往技能。从而在上述三个目标的基础上，还有助与达成人际交往的目标。合作学习的目标体系包含两个部分：学术性目标（academic objectives）和合作技能目标（cooperative objectives）。而对学生进行交往技能的训练和培养已经成为合作学习课堂的一个重要组成部分。

（三）参与性原则

教师和学生是教学活动的基本参与者。但合作学习中教师和学生在参与程度和参与方式上都与传统教学方法框架下的师生参与模式有很大的不同。合作学习理论认为学生与学习内容之间的矛盾是教学活动的主要矛盾，是属于学生认识过程的矛盾，从而学生的活动是教学过程中最主要的活动。基于此，合作学习要求教师充当"导演"的角色，课堂活动的主题是作为"演员"的学生。冲破了传统教学中教师"导"且"演"，学生旁观或做背景的课堂参与模式。合作学习把大量的课堂时间留给学生，使他们有机会发表看法，相互协作、共同进步。教师把自己视为课堂活动的"合作者"，充当"管理者""促进者""咨询者"和"参与者"等多重角色，从而协调和促进整个教学过程的发展。师生之间形成一种"指导—参与"的关系。

(四) 形式性原则

合作学习采用教师授课与小组活动相结合的教学组织模式。合作学习并不排斥课堂讲授，相反教师授课是合作学习活动中必不可少的组成部分。但这种课堂讲授是以合作设计为基础的，要求讲授简要、省时，有很强的启发性，为继起的小组活动做好准备。另外合作学习的小组与传统教学活动中的小组有很大的不同。传统学习小组为同质小组，成员水平相当。而合作学习小组为异质小组，要求成员在语言水平、能力倾向、认知风格以及民族、国别、性别等方面存在差异。要求成员之间存在互补性。但全班各个合作学习小组之间应该是同质的。组内异质、组间同质是设计组织合作学习小组的基本原则。

(五) 情景性原则

第二语言课堂中组织学生学习的情景主要有以下三种：竞争性的情景、个体性的情景以及合作性的情景。合作学习将合作性情景置于主导地位，认为课堂活动的主流应该是学生的合作活动。但合作学习并不排斥竞争和学习者个人的独立学习，而是将竞争和个人活动纳入了合作的教学活动主流中来，使三种情景交融互补。

(六) 自主性原则

合作学习强调合作性的情景，但同时也鼓励学习者充分发挥自身的自主性。在合作学习的框架下，学习者可以在一定程度上自主决定合作的方式和内容，独立应对合作学习中的各种情况，自主解决合作过程中的问题。

(七) 评价性原则

传统的教学评价强调的是常模参照评价，通常的做法是分数排队，强调个体在整体中的位置。而合作学习采用的是标准参照评价，不强调对个体的评价，而是把小组的总体成绩作为奖励或认可的依据。这样就强化了组间的竞争，促进了组内的合作，利于合作学习目标的达成。

四、合作学习的实施

目前，第二语言教学领域已经普遍认识到学生在语言课堂中积极参与的重要性，并将合作学习活动引入到了第二语言课堂教学实践中来。但合作学习的组织和实施并不是一项简单的任务，它要求教师对合作学习方法和策略进行全面的研究并对课堂合作学习活动进行总体设计。

（一）确定合作学习方式

采用合作学习的方法和策略要求教师必须首先确定合作学习的使用程度。教师往往面临三种选择：（1）合作学习策略作为基本教学方法在整个教学阶段（学期、学年等）都采用；（2）合作学习作为延伸教学策略在一个或几个单元教学中采用；（3）只是偶尔采用。将其作为变化教学方式的临时性手段。从国内外二语教学实施合作学习策略的总体情况来看，第二个程度上的合作学习活动是被教师广为采用的，由此后续的讨论将以此为基点展开。

（二）设计组织合作学习活动

1. 总体设计

要确定运用合作学习策略的适宜时机，要求教师在整个教学活动开始之前，制定一份年度教学计划，认真分析教学材料，选择适合采用合作学习方式的教学单元。其中第一个使用合作学习方式的单元的选择尤为重要。所选单元学术性不应太强，因为学生初次接触合作学习需要一个适应和熟悉的过程。同时无论是教师还是学生都希望一种新的学习方式能有一个成功的开始。随着合作学习的不断展开，随后的教学单元的选择可适当增加学术难度。

2. 单元设计

成功的合作学习要求科学的单元设计。合作学习活动的组织和施行受到很多外部因素的影响，其操作的难度较大。这就要求教师事先做好课前的单元设计,在流程和细节上预测整个合作学习教学过程,预测可能出现的问题并提出可能的解决方案和对策。只有如此,才能最大程度地确保合作学习的效果。

3. 成立合作学习小组

合作学习小组的规模应该尽量的小。大多数合作学习研究者都认为小组规模以 2—6 人为宜。Kagan（1990）建议合作学习小组以 4 人为宜,因为这样的构成既可以配对学习,又避免了因单数而产生的一系列问题。同时教师在组织成立合作学习小组时应坚持"组内异质,组间同质"的原则,将成绩、语言能力、性格、兴趣、交际能力存在差异的学生安排在同一个小组中。韦伯在研究合作学习小组学习效果时发现:（1）异质小组对优生和差生的学习是有帮助的,对中等生无益;（2）能力高的学生和能力中等的学生所组成的小组对两者都是有益的;（3）能力中等的学生和能力低的学生所组成的学习小组对两者也是有益的（高艳,2001）。根据韦伯的这一结论,教师在组织合作学习活动时,应注意定期更换小组成员,根据具体小组活动的需要重新组织合作小组。但是小组成员的更换也要避免过于频繁。

4. 确定三个结构

Slavin（1995）总结了影响课堂学习效果和社会心理气氛的三个主要因素:任务结构、奖励结构和权威结构。任务结构的确定是指:（1）确定采取何种教学方法。采取讲解的方法,还是采取提问、练习等方法;（2）采用何种组织形式。全班教学,还是分组或个人自学等。奖励结构的确定是指利用什么方式来强化学习行为的效果。包括选择奖励的形式、范围,以及奖励的频率等。权威结构是指课堂上对教学活动的控制程度。应确定由谁控制教学活动,教师还是学生。如何进行控制,教师和学生分别进行控制,还是合作监控等。在进行合作学习之前,教师应当根据具体的活动内容和任务确定好所要采用的具体结构形式。

5. 实施监控与介入

教师的监控和适时介入在合作学习过程中是尤为重要的。教师对合作学习活动的监控重点放在以下几个方面:学生的参与程度如何,是否所有学生都参与了小组活动？小组活动是否保持在预定学习任务上？小组成员是否按照活动规则和要求进行参与？有无使用第二语言以外的其他语言（如：母语等）？小组活动进行得是否顺畅？小组是否达成了合作学习的目标？当上述某个方面出现问题时，就要求教师的介入和指导。但需要明确的是，教师必须把握介入的时机和介入的方式。尽量避免随意打断学生活动和进行过度的干预，甚至代替学生回答问题等。

（三）常见问题及其对策

在合作学习的具体组织实施过程中，有以下一些常见问题应该引起教师注意。

1. 小组活动不协调

Slavin（1995）指出小组活动不协调是实施合作学习初期的一个普遍存在的问题。在小组成员合作过程中有时会发生沟通困难、协作障碍甚至交流中断等问题。一般情况下，小组成员经过一定时间的适应和磨合，合作协调的问题可以得到解决。但如果问题长期存在，成员之间不能适应，教师就必须进行介入和引导。在介入效果不佳的情况下也可以考虑重新分组。

2. 小组成员角色地位不平等

合作学习的活动小组是异质小组，在某些情况下会出现学生参与机会不均等的问题。一些有能力的学生会成为活动的主导。他们会操纵话语权，支配和控制小组其他成员，承担大部分或全部的学习任务和发言机会，导致其他同学被排斥在小组活动之外。解决此问题的最佳方法就是教师对小组成员进行合理的定位和分工。确保每个小组成员都承担具体的个体责任。

3. 过度噪音

小组活动过程中常常会出现成员过度噪音的问题。合作学习活动允许一定的声音，但不能过高，否则就会对其他小组产生干扰。当噪音过高时，教师应该及时介入，用明确的指令，如手势等进行控制。同时教师可以将有否噪音作为评价和奖励的一个标准，来避免过度噪音的产生。

4. 忽视小组活动评价

目前合作学习中的教师评价往往流于形式，常采用在活动结束后进行总结的方式，针对性较差，学生无法从教师评价中真正获取有效反馈信息。基于此，教师要将评价贯彻于合作学习的全过程，要考虑到学生的个别差异，做到有的放矢。既要指出不足，又要坚持鼓励为主的原则。另外，合作学习中大多数学生都缺乏自我评价的意识。这首先与教师评价的流于形式有一定关系。教师没有做及时的、有针对性的评价，学生就无法意识到自己存在的问题，也就很难及时客观地进行自我评价了。同时这也反映出对学生合作学习评价策略训练的不足。大多数学生没有意识到自评的必要性，没有自我反馈的意识。这就要求教师在合作学习课堂中加强对学生合作学习策略的培养，提高学生自我管理、自我评价的能力。

五、结语

合作学习是目前世界上许多国家都普遍采用的一种教学理论和策略体系。其教学方法和策略也被越来越多地引入到第二语言课堂教学中来，但我们应注意到合作学习方式还存在一些问题，这些问题主要是因教师和学生没有完全认识和掌握合作学习的原则和方法引起的。教师应该不断研究合作学习的理论，将合作学习的七个基本原则融入合作学习的任务设计和实施中去。

合作学习作为一种新型的学习方式和教学策略，在第二语言课堂中的应用能够丰富学生学习方式，营造轻松愉快的课堂语言氛围，利于学生掌握和应用所学知识和语言技能，同时又能促进学生语言能力和交际能力的提高，促进学生情感等非认知品质的培养和提高，并最终实现学生语言和其他技能的整体进步。

参考文献

1. 高艳（2001）合作学习的分类、研究与课堂应用初探，《教育评论》第2期。
2. 王坦、高艳（1996）合作教学理念的科学创意初探，《教育探索》第1期。

3. 王坦（2002）论合作学习的基本理念，《教育研究》第 2 期。

4. 周全（2007）如何在英语课堂教学中有效开展合作学习，《齐齐哈尔师专学报》第 1 期。

5. Johnson, D. W. & Johnson, R. J., & Hulubec, E. J., 1990. *Circles of Learning: Cooperation in the classroom.* Interact Book Company.

6. Kagan, Spencer, 1990. *Cooperation Learning Resources for Teachers.* University of California Press.

7. Sharan, E., 1990. *Cooperation Learning: Theory and Research.* New York: Praeger.

8. Slavin, R. E., 1995. *Cooperation Learning: Theory Research and Practice.* Doston: Allyn and Bacon.

9. Vernette, P., 1994. *Four Fatal Flaws: Avoiding the Common Mistakes of Novice Users of Cooperative Learning.* The High School Journal 2/3.

对外汉语翻译教学的几点思考

杨玉玲[*]

摘　要：本文介绍了对外汉语翻译课的开设情况，就对外汉语翻译课的教学内容、教学理念、培养目标三个方面谈了几点笔者的认识和思考。教学内容上，对外汉语翻译课首先要过好语言关，培养翻译意识，为专业翻译训练打基础；教学理念上，"以学习为中心"切合翻译课的教学实际，产出导向法部分适用于对外汉语翻译课教学；培养目标上，我国作为汉语语言输出国，应适应时代的需要，培养"语言+专业"的复合型留学生翻译人才。

关键词：对外汉语；翻译教学；学习中心

引言

翻译课不仅在我国外语教学中不可或缺，也是对外汉语教学的重要一环。与外语翻译课相比，对外汉语翻译教学的相关讨论和研究成果虽然

---

[*] 杨玉玲，北京外国语大学中国语言文学学院讲师。

有，但比较少。究其原因主要有三方面：一是目前开设留学生翻译课的院校不多；二是翻译课的语种和学生数量相对较少，目前主要是英汉、韩汉、日汉、马汉、俄汉，专门从事翻译课教学和研究的教师少；三是对外汉语翻译课仅限于本科阶段，缺乏以留学生为主体的翻译专业研究生教育。这三点使对外汉语翻译研究少且分散，难以形成翻译教学研究体系。

以下笔者结合前人的研究和自身的教学经验，就对外汉语翻译课的开设情况、培养目标、教学内容、教学理念等谈几点浅显的认识，希望能抛砖引玉，引发学界更多的关注和思考。

留学生翻译课的开设情况

"译"是《高等学校外国留学生汉语言专业教学大纲》（2002）汉语言技能教学的技能之一。北京语言大学自1964年正式建校时就系统进行过对外汉语翻译教学，70年代成立了翻译教学小组，80年代还陆续编写了较为系统的翻译教材（孙慧双，1990：55）。课程设置上，二年级下学期开始开设，每周2课时，选用与日常生活有关的材料，偏重口译训练；三年级有系统地讲授汉外两种语言的异同点，理论讲解与练习相结合，每周口译4课时、笔译4课时；四年级进行专题教学，每周口译2课时，笔译2课时，同传课2课时（朱庆祥，1982：107-108）。目前北京语言大学的翻译课基本沿袭了这一课程设置，开设有日汉、韩汉、英汉、俄汉四个语种。北京外国语大学开设了日汉、韩汉、马汉翻译课程，四年级开始开设，上半年4课时，下半年2课时。新疆大学（杜一鸽，2013）和新疆师范大学（魏昕邑，2015）设有俄汉翻译课程。桂林理工大学（陶燕，2014）为东盟国家的留学生开设了英汉翻译课程。

由于不同时期、不同语种的留学生人数和学生水平的影响，各院校翻译课的开设时间和层次会略有不同，但有一点相同的是课程都以"外译汉"为主。师资方面，多数院校的对外汉语翻译课都由中国教师担任，外籍教师缺位。国外则正好相反，"汉译外"为主，师资以本地教师为主。造成这一现象的原因有多种，比如翻译课在对外汉语教学中的定位、翻译的难易度等。从翻译教学的角度来说，"汉译外"和"外译汉"同等重要，不经训练都无法实现轻易转换，二语教学中的翻译课也不例外，特别是高年级阶段应同等重视。难易度方面，对学生来说，汉语是外语，汉语的输入量远不及母语，而且很大一部分输入是陈述性知识，没有转化为程序性知识，"外译汉"过程中学生不仅要输出汉语，而且输出的汉语要与母语意义对等，可以说是难上加难。"汉译外"只要理解正确至少可以"译对"，翻译障碍比"外译汉"要少一重。如果说"外译汉"的基本要求是"译对"，那么"汉译外"不仅要"译对"，而且要追求"译好"。是否译得好、如何译得好，在对译文的讲评上外籍教师比汉语为母语的教师更有发言权。"外译汉"与"汉译外"并重、本地教师与外籍教师兼有是翻译课自身的需求，也是我国外语翻译教学采用的模式之一。

语言基础先行的教学内容

对于二语教学而言，译是语言学习的高级阶段，以听、说、读、写技能为基础，学生在习得翻译技能的同时，可以强化并巩固基础技能，提升综合语言能力。从翻译教学角度来看，二语教学阶段的翻译教学相当于翻译学习的入门阶段，是专业翻译学习的基础。荀春生（1979：88）指出，留学生翻译课"应当先解决会不会，再谈好不好"。蔡振生（1995：79）也认为"对刚刚学完汉语基本语法而进入翻译初、中级阶段的留学生的要求应该是'务求心，力争达'"。换言之，"译"首先要"译对"，然后追求"译好"。

这一阶段的翻译训练的第一步是语言知识的"查缺补漏"，弥补短板，帮学生搭好专业翻译学习的"脚手架"。荀锡泉（1980：85）在提到留学生英汉翻译练习时有一段十分贴切的描述："翻译练习就好像一面镜子，它可以反映出我们汉语教学中未曾解决好或尚未解决，甚至忽略了的问题；它又好像一把尺，能测定出学生的外语（汉语）和母语（英语）的水平。我们借助于这面镜子和这把尺，便可以了解学生在学习汉语中存在的问题和困难，然后'对症下药'"。

以日汉翻译为例，学生需要的"脚手架"主要是词法知识和语法知识，汉字错误也有，但不显著。词汇方面，日语中有许多汉语词，学生在译成汉语时经常出现母语负迁移和汉语语言内部负迁移现象，如将日语「招聘」（聘请、邀请）直接借用为汉语词"招聘"，但两者意义并不完全等同。再如「対策を打ち出す」（出台对策）译为"打出对策"，该用"出台"用了"打出"，造成词语的误用、搭配错误。单纯学习或使用汉语时，学生可能会采取回避策略，避开把握不准的词，但在翻译过程中却无法回避这些弱项。很多情况下学生并非不知道借用会出错，但是由于汉语词汇储备匮乏，对两种语言或同一语言内词义近似的词理解不到位，最后不得已而借用之。语法方面，汉语句法结构不清、关联词缺失及误用是日本学生经常出现的错误，如日语「どころか」不仅可以表示转折，还可以表示递进，「より」不仅可以表示原因、理由，还可以表示来源、依据，译成汉语时容易出错，需要辅以例句进行重点讲解。此外，日汉时体范畴表达形式的差异也是翻译的难点之一。对汉日两种语言和两种语言内部的近义词、同义词的词义、语法及语用功能进行对比分析，对两种语言的关联词、同一语义范畴的不同表达形式进行重点讲解，培养学生的翻译意识很重要。

"以学习为中心"的教学理念

"学习中心说"（Learning-centered Principle）是国内文秋芳教授提出的"产出导向法"（production-oriented approach，以下简称POA）理论体系的教学理念之一，主张"课堂教学的一切活动都要服务于有效学习的发生"，"关键在于教师要选择实现教学目标的最佳形式"（文秋芳，2015：549）。

POA创建之初是为了解决外语教学中的"学用分离"问题。文秋芳（2018：398）强调是否选择POA"首先需要教师诊断教学中是否存在'输入与输出分离'问题"。翻译课上，学生每次试译都是一次识不足的过程，自身能够意识到输出任务的难度，有输出和学习欲望，课前无须"驱动"预热。严格地说不存在输入与输出分离的问题。桂靖（2019）通过留学生教材编写和教学实验发现"产出导向法适合于面向（中）高年级学生的输出型教材的编写"。翻译课是一门输出型技能课，我们在教学实践中也感觉到POA可部分适用于翻译课教学，特别是其中的"教学理念"和"输入促成"环节。POA 理论（新修订版）如图 16—1 所示。

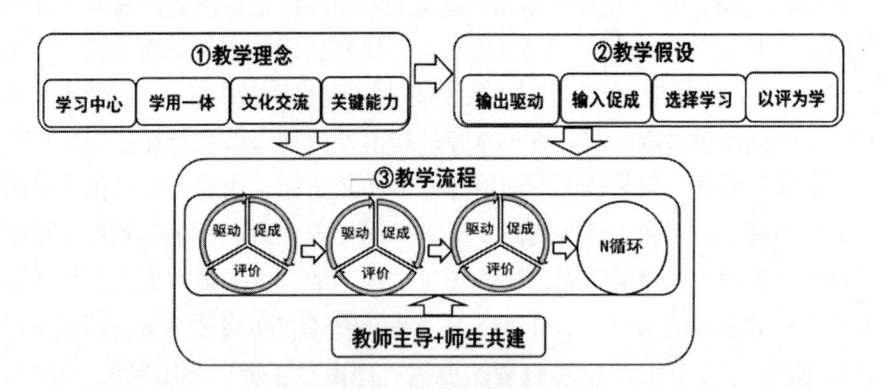

图 16—1　POA 理论体系

资料来源：文秋芳（2018）"产出导向法"与对外汉语教学，《世界汉语教学》第 3 期。

课堂上一切活动的目标都是促进学生的"有效学习"，即"学习中心"；课上要即学即用、举一反三，体现"学用一体"；翻译工作本身就是为了促进"文化交流"；同时要培养学生的"关键能力"。可以说，翻译训练的要求与 POA 的教学理念①十分契合。教学流程上，教师的讲评、教师指导下的学生评议和小组讨论都可以是"输入促成"的形式，重在输入的有效性和针对性，要"与输出任务精准对接"（文秋芳，2018：395），引导学生运用准确的词语及句式支点，输出较为完整、正确的译文，为学生当下和今后的翻译实践架构好"脚手架"。

立足社会需求的培养目标

国家对外汉语教学领导小组办公室编制的《高等学校外国留学生汉语

---

①　具体来说，"学用一体说"强调"输入和输出之间不允许有很长的时间间隔，学一点，用一点，学用无缝对接"。"文化交流说"主张"不同文明之间相互对话、相互尊重、相互理解、相互学习"。国际学生的"关键能力"包括"迁移能力、学习能力和合作能力"。"迁移能力"即让"学生在课堂上所学、所做，要能够用于解决新问题、完成新任务"，"学习能力"是"独立学习新知识、新技能的能力"，"合作能力"是"相互尊重、求同存异、善于妥协、协同共进的团队协作精神"。文秋芳（2018：393 – 394）

言专业教学大纲》（2002）设置的培养目标为"适应现代国际社会需要，具备良好综合素质、全面发展的汉语专门人才"。具体业务要求为"具备扎实的汉语言语能力与言语交际能力，掌握系统的汉语基础理论与基本知识，掌握基本的中国人文知识，熟悉中国国情和社会文化，掌握文献检索、资料查询的基本方法，具有初步的科学研究与实际工作能力"。"译"虽是大纲的技能教学内容之一，但是只有听、说、读、写四个技能有具体的教学要求，翻译能力没有要求。可见，翻译人才并非汉语教学的培养目标，翻译课在对外汉语教学中的定位是提高语言能力，而非培养专业人才。

20世纪80年代，苑锡群（1988：245）认为翻译课的主要教学目的是提高汉语表达能力，任务是"通过翻译练习，使学过一点汉语的学生进一步了解汉语的特点及使用规律，更有针对性地克服母语的影响，从而更快更好地掌握汉语"。这一点在今天的留学生汉语教学中依然没有改变。同时我们也注意到，留学生翻译课的定位并非一直如此。朱庆祥（1982：105）曾指出，翻译课的教学目的是"通过口、笔译，帮助学生提高汉语表达能力和语言对译的能力"。早在1976年，北京语言大学曾明确留学生汉语教育的主要目标是"能够胜任一般汉语翻译工作，或能从事现代汉语教学工作，并具有一定的现代汉语研究工作能力的人才"。[①] 文秋芳（2016：30）指出，我国和"一带一路"国家在语言人才的需求层次方面既需要大量普通语言人才，也需要一批高端人才，"包括高级翻译、国别/区域通、行业通"。我国的对外汉语翻译教学势必要适应时代需要，对培养目标做出调整。

翻译课在我国外语教学中一直处于重要地位，不少高校本科阶段就设有专门的翻译专业。根据高等学校外语专业教学指导委员会英语组编制的《高等学校英语专业教学大纲》（2000），英语专业的培养目标是"具有扎实的英语语言基础和广博的文化知识并能熟练地运用英语在外事、教育、经贸、文化、科技、军事等部门从事翻译、教学、管理、研究等工作的复合型英语人才"。对外汉语教学与外语教学都是二语教学，前者是目的语

[①] 参看孙慧双（1990：55）。

环境；后者是非目的语环境。从教学环境而言，前者优于后者，沉浸在目的语环境下，更容易习得外语，也更容易提高翻译能力。对外汉语翻译课的培养目标也应和英语一样，为我国的国家战略和社会需求服务，培养具有扎实的中外文语言功底和熟练的双语转换能力，能服务于"一带一路"建设的高端口、笔译人才。这一目标的实现需要学科管理和决策部门进行科学的顶层设计，也需要一线教师的不懈努力。

国外，如日本的爱知大学、日本大学（王萍，2004）、韩国东亚大学（祈学平，2016）、泰国华侨圣亚大学（陈伟明，2016）、越南河内国家大学、胡志明市国家大学、胡志明市外语信息民立大学（武氏惠、武氏暄，2014：77-78）、保加利亚索非亚大学（孙永红、徐向东，2008）、意大利威尼斯大学、罗马大学（金志刚、庄瑶瑶，2019）、苏丹喀土穆大学（欣然，2016）等都开设有汉外翻译课程。有的大学将翻译与社会需求相结合，如在日本的旅游胜地——北海道，札幌大学专门开设了翻译导游课（岩岛凌美，2017）。在作为英语输出国的英国和美国，英国巴斯大学翻译专业、美国蒙特雷高级翻译学院等培养了大批本土和外国翻译人才。我国作为汉语输出国应开展好对外汉语翻译教学，承担起培养留学生翻译人才的重任。

结语

文秋芳（2016：30）指出"一带一路"建设所需的高级翻译人才应采取"本科+硕士"、"语言+专业"的培养路径，复合型人才将是今后对外汉语学科的培养方向。复合型人才的培养需要复合型的师资队伍，既需要汉语师资进行语言教学，也需要相关专业师资开展专业教学。对外汉语学科应加强与外语学科、其他专业学科之间的合作，推进自身的师资建设，为培养留学生复合型人才储备力量。

参考文献

1. 蔡振生（1995）十年翻译课的再思考，《世界汉语教学》第4期。

2. 陈伟明（2016）《泰国华侨崇圣大学汉语专业课程设置与学生满意度调查研究》，天津师范大学硕士论文。

3. 杜一鸽（2013）留学生翻译人才培养的途径，《科教导刊》第 1 期。

4. 苟锡泉（1980）关于教美国留学生翻译课的几个问题，《语言教学与研究》第 4 期。

5. 国家对外汉语教学领导小组办公室（2002）《高等学校外国留学生汉语言专业教学大纲》，北京语言文化大学出版社。

6. 桂靖（2019）产出导向型汉语教材的编写与反思，《2019 年来华留学生本科教育 40 周年与首届留学生本科教育高峰论坛会议论文》。

7. 金志刚、庄瑶瑶（2019）意大利高校汉语课程设置模式及其启示，《辽宁师范大学学报（社会科学版）》第 1 期。

8. 潘先军（2004）法国东方语言学院中文系课程设置简析，《海外华文教育》第 3 期。

9. 祈学平（2016）韩国东亚大学汉语课程设置研究，兰州大学硕士学位论文。

10. 孙慧双（1990）对外汉语翻译教学的理论指导与具体实践，《语言教学与研究》第 3 期。

11. 孙永红、徐向东（2008）非目的语环境下汉语专业学历教育教学策略研究，《现代教育科学》第 6 期。

12. 陶燕（2014）文化比较对东盟留学生跨文化适应的作用，《渭南师范学院学报》第 20 期。

13. 王萍（2004）日本部分大学的汉语课程设置，《国际汉语教育》第 2 期。

14. 文秋芳（2015）构建"产出导向法"理论体系，《外语教学与研究》第 4 期。

15. 魏昕邑（2015）影音化文本在中亚留学生俄汉翻译教学中的尝试与应用，《牡丹江教育学院学报》第 10 期。

16. 文秋芳（2016）"一带一路"语言人才的培养，《语言战略研究》第 2 期。

17. 文秋芳（2018）"产出导向法"与对外汉语教学，《世界汉语教学》第 3 期。

18. 武氏惠、武氏暄（2014）浅谈越南高校外语专业教学的状况，《现代语文》第 2 期。

19. 欣然（2016）《苏丹喀土穆大学中文系课程设置及教材使用情况调查报告》，西北师范大学硕士学位论文。

20. 荀春生（1979）对日本留学生的翻译课教学，《语言教学与研究》第 2 期。

21. 岩岛凌美（2017）《日本北海道地区大学生汉语学习情况调查报告》，广东外语外贸大学硕士学位论文。

22. 苑锡群（1988）谈谈留学生的翻译课教学，《世界汉语教学》第 4 期。

23. 朱庆祥（1982）试谈"留学生翻译课"教学，《语言教学与研究》第 3 期。

循序渐进原则在初级汉语课堂上的体现与运用

郑海燕[*]

摘　要：本文从语音教学、词汇教学、语法教学三个侧面来以点带面，结合对外汉语教学的具体实例，注重突出重点、分散难点以精讲，采用穷尽式教学法以多练，来具体体现循序渐进的教学原则。

关键词：对外汉语教学；循序渐进原则；穷尽式教学法；语法辨析；教学案例

一、引　言

对外汉语教学中提倡最多的精讲多练原则其实与循序渐进原则相辅相成。循序渐进原则是中国古代儒家提倡的教学基本原则之一，同样适用于对外汉语教学。我们不是老调重弹，而是强调把一件事、一个部分做到极致，每一部分无缝衔接，通过循序渐进地讲练来降低学习难度，为学生搭一座更平坦的桥，织一张更精密的网。

---

* 郑海燕，北京语言大学汉语国际教育学部汉语学院教师。

循序渐进原则包括循序和渐进两个方面，关键在于"序"。《现代汉语词典（第7版）》（下文简称《现汉》）中对"序"的解释为：次序，步骤；张治国、王茹玉（2015）将循序渐进的教学原则定义为：教学中按照学科的逻辑系统和学生的认知发展顺序进行，使学生系统地掌握基础知识、基本技能，从而形成严密的逻辑思维能力，其"序"应为"顺序"之意。笔者则认为"循序渐进"的"序"即规律，在对外汉语教学领域，既是汉语言以及汉语言教学的规律，也是人身心发展及学习的规律，还是第二语言习得的规律。

教师要善于学习、发现并总结规律，要能抓住关键，突出重点，分散难点，并由易到难、由已知到未知、由感性到理性、由具体到抽象地呈现给学生，引导并带领学生克服困难、解决问题，并通过不同形式的练习形成大脑条件反射，汉语水平得以不断提高。这也是对精讲多练的最好诠释。

本文从语音教学、词汇教学、语法教学三个方面入手，结合对外汉语教学的具体课堂实例，通过穷尽式教学法来具体体现循序渐进原则在初级汉语课堂上的体现与运用。

所谓"穷尽式教学"，并不是把教学内容放到全部汉语的浩瀚海洋中，而是在学生当前所学汉语知识的范围内，尽可能穷尽该词语或语法的用法，最大限度地复现以前学过的内容，把新知和旧知巧妙地融合，新授也即复练。

二、语音教学

（一）拼音教学阶段的"序"

多年来总结出来的汉语拼音教学的顺序是：单韵母—声调—复韵母—声母—拼合—变调—拼写规则—书写。当然，并不是说复韵母都学完以后再学习声母，不论哪本教材，都是把《汉语拼音方案》打散，平均分到各课中，每课都会有声母、韵母、声调等新授和练习。笔者在这里想要强调的是第一课先学单韵母（不管3个还是6个），然后单韵母加上声调，按照一声—三声—二声—四声的顺序引导学生感知其调值，并将一声高平调、三声低平调比较辨析（见图17—1），对比二声的扬和四声的抑（见图17—2）。在学生能准确发出四个声调后，出示图17—3，进行声调的混合练习。首先按照一声、三声、二声、四声的顺序竖读（带手势），再按一声、二声、三声、四声的顺序横读（带手势），然后点名读（按顺序读、跳读），最后教师带领学生快速朗读。整个教学过程不是在枯燥地重复，而是每一遍都有所不同，让学生不自觉地跟着教师一遍遍地复习。

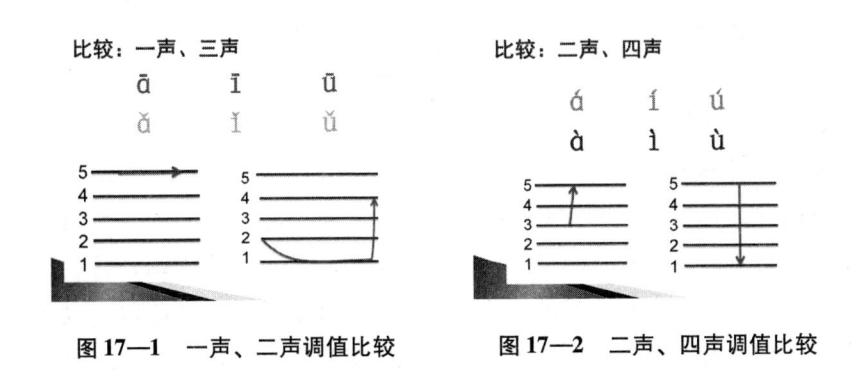

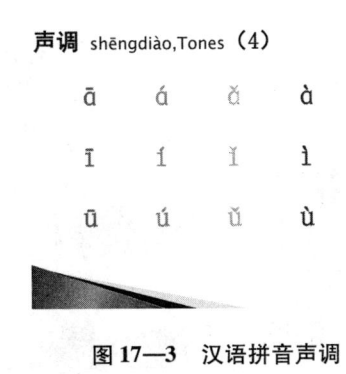

图 17—1　一声、二声调值比较　　　图 17—2　二声、四声调值比较

图 17—3　汉语拼音声调

（二）拼音教学阶段每节课的"序"

汉语拼音教学阶段，具体到每一课的教学过程是：拼音新授—音节拼合—扩展句子。新授后一般都会安排不同形式的复练,差不多每本教材都会给出无意义的音节来练习,即使有翻译学生也并不知道如何运用。每课课文里的句子是最实际的应用,但信息量有点少。我们更注重复练的实用性。吕必松(1987)提到:习得一种语言现象至少要经过理解、模仿、记忆和应用这样几个阶段。模仿的目的,是为了活用,能灵活运用学过的词和语法来表达自己的意思。模仿是基础,在没有打好这一基础时就企图引导学生活用,将会达不到预期的目的;但学生具备了活用能力而不及时引导他们活用,就会影响积极性的充分发挥。我们认为应用是新授的最终目标,课堂所学内容在学生的生活中切实有用,会极大程度地激发学生学习的积极性。所以,每节课上学完拼音以后都会给学生扩展很多有用的词语和句子。以《尔雅基础汉语综合教程》(上)[①] 为例,在第二课《早上好》中,新授了声母 zh、ch、sh、r、z、c、s 和韵母 e、en、eng 后,结合第一课所学内容,先给学生扩展一些简单的单音节词(见图17—4),然后是双音节及多音节词(见图17—5、17—6),最后是句子(见图17—7、17—8),并让学生进行一问一答的对话。这是模仿和应用的最高阶段,也是终极目标,学生可以灵活替换句子成分,感觉更轻松、自由,教师及时纠音正调,提升其在生活中使用汉语的准确性和自信心。

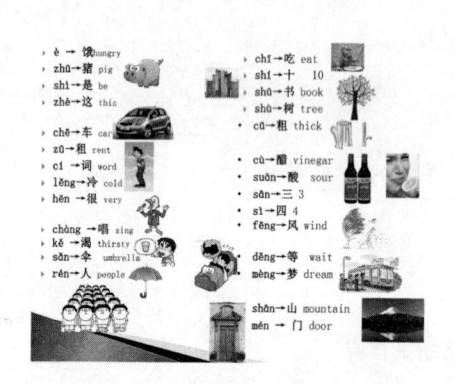

图17—4　单音节扩展(1)　　　　图17—5　多音节扩展(1)

[①] 全军主编:《尔雅基础汉语综合教程》上,北京语言大学出版社,2013年版。

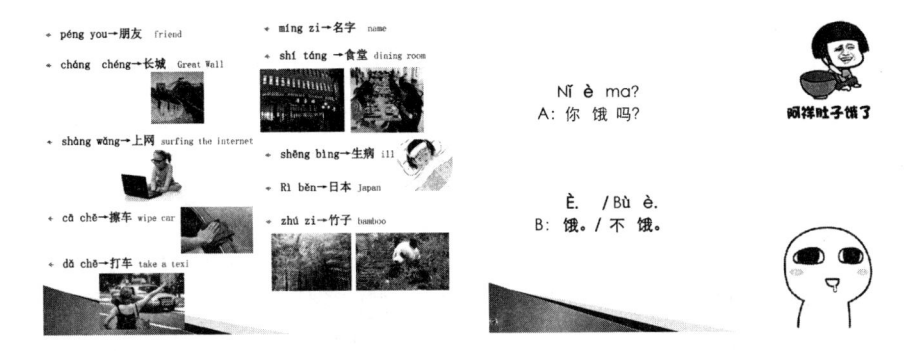

图 17—6　多音节扩展（2）　　　图 17—7　句子扩展（1）

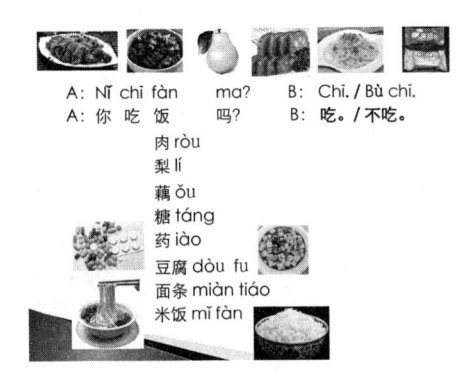

图 17—8　句子扩展（2）

三、词汇教学

不论汉语水平的等级，还是语言课或专业课，涉及生词教学，一般都是"音—形—义"的教学顺序，笔者也如此，具体化为：音—形—义—词语搭配—句子扩展—成段表达。现就其中的释义、搭配扩展部分阐述如下：

（一）形象释义

在任何一堂课上，形象教学法永远是最直观、最有效的方法。能让学生一目了然看懂的，就不需要语言解释；能用手势、动作表演出来的，就少用语言描述；语言解释的时候一定要抓重点，不赘述。如图 17—9 中看图片可知"菜"有两个义项；图 17—10 中通过 6 张图可以看出"舒服"一词的使用语境。在以上情况下，教师只要简明扼要地提一下，学生基本都能理解并掌握生词的语义及语用，四两拨千金。

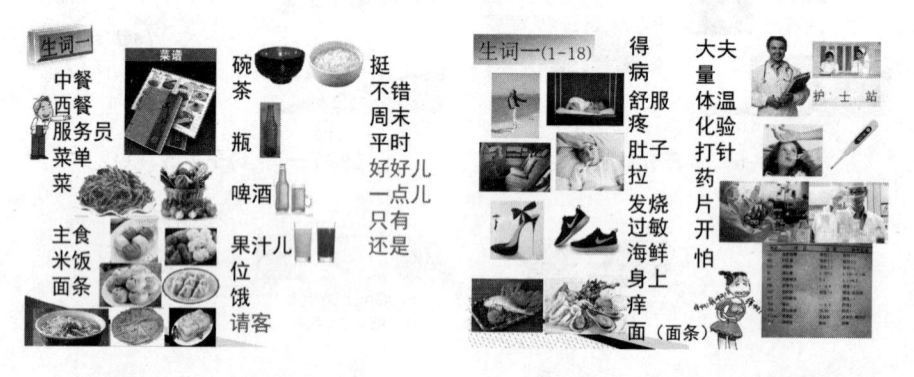

图 17—9　简单词"菜"

图 17—10　简单词"舒服"

图 17—11　简单词"窗口"

同时，学生不断学习新生词，经常把相近似的词混淆，教师可适当地点拨。如图 17—11 中，"窗口"一词没有"窗户"使用频率高。教师可手指教室窗户提问：这是什么？是窗口吗？引出"窗户"一词后，追问：那什么地方有窗口？得出银行、邮局、医院、食堂的结论，学生不仅理解了"窗口"的意思，也记住了"窗户"一词；再比如，图 17—12 中，学生常说"传统衣服",教师可通过图示告知学生"服装"和"衣服"有包含关系,学生头脑中的形象就会清晰起来。

图17—12 比较"服装—衣服"

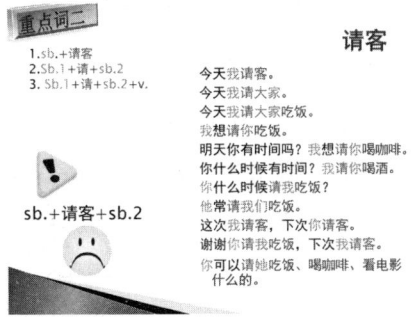

图17—13 重点词图示法

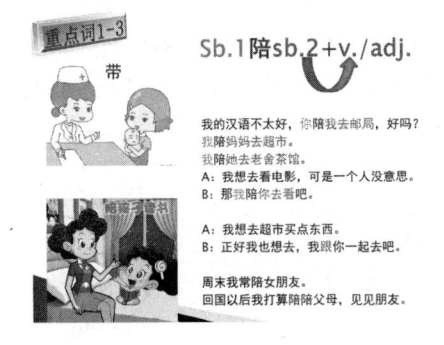

图17—14 比较"陪—带—跟"

图17—15 比较"美—漂亮—好看"

对于重点词,要多出示一些例句,以供学生揣摩、体会和模仿。语用和易错点可如图17—13所示,用图示法把该词的惯用法展示给学生,与理科的公式同理,简单易记。易错点用黄色的惊叹号警醒,提起注意;重点词也必然要做词语辨析,如图17—14,"陪—带—跟"语义上有很大不同,语用上也有小差异。"事不辨不明",辨析既是旧知的复习与巩固,也是新知的深度挖掘、多角度阐释;再如图17—15,"美—漂亮—好看"三个词,语义既有重合,又有不同,重点在异。男生、女生、孩子都可以说"漂亮""好看",但只有女生可以说"美",因为美是一种心理的感受。此外

"好看"还有精彩、有意思之意。教师一边讲解，一边给出例句，学生理解起来并不难。

（二）穷尽式词语搭配扩展

生词新授后的惯常步骤是词语扩展，但往往只局限于课文中出现的词组和句子。笔者采用穷尽式教学法，注重词组的练习，把学过的词和词、词和语法、语法和语法组合，进行尽可能多的变式练习。每次给学生的预习资料就是新授内容与以前学过的内容的重新组合，并给出例句。如"节奏"：音乐/生活/工作/学习/比赛节奏，节奏很快/慢，快节奏，打/有/没有节奏；再如"摔"：sb./sth.摔在地上，摔坏/倒/伤/疼，摔出来/下来，摔+得/不+坏/倒/伤/疼/出来/下来，摔一下/摔；图17—16中，学生往往不太明白"主食"的意思，教师释义后可扩展关于"主食"定义的句子；图17—17中，生词是"紫色"，用不同颜色对应相应代表的词语，简单直接；图17—18中，生词搭配扩展成词组后，教师给出例句，便于学生模仿。例句兼顾课文语句，为课文学习做好铺垫；图17—19中，教师把本

词语	词性	搭配	句子
中餐	n.	吃中餐，喜欢中餐	你喜欢吃中餐吗？
西餐	n.	吃西餐，喜欢西餐	我今天想吃西餐。
服务员	n.	一个服务员，是/叫服务员	我去叫服务员。
菜单	n.	看菜单，一个菜单	服务员，菜单！
菜	n.	一个/斤菜，吃/买/卖菜	我去超市买菜。/你想吃什么菜？
主食	n.	米饭、面条、包子、饺子、馒头等都是主食。	你要什么主食？
米饭	n.	吃/做米饭	你吃不吃米饭？
面条	n.	吃/做面条	我很喜欢吃面条。
碗	n./m.	一个碗，一碗米饭/面条	请给我两碗米饭。
瓶	n./m.	一个瓶子，一瓶啤酒/水	我可以喝十瓶啤酒。
啤酒	n.	喝/买啤酒，一瓶/杯啤酒	我不想喝啤酒。
果汁儿	n.	喝/买果汁儿，一杯果汁儿	我要一杯果汁儿。
位	m.	一位老师/律师	服务员：请问，您几位？
饿	Adj.	很/比较/非常/特别/不饿	我们去吃饭吧，我饿了。
挺	Adv.	挺+adj（+的）	我们老师挺好的。
不错	Adj.	不错=挺好，很/挺不错	你的汉语很不错。
平时	n.		我平时很忙，又要学习又要工作。

图17—16 生词搭配扩展（1）

课生词分出简单词和重点词，重点词多给出一些例句。重点词以使用频率高、语用复杂、语义难理解等为标准，简单词只是较容易理解，语音不一定简单，比如"出去""律师"等，纠音正调时没有此划分。

生词		搭配	句子
售货员	n.	一个售货员，是/做/找/叫售货员	等一会，售货员马上就来。
光临			售货员/服务员：欢迎光临！
旗袍	n.	一件/条旗袍，买/穿/送旗袍	旗袍是中国的传统服装。
真丝	n.	真丝旗袍，	我想买一件真丝的衣服。
手帕	n.	一块/条手帕，买/送手帕，真丝手帕	这是我送你的真丝手帕。
条	m.	一条手帕/裙子/狗/鱼/路	这条真丝旗袍多少钱？
款	m.	一款衣服/旗袍/手机/汽车/蛋糕，新款，老款	我喜欢这款的手机。 新款很贵，老款便宜。
紫色		红/黑/紫/蓝/绿/黄/灰/咖啡色	你觉得这件紫色的旗袍怎么样？
花	adj.	花衣服/手帕/袜子/裙子/裤子	这件衣服太花了，我不太喜欢。 他很花，是个playboy(花花公子)。
优惠	adj. v.	很优惠，优惠一点儿 优惠一百块	这件旗袍能优惠一点儿吗？ 这件衣服打折以后，优惠了两百块。
打折	v.	打九/八/七/两/二/一/三八/八五折，不打折，没打折	这是今年的新款，不打折。 这件衣服原来200块，现在打七折，只要140块。

图 17—17　生词搭配扩展（2）

8.参观	参观学习，参观参观，参观公司/工厂/博物馆/美术馆/名胜古迹/景点，参观完	今天下午我们去做什么？ 欢迎来我家！	我们去参观博物馆/苹果公司，我可以参观参观吗？
9.简单	sb./sth.很简单，简单一点儿，	汉语难不难？	老师说很简单，但我觉得很难
10.努力	sb.学习/工作很努力，努力学习/工作	Peter 怎么样？	他学习很努力。
11.推荐	推荐工作/饭馆，给 sb.推荐，sb.+v.，推荐一下，推荐推荐	哪家饭馆好？你能不能给我推荐一个？	我给你推荐一家很好吃的饭馆。
12.打工	打+time+工，给 sb.打工，打完工，打工	你什么时候去打工？	我一般周末的时候打两天工。
13.面试	有/参加/去面试，面试 sb.，面试完	你面试完了吗？	面试完了，但是结果不太好。
14.官	面试官，考官	面试官怎么说？	他说让我等电话。
15.志愿者	做/当志愿者，给 sb.当志愿者	你愿意给 APEC 当志愿者吗？	我愿给 APEC 当志愿者。
16.代表团	美国/中国代表团	你周末做什么？	我要去给一个美国代表团当导游。
17.水平	汉语水平，水平很高/不高	你的汉语水平高吗？	我的汉语水平还不太高，但是我会努力学习。
18.提高	提高水平/成绩，提高得很快/不快，提高了很多/一点儿，有/没有提高，有很大提高，	来中国以后你的汉语水平有提高吗？	我的汉语水平提高了很多/一点。

图 17—18　词语搭配与例句（1）

重点词	用法解释/替换/搭配	教师提问	学生回答
1.像……什么的	=比如……（什么的/等等）	你平时有什么爱好？	我有很多爱好，像看电影、听音乐、上网什么的。
		你都会说哪些语言？	我会说很多种外语，像英语、法语、汉语什么的我都会。
2.时	=的时候	开车的时候能打电话吗？	开车时不能打电话。
		你们是什么时候认识的？	在美国时我们就认识了。
3.选择	n.: 有/没有选择，做选择	你为什么来中国学习汉语？	是父母让我来中国的，我没有选择。
	v.: 选择 sb./sth.，选择得对/不对，（口语）选。	今天中午我们吃什么？	去吃中国菜还是韩国菜，你选择一个。
4.适合	v.适合+O. (sb./sth.)，适合+v.+O.	你为什么选择来我们这儿工作？	我觉得这份工作很适合我。
	adj.合适	你觉得自己适合这份工作吗？	我觉得自己特别适合当导游。
5.经历	n.: 生活/学习/工作经历，有/没有经历，经历很丰富	谁先介绍一下自己的经历？	我来介绍一下学习和生活经历。
	v.: 经历+了/过+O.	他只有20岁，为什么看起来好像30岁？	因为他经历了很多事情。
6.大多	=大都，S+大多+v. 大多数（+n.）	你们班同学都住在哪儿？	我们班同学大多住在学校宿舍。
		你经常打工吗？	对，留学生大多利用假期打工。

图17—19 词语搭配与例句（2）

在学生所学汉语知识的范围内，进行尽可能多的变式练习，既扩展了新授词汇，又是对以前所学知识的复练。同时，对难点（如趋向补语、介词短语等）进行长期有针对性的练习，学生有了语感，就不觉得难了。

四、语法教学

语法是教学的重点，也是难点。课堂上学生学习的多为标准的、典型的语法，对熟练度和变式的掌握常不尽如人意，在语言交流中常因语音语调、语法等出现错误而导致交际困难。笔者在教学中采用的方法是精耕细作，对语法进行更细致的分析和辨析。

（一）一目了然的图示

把语法像数学公式一样展现在学生面前，不仅可实现"精讲"，甚至有时可"不讲"。比如学生受母语负迁移的影响，在生活中常会把应使用"或者"的句子用"还是"代替，但学生看到图17—20中的红色标点符号立刻就能明白两者的不同；图17—21中，学生不太明白反问句表示强烈语气，生活中会与疑问句相混淆。教师可用图片加语言让学生理解，然后再进行相关语法练习；图17—22中，先解释"之"的意思，然后讲解分数的意思和读法，引出"之一"，再给出语法句式，并扩展句子。再如，把字句的教学在得出基本结构为"（主语）+'把'+'把'字的宾语+谓语动词+其他成分"（刘月华，2001）后，应强调谓语动词后的附加成分不可少。引导学生思考：动词后边可以有什么？师生一起总结出谓语动词后的附加成分，这样就把课本《尔雅初级汉语综合教程》上（2）[①] 第18课、21课中出现的共11个"把"字句的语法点整理为一个大的语法结构（见图17—23），然后再分别进行造句练习。

图17—20 "或者"语法图示

图17—21 "反问句"语法图示

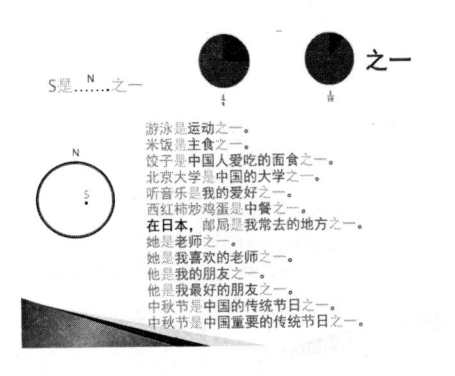

图17—22 "之一"语法图示

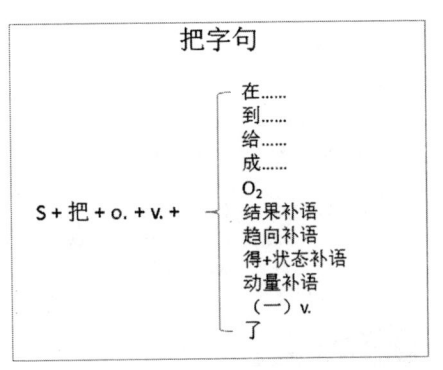

图17—23 把字句语法汇总

---

① 魏新红主编：《尔雅初级汉语综合教程》（上2），北京语言大学出版社，2013年版。

/ 159 /

(二) 分析语法

不管演绎式还是归纳式，学生明白并正确使用语法是最终目标。在实际教学中，笔者将常用句式与变式循序渐进地呈现到学生面前，最终总结出该语法点的数种用法。如"比"字句是初级阶段的重要语法，只教授学生谓语是形容词及形容词短语、表示心理状态动词的情况。图17—24中，教师先复习以前学过的"一样"，得出如果比较结果一样的时候，句式是"A 跟/和 B 一样"，而不是"A 比一样"，口语交际中不能用错；顺势引出"比"字句，如图17—25所示，强调"比"字句谓语是形容词而不是动词，表示心理状态的动词用法同形容词；比较的结果有差异，又可引出图17—26中的基本句式外延；图17—27、17—28是"比"字句加入动词的句式；图17—29是在"比"前加入副词表程度更高；图17—30、17—31是"比"字句的否定形式。至此，可以将"比"字句的句式小结如图17—32所示。在后面的学习中出现了"不如"，则将"没有"和"不如"两个否定词进行辨析（见图17—33），并汇总目前为止所学的关于"比"字句的句式，如图17—34所示。

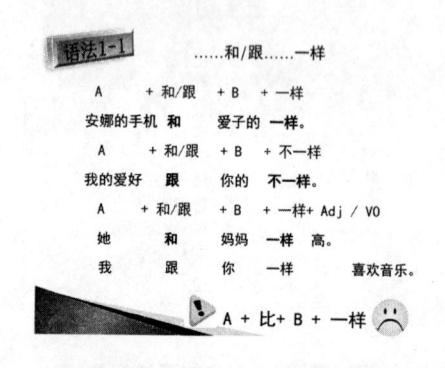

语法1-1　……和/跟……一样	语法1-2　A + 比 + B + Adj / V (O)
A　+ 和/跟　+ B　+ 一样 安娜的手机 和　爱子的 一样。 A　+ 和/跟　+ B　+ 不一样 我的爱好　跟　你的　不一样。 A　+ 和/跟　+ B　+ 一样+ Adj / VO 她　和　妈妈　一样　高。 我　跟　你　一样　喜欢音乐。 ☹ A + 比 + B + 一样	A：那件花的旗袍多少钱？ B：那件花的比这件紫的便宜两百块。 A：你们谁高？B：他比我高。 A：汉语难还是日语难？B：我觉得日语比汉语难。 A：你吃什么主食？饺子还是面条？B：咱们还是去吃饺子吧，饺子比面条好吃。
图17—24　复习"A 和/跟 B 一样"	图17—25　新授"比"字句基本句式

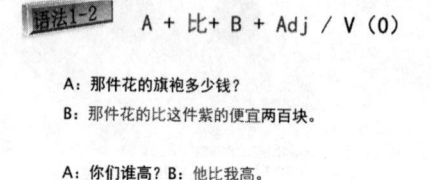

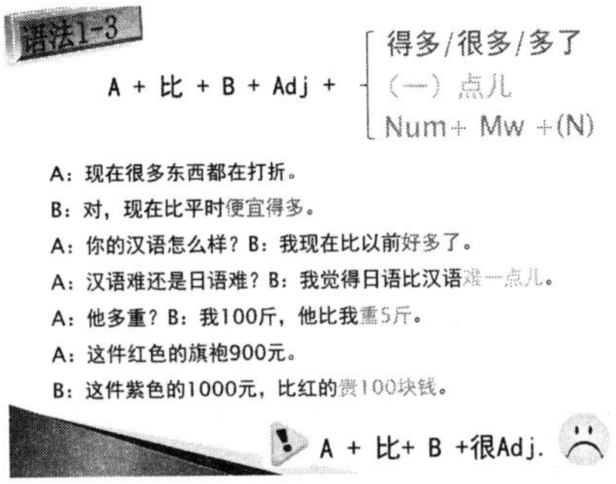

循序渐进原则在初级汉语课堂上的体现与运用

语法1-3

$$A + 比 + B + Adj + \begin{cases} 得多/很多/多了 \\ (一)点儿 \\ Num + Mw + (N) \end{cases}$$

A：现在很多东西都在打折。
B：对，现在比平时便宜得多。
A：你的汉语怎么样？B：我现在比以前好多了。
A：汉语难还是日语难？B：我觉得日语比汉语难一点儿。
A：他多重？B：我100斤，他比我重5斤。
A：这件红色的旗袍900元。
B：这件紫色的1000元，比红的贵100块钱。

⚠ A + 比 + B + 很Adj. ☹

图17—26 基本句式外延

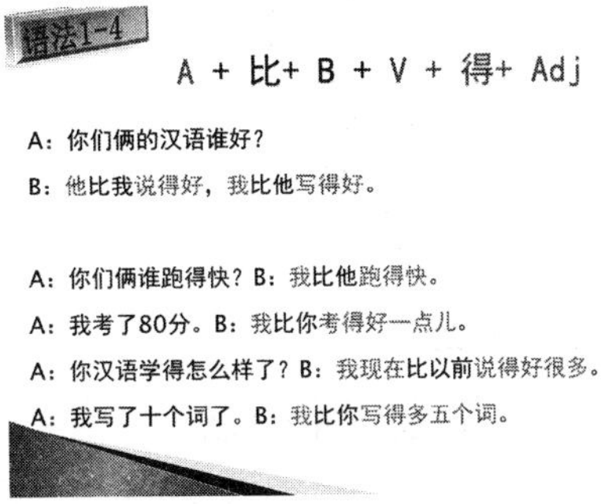

语法1-4

$$A + 比 + B + V + 得 + Adj$$

A：你们俩的汉语谁好？
B：他比我说得好，我比他写得好。

A：你们俩谁跑得快？B：我比他跑得快。
A：我考了80分。B：我比你考得好一点儿。
A：你汉语学得怎么样了？B：我现在比以前说得好很多。
A：我写了十个词了。B：我比你写得多五个词。

图17—27 加入动词（在后）

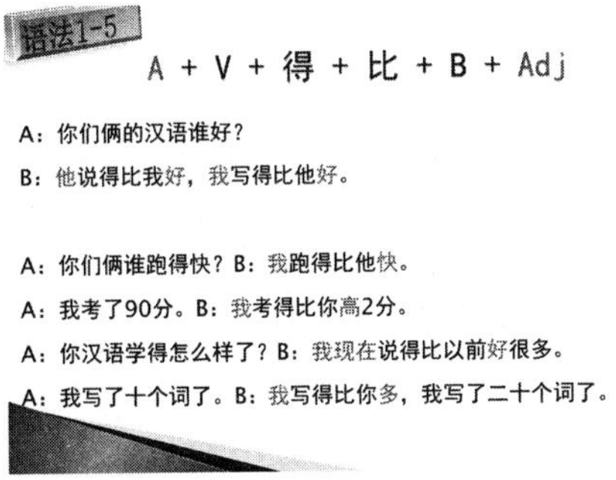

语法1-5

$$A + V + 得 + 比 + B + Adj$$

A：你们俩的汉语谁好？
B：他说得比我好，我写得比他好。

A：你们俩谁跑得快？B：我跑得比他快。
A：我考了90分。B：我考得比你高2分。
A：你汉语学得怎么样了？B：我现在说得比以前好很多。
A：我写了十个词了。B：我写得比你多，我写了二十个词了。

图17—28 加入动词（在前）

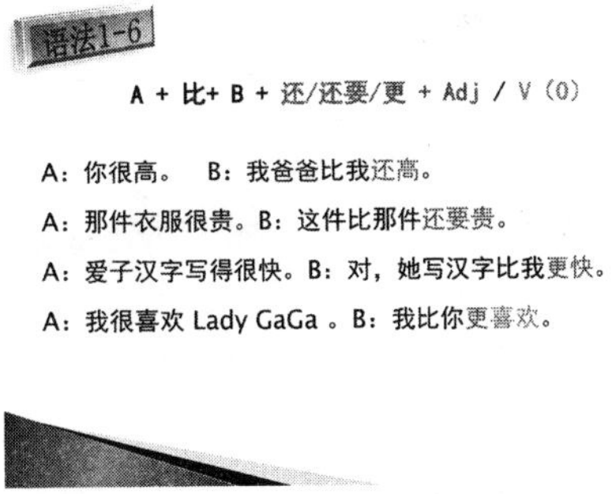

语法1-6

$$A + 比 + B + 还/还要/更 + Adj / V(O)$$

A：你很高。B：我爸爸比我还高。
A：那件衣服很贵。B：这件比那件还要贵。
A：爱子汉字写得很快。B：对，她写汉字比我更快。
A：我很喜欢Lady GaGa。B：我比你更喜欢。

图17—29 肯定句加入副词

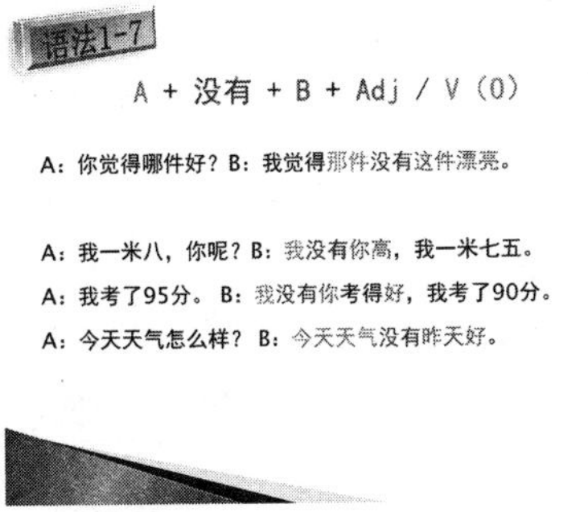

语法1-7

$$A + 没有 + B + Adj / V(O)$$

A：你觉得哪件好？B：我觉得那件没有这件漂亮。

A：我一米八，你呢？B：我没有你高，我一米七五。
A：我考了95分。B：我没有你考得好，我考了90分。
A：今天天气怎么样？B：今天天气没有昨天好。

图17—30 "比"字句否定式

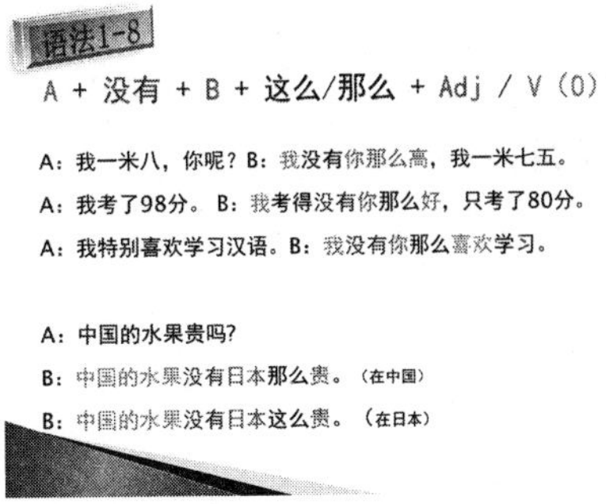

语法1-8

$$A + 没有 + B + 这么/那么 + Adj / V(O)$$

A：我一米八，你呢？B：我没有你那么高，我一米七五。
A：我考得98分。B：我考得没有你那么好，只考了80分。
A：我特别喜欢学习汉语。B：我没有你那么喜欢学习。

A：中国的水果贵吗？
B：中国的水果没有日本那么贵。（在中国）
B：中国的水果没有日本这么贵。（在日本）

图17—31 否定式加入副词

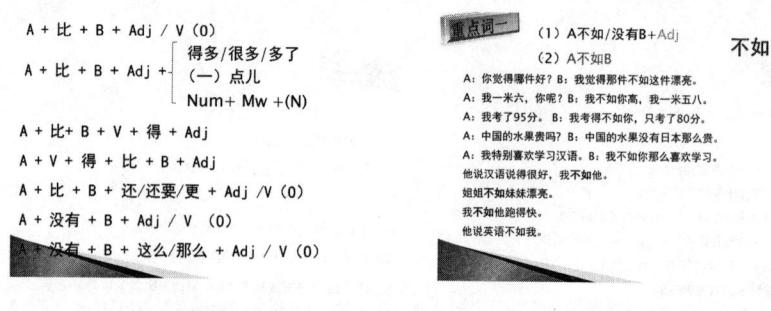

```
A + 比 + B + Adj / V (O)

A + 比 + B + Adj +  ⎰ 得多/很多/多了
                   ⎨ （一）点儿
                   ⎱ Num+ Mw +(N)

A + 比 + B + V + 得 + Adj

A + V + 得 + 比 + B + Adj

A + 比 + B + 还/还要/更 + Adj /V (O)

A + 没有 + B + Adj / V (O)

A + 没有 + B + 这么/那么 + Adj / V (O)
```

重点词一　(1) A不如/没有B+Adj
　　　　　(2) A不如B　　　　　不如

A：你觉得哪件好？B：我觉得那件不如这件漂亮。
A：我一米六，你呢？B：我不如你高，我一米五八。
A：我考了95分。B：我考得不如你，只考了80分。
A：中国的水果贵吗？B：中国的水果没有日本那么贵。
A：我特别喜欢学习汉语。B：我不如你那么喜欢学习。
他说汉语说得很好，我不如他。
姐姐不如妹妹漂亮。
我不如他跑得快。
他说英语不如我。

图 17—32　语法小结　　　　　图 17—33　否定式"没有—不如"比较

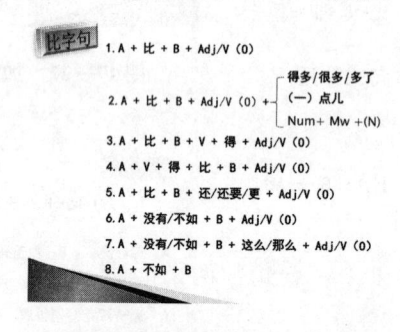

比字句
1. A + 比 + B + Adj/V (O)
2. A + 比 + B + Adj/V (O) + ⎰ 得多/很多/多了
                              ⎨ （一）点儿
                              ⎱ Num+ Mw +(N)
3. A + 比 + B + V + 得 + Adj/V (O)
4. A + V + 得 + 比 + B + Adj
5. A + 比 + B + 还/还要/更 + Adj/V (O)
6. A + 没有/不如 + B + Adj/V (O)
7. A + 没有/不如 + B + 这么/那么 + Adj/V (O)
8. A + 不如 + B

17—34　"比"字句语法句式汇总

（三）语法辨析

语法辨析，是指将学生容易混淆的语法点进行对比，以加深印象，避免出错。如图 17—35 至图 17—37 所示，看起来有点幼稚，但对学生来说清晰易懂，特别是对汉语零起点的学生来说，无须很多语言交流，即可看懂两个语法间的差异。

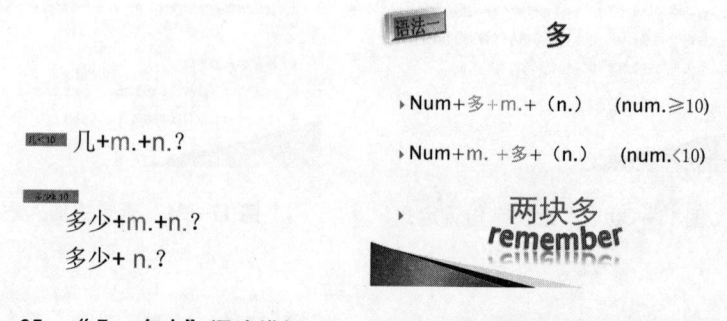

语法一　　　　　多

几+m.+n.?　　　　▶ Num+多+m.+（n.）　（num.≥10）

多少+m.+n.?　　　▶ Num+m. +多+（n.）　（num.<10）
多少+ n.?　　　　　▶ 两块多
　　　　　　　　　　remember

图 17—35　"几—多少"语法辨析　　图 17—36　概数"多"语法辨析

又 ☺ 又 ☺
又 ☹ 又 ☹

☺ 可是 ☹
☹ 可是 ☺

图 17—37　"又/又"与"可是"语法辨析

再如"有点儿"和"一点儿"两个语法点，生活中经常有留学生"一点难""一点好"，这就是"有点儿"和"一点儿"两个语法点混淆了。《现汉》中对"有点儿"一词备注为："有点儿"有时是动词和量词的组合，如"锅里还有点儿剩饭""看来有点儿希望"。笔者以为这里的"动词和量词的组合"，应为"动词'有'＋（一）点儿＋名词"，即"（一）点儿"的用法，而不是"有点儿"的用法。

教学中教师先出示"动词＋（一）点儿＋名词"来强调"（一）点儿"后接名词，前面可以有动词，并进行扩展练习，学生说出很多动词，其中包括"有"；告诉学生"有＋（一）点儿＋名词"与"有（一）点儿＋形容词"不一样，前者的动词"有"可以替换，"一点儿"后接名词。后者的"有（一）点儿"是一个词，不能替换，后接形容词，常表示不如意；然后进行"有（一）点儿＋形容词"的扩展练习；最后出示"形容词＋一点儿"的表示比较的语法。这样一步一步地前后连贯地呈现，让学生循序渐进地接受了两个语法点的异同。板书设计如图 17—38 所示。

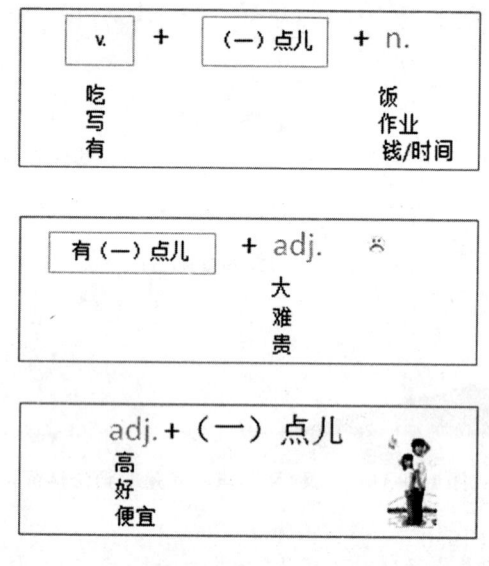

图17—38 "一点儿"和"有点儿"的语法辨析

五、结语

教无定法，细节决定成败。不管是循序渐进教学原则，还是穷尽式教学法，在具体教学过程中都体现为一个"细"字，大处着眼，小处着手。每一个环节精雕细刻，仔细琢磨，定能降低学生的学习难度，也能突出重点。解决了重点和难点这两个问题，相信必是一堂好课。《论语·子罕》中，颜渊赞叹孔子"循循然善诱人"，中国最大教育家尚且如此，吾辈更应勤耕不辍。

参考文献

1. 崔希亮（2010）《对外汉语综合课优秀教案集》，北京语言大学出版社。

2. 戴亚萍（2012）对外汉语教学中的拼音教学，《高等教育》第

5 期。

3. 刘月华、潘文娱、故韡（2001）《实用现代汉语语法》，商务印书馆。

4. 吕必松（1987）《对外汉语教学探索》，华语教学出版社。

5. 王丛（2017）朱熹的教育思想（下），《内蒙古教育》第 9 期。

6. 肖晓燕、赵津蕾（2017）循序渐进教学原则的当代阐释，《教学管理》。

7. 杨惠元（2009）《对外汉语听说教学十四讲》，北京大学出版社。

8. 张治国、王茹玉（2015）论循序渐进的教学原则，《新西部》第 2 期。

9. 赵先寿（1987）正确认识循序渐进的教学原则——与章崇义、邹勇同志商榷，《湖北大学学报》第 2 期。

10. 赵元任（1980）《语言问题》，商务印书馆。

三
对外汉语教材研究

以消极修辞为核心的修辞教学体系的构建
——谈对外汉语修辞教材的编写

韩庆玲[*]

摘　要：本文从消极修辞的特点和对外汉语教学目标及教学对象特点两个角度，阐释了对外汉语教学建立以消极修辞为核心内容的修辞教学体系的必要性和紧迫性，并对如何建立这样一个修辞教学体系提出了一些粗浅的建议。

关键词：修辞教材；消极修辞；语体

陈望道先生在对修辞现象进行全面考察的基础上提出的消极修辞、积极修辞"两大分野"说在修辞学界一直有着极大的影响力。然而学界对这两种修辞现象的重视程度和研究的深入程度上一直都有所偏废。消极修辞长期被冷落，这一方面是缘于积极修辞有典型的结构形式和鲜明的表达效果，其内在规律相对易于归纳分析，而消极修辞包含的言语表达内容庞杂、结构形式多样，难以概括典型形式；另一方面是缘于特定的修辞观将修辞等同于美辞，认定消极修辞不具有审美价值，完全将消极修辞摒弃于修辞研究之外。

---

[*] 韩庆玲，北京语言大学汉语国际教育学部汉语学院讲师。

近年来，越来越多的学者认识到了消极修辞的重要性和研究的不足，加强消极修辞研究的呼声日益高涨。陆俭明（2008、2010、2015）、沈家煊（2008）、陆丙甫（2018）等在呼吁加强消极修辞研究的同时，也从消极修辞的研究方法上进行了积极的有启发意义的探讨。虽然学界对消极修辞的重要性的认识逐渐清晰，但在消极修辞的研究方法探寻以及如何开展消极修辞教学上尚需进一步开拓，尤其是在对外汉语教学中，建立起消极修辞为核心内容的修辞教学体系，有着极强的必要性和急迫性。为何强调以消极修辞为核心，构建对外汉语修辞教学的体系，本文拟借目前消极修辞研究的一些成果，分析一下其中的原因，并对如何构建消极修辞为核心的体系，谈一点粗浅的看法。

一、消极修辞的特点

（一）消极修辞是积极修辞的理论基础

陈望道先生所言的"消极修辞"指为使语言明晰晓畅、准确严密而采取的修辞手法与现象。消极修辞追求话语与语境契合，"以明确、通顺、平匀、稳密等顾念事理的条件，作为修辞上必要的条项"。[1] 言语表达简洁、明白、顺畅、适当、得体，这是消极修辞的基本要求。

与积极修辞相比，消极修辞是日常言语交际的主体，是使用最为广泛的修辞方式。即使是在积极修辞使用较为普遍的小说、散文等文艺语体中，也需要借助消极修辞的铺垫与衬托，来实现话语的陌生化，凸显其魅力。陆俭明先生指出，"对青少年来说，更重要的不是告诉他这是什么修辞格、这不是什么修辞格，而是让他们知道怎么用词、怎么用语、怎么用句。一个人的语文修养、语文水平其实就体现在这个地方。我们通常讲说话要得体、要到位，不在于你是不是用了修辞格，更多地在于用词用语用句是否得体到位。这是提高语文修养的根本所在。所以，我们跟青少年讲，用词、用语、用句要得体到位，并不是说你要用些华丽的词藻，或者

---

[1] 陈望道（2015）《修辞学发凡》，复旦大学出版社，38页。

要刻意地雕刻、雕琢"。① 对我们的青少年进行修辞教学尚且要以消极修辞为重,对言语表达中存在大量用词、用语、用句偏误的留学生来说,更应以消极修辞作为教学核心内容。

也有不少研究者以消极修辞和语法纠缠不清为由,将消极修辞驱逐出修辞研究的范畴。消极修辞以明确、通顺、平匀、稳密作为必要条件,这要求表达必须合乎语法规则,而是否符合语法规则,有时也是要考虑语境因素的,这就与讲究言语表达要适应语境的消极修辞理论产生了纠缠,沈家煊(2008)举过一个例子:

我们汉语里有性质形容词和状态形容词之分,"今天冷"单独不能成立,必须得说"今天很冷"才能成立。但是,你要对举就又能说了:

今天冷,昨天不冷。

或者也是回答问题:

问:今天冷不冷?
答:今天冷。

沈先生认为"假如绝对区分语法和修辞的话,这就应该是修辞现象。因为,在一定的语境里可以成立的,那就不是说一不二的语法"。但这样一来"汉语语法没有什么可研究的了。朱德熙先生肯定就不会同意,他写《现代汉语形容词研究》就是根据这个现象把汉语形容词分成两类。所以说,汉语语法研究离开修辞问题实在没有多少可研究的。不像英语有这样硬性的东西,汉语里没有多少硬性的东西"。② 沈先生的说法其实指明了语法和修辞确实有重合的现象。从语法的角度看,对于正反问形式的问句的回答,有肯定或否定两个答案,有了这样的上下文语境,肯定的回答不用程度副词也能表达完整意义。随着语法研究的日益深入,形式结构结合语

---

① 陆俭明(2008)关于汉语修辞研究的一点想法,《修辞学习》第2期。
② 沈家煊(2008)谈谈修辞学的发展取向,《修辞学习》第2期。

境、语体的功能的探讨受到重视,这难免与从功能出发探讨特定语境下语言表达适切性的修辞出现一些重合。但从修辞的角度看,回答者是在预设了提问者的表达意图和目的就是想知道当天温度的情况下,因此以"今天冷"作为回答,符合交际话语的经济性、有效性、连贯性,是交际双方遵循合作原则基础上的有效交际。但如果语境有变,比如交际双方之前讨论过天气太冷的话得穿什么衣服这个话题,那么回答者依靠背景信息预设提问者是想知道当天需不需要穿点儿厚衣服,他的回答可能是"今天穿件毛衣就行"或"今天得穿大衣"。这个回答看上去答非所问,但它建立在两者共知的背景下,更直接地回应了提问者关心的问题,也是得体的回答。这其实就是修辞与语法不同的地方。语法关心在特定语境中的句子是否仍符合语法规则,而修辞关心所选择的话语是否符合交际对象的修辞动机、意图和目的。因此修辞广义的理解,就是语言的选择和创新,而选择和创新的依据除了包括上下文、交际的时间、地点、场合等因素,还包括交际者的动机、意图和目的。这与修辞追求的交际有效性直接相关。

(二) 消极修辞也是具有审美价值的修辞方式

消极修辞的审美价值长久以来被忽视了。有学者认为,只有积极修辞才有审美价值可言,而消极修辞与审美无关,是中性的,甚至以此为由,将消极修辞摒弃于修辞学门外。消极修辞确实没有积极修辞那么富有魅力,但也不乏审美价值。曹德和、王卫兵(2019)指出:

"陈望道始终将修辞形态的审视与美感形态的考察紧密地结合在一起。其对积极修辞的观照,总是与积极修辞美学特征即"有'魅力'的美"的探悉相配合,其对于消极修辞的洞鉴,总是与消极修辞美学特征即"无'魅力'的美"的烛照相协应"。[1]

也就是说,消极修辞虽然"魅力"不足,但自有其"明晰、晓畅、朴素的美"。消极修辞的美感来自于对语言内部的协调和语言与语境相契合的追求中达成的一种和谐美。和谐是基本的美学规律。消极修辞追求的和谐美包括言语形式与内容的和谐及言语与语境、语体的和谐两方面的

---

[1] 曹德和、王卫兵(2019)关于修辞审美的争议与辨析,《学术界》第 1 期。

内容。

言语形式和言语内容的和谐就是形式符合内容，形式与内容构成一个统一体。形式不仅不能成为内容表达的障碍，还要有助于内容的表达。言语形式结构的选择和使用，应该为明确、通顺、简洁地表达意义服务。比如平仄和音节的搭配、选词组句、语句衔接方式的选择、语序的调整等形式上的安排组织，是为了更清晰、流畅地表意。要避免因言语形式不恰当甚至错误造成语义表达不明晰、不连贯、处理难度增大等问题。如：

（1）送给女友一条漂亮的蓝色长围巾
（2）送一条漂亮的蓝色长围巾给女友

这两个同义双宾语结构的语序不同。相较而言，（1）更符合消极修辞明确、通顺的要求，更常用。原因在于（1）处理难度更低，而（2）之所以处理难度更大，是因为出现了"大肚子结构"（叶爱，2019），两个简单成分中间插入了一个复杂成分，接受者需要将更多的注意力集中于处理复杂成分，干扰了在简单成分之间建立联系，造成了处理难度的增加。如何通过形式上的安排，来减轻处理的难度，达到形式与内容的和谐，这是消极修辞研究的课题之一。

消极修辞还讲究言语与语境和谐，要求交际者能够根据题旨、情景选词用句，组句成篇；言语与语体的和谐，要求交际者具备语体意识，了解语体动因对语体成分的选择和塑造，能根据语体转换语码。例如：

我看见他戴着黑布小帽，穿着黑布大马褂，深青布棉袍，蹒跚地走到铁道边，慢慢探身下去，尚不大难。可是他穿过铁道，要爬上那边月台，就不容易了。他用两手攀着上面，两脚再向上缩；他肥胖的身子向左微倾，显出努力的样子。这时我看见他的背影，我的泪很快地流下来了。我赶紧拭干了泪。怕他看见，也怕别人看见。我再向外看时，他已抱了朱红的橘子往回走了。过铁道时，他先将橘子散放在地上，自己慢慢爬下，再抱起橘子走。到这边时，我赶紧去搀他。他和我走到车上，将橘子一股脑儿放在我的皮大衣上。于是扑扑衣上的

泥土，心里很轻松似的。(朱自清《背影》)

这是一段描述性文字，故而选用了大量动作性动词及形容词进行描写。文章精准地使用了"蹒跚、慢慢、探身、攀着上面、向上缩、微倾、散放、扑扑衣上的泥土"等语词，细致入微地刻画出父亲去买橘子的来回的过程。将父亲努力攀爬过月台、车道的情景描绘得如电影画面般印刻在读者的脑海中。文章选词用句平匀质朴，配合深沉质朴的情感表达，朴素不失深沉，读来令人动容，是适应题旨、情景和语体的消极修辞范例。

从语言表达的美学价值上来说，消极修辞追求的是适切性，是一种和谐美。虽然有时魅力不足以与积极修辞匹敌，但仍有其独有的审美价值。培养学习者消极修辞的能力，就是培养其自然、准确、得体地使用汉语的能力，也是培养学习者对汉语最基本和朴素的审美感知。

二、对外汉语教学的目标与教学对象

建立以消极修辞为核心的对外汉语修辞教学体系符合对外汉语教学目标和教学对象的特点。

（一）对外汉语教学的目标

对外汉语教学的目标是培养学习者的汉语交际能力。根据《高等学校外国留学生汉语言专业教学大纲》所规定的培养目标，学习者要"具备扎实的汉语言语能力与言语交际能力"，特别是在高级阶段即三、四年级，学习者要"能够根据交际场合和对象特点选择适宜的表达方式；具有一定的语言应变能力""具有按汉语思维习惯快速组织语言材料、流利自如地表达思想的能力"。大纲中要求的学习者具备的表达能力，体现在上文说到的两个方面的和谐，言语形式与言语内容的和谐，言语与语境和语体的和谐。这是对外汉语教学的培养目标，与消极修辞教学的目标一致。

（二）教学对象的特点

以汉语为第二语言的学习者言语能力和言语交际能力还存在着不足，

对于汉语运用中如何做到"两个和谐"还缺乏认知或顾及不到，在表达中各种不和谐现象比比皆是，这也是强调消极修辞教学重要性的原因所在。

1. 教学对象的言语形式与言语内容常存在不和谐

（1）﹡来中国一年了，我没有回国，我很思念家。

（2）﹡因为生病了，有的人选择死。

（3）﹡这些妈妈的教育，我相信在长长的人生道路上一定有用的。（1—3年级留学生作文）

（4）﹡这样慢地飞的鸟，因为他受的伤还没痊愈。（留学生古文翻译）

（5）﹡这个例子意思也不是说酒很甜，而是在带劲儿地喝着酒，或者表现出现在的心态愉快。因此，并不是说食物真的具有甜味，而是说食物吃的时候，食物的味道很好吃。（留学生毕业论文）

（6）绿色食品没有化学污染，单纯吸收自然大地的养分，不但使它本身对人类在食用后所造成的健康可到达较高的益处，它的叶绿色在和使用过农药与化肥的农作物下相比也较为鲜绿。（bcc语料库）

（1）和（2）"思念家""选择死"不符合汉语"双求双"的韵律要求；（3）"这些妈妈的教育"则是语序的错误造成语义不清，有歧义；（4）"这样慢地飞的鸟"中心语是"鸟"，与"因为"引导的小句不能形成因果关系，因为形式偏误造成了前后逻辑不通；（5）句中"心态"和"愉快"的搭配显然是不和谐的，"心态"即心理状态，具有一定的持续性，搭配的通常是"健全""平和""好"等词语，无法与"愉快"搭配。后文"好吃"应该搭配的是"食物"，不能搭配"食物的味道"。"食物的味道"可以说"美""刺激""诱人"等；（6）本可以用"对人类健康有益"这样简洁的词组就可以表达清楚的意义，却因为"造成""到达"与"健康""益处"这种语义上的错配，词组"叶绿色"的错序及"在……下"的冗余，造成了表达上不顺畅，影响了意义的明确、清晰。这些形式与语义的不和谐，都是消极修辞中要避免的现象。学习者由于汉语水平有限，对词语、不同的语言格式的意义，特别是相同或相似的格式所具有的不同语义不甚了解，造成形式与内容不和谐，导致词不达意，妨碍内容的传达。

2. 教学对象的言语表达常与语境、语体不和谐

因为学习者对汉语交际规律缺乏了解或语体意识不足，造成言语不合乎语境或语体要求，说得或写得不得体、不自然。

言语交际受制于语境。对于汉语学习者来说，依据语境选择或创造性地使用语言，难度已经非常大，再加上文化因素的干扰，更是难上加难。人类的一切言语交际都受到文化的制约，人们用语言来交际，更是用文化在交际。从交际的内容到交际的方式和策略，每种文化都有自己约定俗成的规则，汉语学习者是在一个跨文化、异文化和多文化的环境里交流，对目的语文化的不熟悉，必然会影响到语言表达的得体性。比如留学生在毕业论文写作过程中与教师微信交流时，出现了以下对话：

学生：我在回家的路上，到了发给你。
教师：没关系，不用着急。
学生：老师，我发了！看一下。

从对话中可以看出，留学生对于如何根据交际者之间的师生关系调整话语，还把握不好。有不少留学生反映，跟教师微信交流时，感觉很困难，不知怎样表达是得体的，常常需要几个人凑在一起商量半天。这反映出学习者确实意识到了交际者之间的关系会影响到表达方式的选择，但应该怎么表达合适，仍然是一个难题。

语体实际上是语境对言语行为规约类型化的产物。但是汉语学习者语体意识不足、语体转换能力不足的问题非常突出。教学大纲对四年级外国留学生汉语言专业的学习者在言语交际能力上的要求是能"按汉语的思维习惯，用汉语口语或书面语较为自如得体地与人交际"。然而大多数学习者距离这一目标还有很长一段距离。汲传波、刘芳芳（2015）、马明艳（2017）都对留学生书面语表达中存在的口语化倾向进行过探讨，一定程度地反映出汉语学习者顺应语体特点进行表达的难度相当大，尤其是书面正式语体，更是学习的难点所在。前文例（5）也存在着与语体不和谐的问题。论文是书面语体的一种，然而语段中的用词选句显然口语色彩太强，不符合书面语语体的要求。

消极修辞追求语言运用的"明确""得当""得体""自然顺畅",这是对语言运用的基本要求,也是对外汉语教学要达到的目标。修辞教学理应以消极修辞为核心构建教学内容,培养学习者汉语使用中达到"两个和谐"的能力。进而以此为基础,向积极修辞拓展,提升学习者语言表达的魅力。

三、如何构建消极修辞为核心的对外汉语修辞教学体系

构建以消极修辞为核心的对外汉语修辞教材,尚需深入的理论探讨。本文仅提出一些粗浅的看法,以求教于方家。

第一,消极修辞传统的研究内容:用词、选句、组句成篇的规律,仍然是教学的重点,是教材的重要内容,但要针对汉语学习者的难点进行调整,比如在句式的选择上,同义句式的语义、功能的异同特别是差别,以及分别适合什么样的语境应作为教学的重点;组句成篇的过程中,使用什么样的衔接方式能更好地做到语句衔接流畅自然,这是学习者的难点所在,也需重点讲解。

第二,要重视不同文化背景形成的文化规约在语言上的表现。学习者进行的是跨文化交际,对中国文化的陌生、不了解会反映在话语上。修辞教材应该设置汉文化制约性下的汉语修辞策略的内容,帮助学习者了解汉语交际中包含的汉文化,并自觉地遵循汉文化的规约进行交流。

第三,语体意识和语体能力能够全方位地体现学习者尤其是高级阶段学习者的汉语水平,然而学习者的语体意识不强、缺乏语体转换能力的问题非常突出。对外汉语修辞教学需要强化语体教学。但对外汉语的语体教学不能仅满足于不同类型语体特征的描写,这对学习者帮助不大。教材中的语体部分需要引导学习者辨别、区分语体成分,学会根据语体对语体成分做出恰当的选择。比如音节的韵律与语体的关系,如何根据语体选择特定音节的词语;再比如长短句的语体适应性及如何根据语体进行句式变换,等等。

第四,消极修辞的讲解必须消化和借鉴新的修辞或语法的研究成果,

将内容讲得更透，更易于被学习者理解和接受。像陆俭明（2015）从语言信息结构的视角分析研究消极修辞中的用词选句问题，沈家煊（2008）以"距离象似原则"分析句式选择的深层制约因素，陆丙甫、于赛男（2018）利用语言信息结构及语言结构效能的研究成果对消极修辞现象的分析，等等。这些探索不仅在方法论上对消极修辞的研究有启发意义，其研究成果对教材的编写也有借鉴价值。正如陆丙甫、于赛男（2018）文中所提到的"修辞研究，特别是消极修辞研究，也需要主动借鉴语法研究的成果。考虑到语法研究的蓬勃发展而修辞研究相对滞后，修辞研究对语法研究的借鉴，可能更为迫切"。[①] 这番话，对修辞教材的编写，同样有提示和警醒作用。

第五，练习的设计需要更具实用性和可操作性，便于学习者操练。比如针对不同语体的韵律词语搭配练习、句式变换练习、变换语体的句式替换练习等，要贴近学习者语言运用的实际需要，帮助学习者达到学以致用的目的。

四、结语

当前修辞学教材相较于语法教材数量少，针对性不足。适应不同学习者的多样性教材更是匮乏。在这个汉语国际教育蓬勃发展的时代，顺应当前的需求，编写针对高级水平留学生的教材是一项紧迫的任务。当然，强调建立以消极修辞为核心内容的修辞教学体系，并不是将积极修辞完全摒弃于对外汉语修辞教材之外，只是想说明积极修辞不应该是对外汉语修辞教学的核心内容，而且选择哪些积极修辞现象进行教授，在教学内容和重点的安排上与汉语为第一语言的学习者所学习的积极修辞内容有什么区别，也是需要进一步探讨的问题。

---

① 陆丙甫、于赛男（2018）消极修辞对象的一般化及效果数量化：从"的"的选用谈起，《当代修辞学》第5期。

参考文献

1. 叶爱（2019）也谈消极修辞效果的数量化：跟 Hawkins 的量化计算的比较，《当代修辞学》第 3 期。

2. 曹德和、王卫兵（2019）关于修辞审美的争议与辨析，《学术界》第 1 期。

3. 冯胜利（2018）《汉语语体语法概论》，北京语言大学出版社。

4. 陆丙甫、于赛男（2018）消极修辞对象的一般化及效果数量化：从"的"的选用谈起，《当代修辞学》第 5 期。

5. 马明艳（2017）汉语学习者书面语作文"口语化"倾向的语体表征，《汉语学习》第 1 期。

6. 李月梅、陈华（2016）论积极修辞与消极修辞的和谐——兼论"消极修辞"的理论基础意义，《贵州工程应用技术学院学报》第 6 期。

7. 郑远汉（2016）消极修辞论，《长江学术》第 1 期。

8. 陈望道（2015）《修辞学发凡》，复旦大学出版社。

9. 汲传波、刘芳芳（2015）留学生汉语书面语中的口语化倾向研究，《语言教学与研究》第 1 期。

10. 陆俭明（2015）消极修辞有开拓空间，《当代修辞学》第 1 期。

11. 陆俭明（2010）修辞的基础——语义和谐律，《当代修辞学》第 1 期。

12. 陆俭明（2008）关于汉语修辞研究的一点想法，《修辞学习》第 2 期。

13. 陆俭明（2008）汉语修辞研究深化的空间，《福建师范大学学报》第 2 期。

14. 沈家煊（2008）谈谈修辞学的发展取向，《修辞学习》第 2 期。

15. 国家对外汉语教学领导小组办公室编（2002）《高等学校外国留学生汉语言专业教学大纲》，北京语言大学出版社。

16. 赵金铭（1996）对外汉语语法教学的三个阶段及其教学主旨，《世界汉语教学》第 3 期。

从教材编写的角度谈中级汉语综合课练习题的设计

刘苏乔[*]

摘 要：练习的设计是教材编写的重要环节之一。语言能力的培养离不开练习，因此练习在语言习得过程中具有不可或缺或不可替代的作用。教材中的练习部分绝不是附属或点缀，从某种意义上说，教材的练习可以说是教材的重要组成部分。可见，练习的设计与编写在教材中具有举足轻重的地位。本文首先分析了在练习设计过程中应注意的几个原则性的问题，然后根据中级阶段的特点（从初级到高级的过渡阶段）从题型的设计（特别提出从口语到书面语的转换题型）、题量的多少以及课堂练习与课后练习等几个方面具体分析了中级汉语综合课教材中练习题的设计与编写，希望对新一代中级汉语教材的编写提供帮助。

关键词：对外汉语教材；中级汉语综合课；练习设计

---

[*] 刘苏乔，北京语言大学汉语国际教育学部汉语学院副教授。

一、引言

汉语作为第二语言教学的最终目的是培养学习者运用汉语进行交际的能力,教师教的是知识,学生练的是技能,语言不是"教"会的,而是"练"会的。"'教'的结果是'懂',而'练'的结果才是'会',从'懂'到'会'关键靠练习"(周健,2004)。"看一部教材编得好不好,除了看语料的选择、整体框架安排之外,主要看练习的编排"(李杨,1994)。通过练习,不但可以帮助学习者巩固所学的语言知识,还能使学习者将语言知识内化为语言能力,语言能力的培养离不开练习,因此练习在语言习得过程中具有不可或缺或不可替代的作用。教材中的练习部分绝不是附属或点缀,是教材编写的重要环节之一,从某种意义上说,教材的练习可以说是教材的重要组成部分。可见,练习的设计与编写在教材中具有举足轻重的地位。

二、练习题的设计应注意的问题

杨惠元(1997)曾在《论〈速成初级汉语教程〉的练习设计》中指出,新一代教材应该是一部精心编排的练习集,练习的设计应遵循为学生服务、为教师服务、为课堂教学服务、为技能训练服务的原则。

(一)体现阶段性特点

语言练习在不同阶段有不同的练习内容要求,练习的设计应该体现出阶段性的差异。中级阶段的汉语学习是学习者重要的过渡阶段,为了使学习者顺利过渡到高级阶段,这个阶段的学习尤为重要,这一点人们很容易明白,但容易忽视练习形式上的差异。而形式却往往会影响练习在难度、速度、数量、重点的实现程度。例如,造句练习是培养学生由认识生词到会用生词从而能读懂,特别是会成段表达成篇表达的重要过渡环节。从初级阶段开始到中级和高级阶段在语言训练中都占有十分重要的地位。除了(1)给词造句外,目前比较常用的还有:(2)整理句子;给若干顺序错乱的词语，要求按语法规则和语言习惯整理成正确的句子；（3）模仿造句，以课文中的某一句为例，要求用其中的关联词语造句；（4）用指定词语完成句子；（5）用指定词语回答问题；（6）改写句子，并与原句比较，说明二者差别与优劣。如原句为陈述句，要求改为问句（或双重否定句，或某种复句等）。

以上几种形式在练习的设计中都是常用而且有效的题型。其中题型（1）比较适用于初级阶段；题型（2）（3）（4）（5）在中级阶段用的较多，因为中级阶段已不再仅仅要求学习者用一个词语造一个孤零零的单句了，而开始注重学习者语感的培养，比较注重词与词、句与句之间的内在联系，以达到成段表达的目的；而题型（6）在高级阶段使用较多，高级阶段更注重复句教学以及语段和语篇的教学。

（二）体现课程特点

技能训练是所有语言课程的核心，不过，各种课程还有自身的教学目标。不同课程练习的设计应当体现本课程的特点，为实现该课程的目标服务。在语言教学中，技能训练的重点和语体风格的不同是设置不同课程的主要依据。教材的练习与水平测试（HSK）题的最大不同就在于练习内容、题型设计以及训练方法均体现了课型特点。语言课大体以分项技能听说读写译及综合技能设课。而每一项技能既存在本质差别又有着密切联系。从训练角度而言，分项技能的训练在个体言语活动作微观分解的基础上，多采用单项训练。像阅读技能训练课，练习主要是围绕正确理解内容、提高阅读速度的训练。听力口语课则要开动听觉器官进行训练，因而练习全部配有录音磁带。综合课练习题型最多，几乎包揽听、说、读、写及综合训练的全部形式，连细小的问题都应注意到。例如汉字不标音的特点使读写训练在某些方面有别于其他语种，因而到中级阶段还坚持做一些汉字读写方面的练习。中级汉语还突出成段表达能力的培养。因此，综合课的练习设计应体现出语言知识（包括语音、汉字、词汇、语法）和言语技能（包括听、说、读、写）各个方面的内容，丰富的练习内容正是由综合性主干课的性质所决定的。

(三) 体现出层次性

在教材编写过程中，设计练习题的类型应该是多种多样的。从不同的角度可以设计出不同的练习形式。从知识要素的角度可以分为语音、词汇、语法等练习；从技能的角度可以分为听、说、读、写、译等练习。从功能的角度可以分为模仿记忆型练习、联想创造型练习和任务交际型练习等。

无论哪一种练习形式，在顺序的编排上一定要遵循由易到难，以及"有控制—较少控制—无控制"的原则。我们认为练习的顺序编排既要照顾到教学内容的次序，也要考虑到认知的规律。从认知心理学理论出发，最佳训练方式应由浅入深、由近及远、从易到难，最先掌握的知识和技能应成为后面学习训练内容的认知基础，这样才能不断地扩充知识，增长技能。例如，一般将语音、汉字、词汇等方面的练习编排在前，而涉及句子、语段、语篇等方面的练习编排于后；有所控制的机械性或半机械性练习编排于前，而较少控制或无控制（自由表达）的交际性练习编排于后。

三 中级汉语综合课教材练习的设计

（一）题型

在练习题型设计方面，应该注意题型的固定性与多样化相结合，既要避免所有的练习形式一成不变、整齐划一，也要避免练习形式变幻莫测、没有贯穿始终的统一形式。我们认为练习题的设计应该既有贯穿全书的主干题型，又有针对每课具体教学内容的分散题型。

主干题型的设计应是体现综合课课型特点的，同时操作性较强的共核练习形式。例如：针对重点词语（包括重点虚词和部分重点实词）的练习主干题型可以设计为：（1）选词填空；（2）划线连词；（3）把词语填在句中恰当的位置；（4）组词成句等。针对语法点的练习主干题型可以设计为：（5）用指定词语完成句子（或对话）；（6）用指定词语回答问题；（7）判断句子正误；（8）模仿造句等。针对课文内容的练习主干题型可以设计为：（9）理解课文后回答问题；（10）理解课文后用所给词语说一段话或写一段话；（11）根据课文的话题进行讨论、辩论等。

针对每课不同的教学内容而设计的分散型练习形式宜丰富多样、富于变化，使学生做每课的练习时都有新鲜感。

题型设计方面需要注意的问题还有很多，诸如机械训练与灵活运用题、主观题与客观题、单项题与综合题、个人题与互动题等都要统筹安排、全面考虑。

（二）题量

赵金铭（1997）《对外汉语教材创新略论》一文中指出："……要达到我们预期的教学目的，使学生能将所学到的语言知识转换成与语言技能，只有通过大量的练习才能完成，……练习的量要足够……"我们认为提供足量的练习对于学生把汉语的规则知识转化为汉语的表达技能起着关键性作用。语言教学需要以强化作为手段，在增加语言输入量的同时，必须进行大运动量的练习。因此，题多量大已经成为新型教材的标志。从20世纪70、80年代到90年代直至本世纪初，教材练习量一直呈递增变化趋势。例如，从《实用汉语课本》到《新实用汉语课本》、从《中级汉语教程》到《桥梁——实用汉语中级教程》，新编教材的课后练习量都比以前大大增加了。

当然，各种教材对练习量的把握差别较大，一般来说与不同课型的上课时数成正比，总的说来，综合课教材的练习量较多。当然，练习的量也不是越多越好，超量、过多的话，会使学生不堪重负，产生畏难情绪，反而会挫伤他们的学习积极性。根据外语学习心理学中巩固与遗忘理论和长期的教学实践经验，我们认为综合课课后练习所用时间与课堂教学所用时间的比率保持在1：1左右的水平比较适宜。也就是说，如果我们的课堂教学时间为100分钟的话，那么每次给学生留的作业量用时也以不超过100分钟为宜。

（三）配套练习册

我们一直在强调，练习的设计要注意覆盖全面的教学内容，练习的形式要多种多样，练习的量要足够，那么，这么多丰富多彩的涵盖语音、词汇、语法、阅读、综合运用等多个方面各种题型的练习不能一股脑儿都编排在学生课本上，为了方便教师的教学和学生的学习，我们应该把练习分为课堂练习和课后练习两部分。课堂练习编在课本中，课后练习编排在学生练习册中（独立编辑成册），练习册与课本配套使用，可以做成活页形式或者根据单数课和双数课设计成 AB 两本练习册，以便于教师交替批改。这样既方便了学生又方便了教师，可谓一举两得。

课堂练习的题型应为那些需要即时复习巩固的、能对课堂教学效果获得及时反馈的那部分内容。其练习形式应该便于师生之间、生生之间开展交际活动，不需要长时间考虑的、适合于教师在课堂上进行的练习形式。比如一些朗读、划线连词、词语搭配、情景表达、填空、选择、判断等这样的练习都是必须在教师指导下完成的，所以最好都集中在课堂上做；另外，一些针对重点词语和语言点编写的不需要时间准备的完成句子或对话等也很适合在课堂上完成；然而由于课堂教学的时间毕竟有限，不大可能针对每一个学生的不同需求进行充分的训练，因此大量的知识巩固与技能训练需要安排在课后进行。像模仿造句、整理句子（连词成句）、给句子排序（语段练习）以及一些较为复杂的用指定词语完成句子、用指定词语回答问题、根据要求写一段话等书面练习题型，或由于所需的时间较长，或由于学生的答案和可能出现的问题千差万别，最好是作为课后练习，留做课后作业，便于教师逐个批改。

四、结语

总之，中级汉语综合课教材练习的设计和编排不能过于随意，一味因袭传统样式，仅凭个人的教学经验是远远不够的，必须建立在对汉语习得研究的基础上，深入研究本课程的教学目标和练习的有效性，设计出符合课程特点的、有效的练习形式。近年来，对外汉语教学界在学习策略、习得顺序、认知心理、中介语和偏误分析等领域都取得比较可观的研究成果，我们在编写教材时应当积极借鉴和吸收这些的成果，以不断提高练习的编排和设计质量。

参考文献

1. 邓恩明（1998）编写对外汉语教材的心理学思考，《语言文字应用》第2期。
2. 李绍林（2003）对外汉语教材练习编写的思考，《云南师范大学学报》第1期。
3. 李杨（1994）练习编排的基本原则，《对外汉语教学中高级课程习题》序言，北京大学出版社。
4. 李越常（1998）语言学理论运用于教材练习编写尝试，《外国语》第2期。
5. 刘珣（2003）为新世纪编写的《新实用汉语课本》，《暨南大学华文学院学报》第2期。
6. 杨惠元（1997）论《速成汉语初级教程》的练习设计，《语言教学与研究》第3期。
7. 赵金铭（1997）对外汉语教材创新略论，《世界汉语教学》第2期。
8. 周建、唐玲（2004）对汉语教材的练习设计的考察与思考，《语言教学与研究》第4期。
9. 周小兵、赵新（1999）中级汉语精读教材的现状与新型教材的编写，《汉语学习》第1期。

"讲好中国故事"语境下的新闻教材选编

于 洁[**]

摘 要：对外汉语教学不仅只是语言推广，一定程度上也肩负着向世界讲好中国故事的重任。新闻课程是来华留学生认识中国的重要渠道之一，其教材中素材选编得得当与否直接影响到留学生对中国形象的建构。立足于"讲好中国故事，传播好中国声音"，对外汉语新闻教材的素材选取应该遵循以正面形象为主、以小故事为主、以当代中国为主以及以中国报道为主四项原则，并对素材进行必要的后期加工。

关键词：讲好中国故事；对外汉语；新闻教材；选编

引言

习近平在全国宣传思想工作会议上多次强调，要精心做好对外宣传工

---

[*] 本成果为北京语言大学院级科研项目（中央高校基本科研业务专项资金资助），项目编号为18YJ080105。
[**] 于洁，北京语言大学汉语国际教育学部汉语学院讲师。

作，创新对外宣传方式，着力打造融通中外的新概念新范畴新表述，讲好中国故事，传播好中国声音。因此，作为留学生汉语教育重阵的国内高校应该把握大局，认识到"对外汉语教学不只是推广和传播语言，更重要的是以汉语为载体，以教学为媒介，以中华文化和当代中国现状为主要内容，把汉语和中华文化、真实的中国故事一起推向世界"（樊文，2017：011）。

汉语新闻系列课程是留学生与中国距离最近的课程，通过该课的学习留学生除了获得汉语听、说、读等语言能力外，还可以通过教材内容、教师讲解获得并构建起对中国形象的认识。也就是说，学生对中国形象的认识与判断在一定程度上取决于教材提供了什么样的素材，因此，新闻教材的选材与处理须编写者妥善对待。

一、汉语新闻素材的选取原则

如果说针对性、科学性、实用性、趣味性原则是从语言学习的角度对汉语教材提出的编写原则，那么，从新闻传播的角度看，如果要向留学生讲好中国故事，汉语新闻教材的编写则应遵循以正面故事为主、以小故事为主、以当代故事为主和以中国媒体报道为主等四项原则。

（一）以正面故事为主

美国著名国际政治学者汉斯·摩根索曾经说过，"别人对我们的看法同我们的实际情形一样重要。正是我们在他人'心镜'中的形象，而不是我们本来的样子，决定了我们在社会中的身份和地位"（Hans J. Morgenthau，2005：84）。因此，"中国故事讲得是否成功，关键要看外部世界的心目中是否形成了关于我们所期望的中国的形象"（徐占忱，2014：22）。

我们所期望的中国形象应该是什么样的呢？陶德臣认为，"现阶段的中国国家正面形象塑造，应尽力向世人展示三种形象：看到当代中国民主、法治、繁荣、进步的现代国家形象；充满自信、雍容大度、平等待人的中华民族形象；历史悠久、文化积淀深厚且不断创新、充满活力的中华文明形象"（陶德臣，2016：34）。其投射在对外汉语教材中，则要求"汉语教材中选取的中国故事应当是塑造正面形象的、有积极进步意义的"（王帅，2018：34）。汉语新闻教材在这方面也不例外，比如《智慧交通，改变的不只是出行方式》（《科技日报》2018年3月8日）、《生逢其时的"一带一路"》（《人民日报海外版》，2015年5月14日）、《当春节遇上互联网：是坚守传统，还是做出变革》（《光明日报》2017年1月26日）等。

汉语新闻教材坚持以正面故事为主固然重要，但从新闻传播学角度来看，长期的单一的正面报道不仅会让人产生审美疲劳，同时也可能让新闻受众对媒体产生不信任感。对于留学生来说，千篇一律的报喜不报忧的报道很容易使其产生逆反心理，并可能进而质疑中国新闻报道的真实性，毕竟中国发展虽然迅速，但却不完美。因此，"报忧"类的新闻不是绝对不能进入汉语新闻教材，只是立场要明确，态度要积极，位置要适当。

以对中国雾霾的报道为例。有些文章呈现出明显的消极倾向，在一些社交平台上甚至出现了诸如《雾霾因内含硫酸铵，杀伤力堪比当年伦敦大雾》的"谣言"；有些新闻则从科学的角度向公众介绍了雾霾的来源与形成，以减少公众因认识不足而导致的恐慌情绪，如《中外科学家合作揭秘雾霾来源和形成机制》（中国科技网，2018年8月8日）。跟前者"唯恐天下不乱"的立场相比，后者立场更加健康，态度更加积极。

值得注意的是，汉语新闻教材的主课文必须为正面故事的报道，而用于泛读、泛听的副课文则可以正负兼用，且以正面报道为主。这样既能通过教材内容向留学生展示出中国的正面形象，又能防止学生质疑中国报道的真实性。

（二）以小故事为主

讲好中国故事的"历史动力在于几千年中华文化的博大精深和有容乃大，其时代动力在于中华民族伟大复兴的梦想，这两者都是人类历史上从未有过的波澜壮阔的伟大事件"（叶枝梅，2016：43）。故此，"讲好中国故事"理应讲中国发生的大事，讲中国崛起的伟大历史进程以及中国所取得的巨大成就，讲中华崛起的伟大"中国梦"，讲中国对世界和平与发展做出的巨大贡献，比如中国发起的"一带一路"倡议、习近平在国际会议上发表的主旨演讲等。

"大故事"帮助留学生建立起他们对中国的宏观认识，为读懂中国"小故事"确定好基调和方向，但"大故事"过多也会导致汉语新闻教材的内容过于空洞。因此，"小故事"不仅是必要的，而且要占绝对优势。所谓"小故事"，"最重要的是要讲小人物的故事，讲小人物、普通人的梦想、追求与奋斗，讲普通人的爱情、生活与家庭，以及由此体现的感人经历与内在不懈追求的精神"（叶枝梅，2016：43）。"小故事"是从普通民众的视角讲述个体人物故事，所以，它能够有效地规避留学生对中国文化产生的异文化压迫感，消除"文化拒斥"，从而更易获得留学生的认同和接受。此外，汉语新闻教材以"小故事"为主，也符合留学生的学习需求——一项面向留学生的新闻话题调查[①]显示，生动鲜活的百姓生活、人物故事更受留学生关注，国家大事的关注者则比较少。

值得注意的是，汉语新闻教材所选择的"小故事"应具有"大价值"。以肖立编著的《新闻语言基础》中的《进城打工》一文为例。该文以农民工吴彩霞为报道对象，折射出来的却是她背后成千上万中国农民工：进城务工的原因、务工的经历、报酬的获得、未来的打算。"小故事"应具"大价值"，换句话说，就是要求留学生能够通过"小故事"以小见大。

（三）以当代中国为主

"讲中国故事"要注重传统中国与现代中国的平衡，"既要介绍中国历史的、文化的形象，又要弘扬当代中国积极、正能量成份"（叶枝梅，2016：41）。新闻教材的使命之一是使留学生了解当代中国国情，这就决定了在选取新闻素材时应以中国当代的发展与形象塑造为主，比如中国的"新四大发明"等。

中华优秀传统文化是中华民族的精神命脉，是涵养社会主义核心价值观的重要源泉，也是我们在世界文化激荡中站稳脚跟的坚实根基。因此，新闻教材应适当地向留学生展示好中国历史悠久、文化积淀深厚且不断创新、充满活力的中华文明形象。在传统题材的选取上应该注意以下几点：

---

① 北京语言大学汉语学院传媒教研室于 2018 年面向本院中高级阶段的 120 名留学生进行了一次关于新闻学习兴趣的调查。

（1）"说古"是为了"论今"，不能就古论古。以《中国传统文化的价值追求》一文为例。该文探讨的虽然是中国传统价值观，但落脚点却在当下，即传统价值观在当代是否还有意义的问题。显然，文章不仅让留学生了解到了中国传统文化的博大精深，又引发留学生思考传统价值观对当下中国社会的影响。（2）应与学生能力适配。传统题材的文章一般难度大，文化背景多，因此这类题材的文章适合置于汉语学习的高级阶段（三、四年级）。

（四）以中国报道为主

新闻是对事实的报道，也就是说，事实本身并不是新闻，而只有被媒体报道后才是新闻。然而新闻又是观念的产物，因此对于同一个新闻事件，不同媒体的报道很容易出现"横看成岭侧成峰"的情况。以中国的"计划生育"政策为例。中国媒体对"计划生育"政策主要从"人口与社会"的关系去阐述政策的必要性与重要性，而西方媒体则很可能会以此为依据批评中国对个人生育权的践踏。因此，"讲好中国故事"，中国媒体才是渠道主战场。

与此同时，汉语新闻教材也应选入少量的外国媒体报道。一方面，外国媒体对中国的报道并非与中国完全对立，这为汉语新闻教材选择外国媒体报道提供了可能性。刘新鑫、陈骁男在《负面消息的国际再传播——以BBC关于北京雾霾报道为例》一文中指出，"BBC对于北京雾霾的关注点并不在于批评或责备北京污染治理的无力，而多是集中于对北京雾霾客观情况的报道。这与我们通常认为的外媒对北京雾霾报道多为负面的判断不符"（刘新鑫、陈骁男，2015：35）。另一方面，汉语新闻教材完全取材于中国媒体报道，虽然立场正确，但由于新闻来源过于单一，难免使留学生对中国的新闻报道产生各种质疑。而少量的外国媒体报道，既可以丰富教材的内容，开阔学生的视野，又可以打消留学生对中国媒体"一家之言"报道的各种质疑。如《外媒：中国治理雾霾的努力不会停　直到天空再次变蓝》（中国网，2017年3月15日）一文便汇总了包括新加坡、日本、英国、美国等海外多家媒体对中国雾霾进行的客观报道，既扩大了留学生的知识视野，又打消了他们对中国媒体"一家之言"的质疑。在这方面，肖立主编的《新闻语言基础》处理得比较得当。值得强调的是，外国媒体的报道一定要客观，至少不能跟中国官方立场相对立。

由此可见，汉语新闻教材的新闻素材应以正面故事为主，正负兼顾；应以小故事为主，小大兼顾；应以当代中国为主，今古兼顾；应以中国报道为主，内外兼顾。唯有如此，才是以一种留学生容易接受的方式向他们讲好中国故事，中国故事的讲述也才是成功的。

二、汉语新闻素材的加工策略

在对外汉语教材编写原则的指导下，新闻素材经过步步筛选最终进入教材编写者的视野。然而，媒体新闻是否可以直接作为汉语新闻教材的课文呢？这里首先需要厘清两个概念：媒体新闻和教学新闻。媒体新闻是指报纸、电台、电视台、互联网等媒体经常使用的记录社会、传播信息、反映时代的一种文体，而教学新闻是指用于教学用途的新闻。教学新闻来源于媒体新闻，但首先要满足教学方面的需要。

一篇媒体新闻是否需要后期加工，主要有两方面的考虑：一是从语言角度考虑媒体新闻的语言难度与留学生汉语水平是否适配；二是从新闻传播角度考虑媒体新闻的内容是否符合留学生这一特殊的受众群体。本文重点从"讲好中国故事"角度探求如何对新闻素材进行后期加工，即后者。

（一）哪些内容需要加工

1. 敏感词语

"一般说来，汉语教学中的'敏感问题'多是跟中国的国家利益密切相关的，即国际关系中的敏感问题。也有一些跟公共权力部门敏感问题有关"（杨福亮，2009：320）。对于敏感话题，教材编写者一般采取主动回避的策略。例如，在《中国人婚姻状况 65 年巨变》中有这样一句话："红配红，黑找黑，也不乏主动或被动攀高枝的"。其中的"红""黑"都属于带有政治色彩的文化词，"红"象征革命或政治觉悟高，"黑"则与之相反。为了防止非洲学生"对号入座"，因此汉语新闻教材的编写者应对

"黑找黑"进行"脱敏"处理。

2. 贬低他国之嫌

媒体立场的差异往往会导致新闻报道的倾向性出现差异。具体来说，肯定中国所取得的成绩并无不妥，但过分褒扬自己或者贬低他人则不符合教学新闻的要求，编写者应对此进行妥善处理，以免引起相关国家留学生的反感。例如，在《外媒：中国高铁领跑全球》（央视网，2014年8月26日）一文中提到"中国高铁列车的运行时速普遍在125英里（约200公里）至190英里（约300公里）之间，有的将近220英里（约350公里），而上海磁悬浮列车的测试时速更是高达311英里（约500公里），这条往返于上海市区和浦东国际机场的线路通常的运行时速也有270英里（约430公里）。相比之下，美国在这方面望尘莫及：美国唯一的高铁是从华盛顿至波士顿的阿西乐特快，最高时速为150英里（约240公里），但如果把停站时间计算在内，平均时速通常只有70英里（约110公里）"。即使该段文字出自美国有线电视新闻网（CNN），但"央视网"的阅读人群主要是中国人，因此过于具体地展示美国高铁"低速"也有可能会激起留学生尤其是美国留学生的不满。类似这种可能存在贬低他国之嫌的内容需要教材编写者进行适当的处理。

3. 对内的宣传成分

新闻传播的是消息，宣传传播的是观念。一直以来，中国媒体对内新闻报道都带有很大的宣传性，如果新闻教材编写者不加区别地把带有宣传水分的对内新闻原汁原味地呈现给留学生，那么这些带有意识形态意味的大政方针不仅得不到学生的认可，还可能会因此得到对方负面的评价，因为"国外公众更希望得到的是与人们生活密切相关的信息，而不是别国意识形态的宣传"（姚旭，2017：80）。因此，教材编写者在对媒体新闻进加工时，一定要做"去宣传化"处理，挤出其中的"宣传"水分。

（二）如何进行加工

如何对敏感词语或事件"脱敏"？如何对"夸大之辞"进行客观表述？如何对宣传水分进行"去宣传化"？汉语新闻教材编写者经常采用的两种方法是"删"和"改"。

1. "删"

对于媒体新闻中存在的"敏感词语或事件""贬低他人之嫌""宣传成分多"等情况，教材编写者一般采取"删"的办法。仍以《外媒：中国高铁领跑全球》为例。全文重点报道的是中国的高铁成就，因此对于美国铁路的发展如何，留学生知道"美国在这方面望尘莫及"这一结论就足够了。至于差距有多大，教材不必明说。因此，对于这种有可能贬低他人的内容，编写者将"美国唯一的高铁是从华盛顿至波士顿的阿西乐特快，最高时速为150英里（约240公里），但如果把停站时间计算在内，平均时速通常只有70英里（约110公里）"删去即可。

2. "改"

这里的"改"包括两种情况：一是对媒体新闻中的敏感词语直接进行词语替换或修改。仍以《中国人婚姻状况65年巨变》为例。在"红配红，黑找黑，也不乏主动或被动攀高枝的"这句话中，"红"与"黑"都属于文化词，因此教材编写者可以把"红配红，黑配黑"替换为"政治觉悟相匹配"，来避免敏感词"黑"的出现。二是原新闻内容自成一篇，但经过删减后（往往是出于"脱敏""去贬低之嫌"以及"去宣传化"的需要）的语言或文章思路难免会出现"断片儿"的情况，因此，教材编写者往往要对删除之后余下的部分进行内容上与语言上的圆场，使删减后的文章仍然可以自圆其说。

结语

汉语新闻系列课程"不仅仅是一门语言技能训练课，它还是一门文化知识的传播课，报刊文章主题多样，囊括了中国社会的方方面面，承载着丰富的中国文化内涵，是获取中国信息、解读中国社会、诠释中国文化的重要窗口"（朱波，2008：36）。因此，编写者应该充分认识到汉语新闻教材的"窗口"意义，全方位地向留学生展示好中国形象，使之成为知华、友华的桥梁人才。

参考文献

1. 樊文（2017）汝淑媛：汉语教学不只是传播语言，更是讲好"中国故事"，《国际出版周报》11 月 27 日。

2. 刘新鑫、陈骁男（2015）负面消息的国际于传播——以 BBC 关于北京雾霾报道为例，《对外传播》第 8 期。

3. 陶德臣（2016）精心讲好中国故事，《唯实》第 7 期。

4. 王帅（2018）国际汉语教师如何讲好中国故事，《对外传播》第 2 期。

5. 肖立（2005）《新闻语言基础》，北京大学出版社。

6. 徐占忱（2014）讲好中国故事的现实困难与破解之策，《社会主义研究》第 3 期。

7. 杨福亮（2009）汉语教学中的"敏感问题"及应对策略，《三峡大学学报（人文社会科学版）》第 S1 期。

8. 姚旭（2017）讲好中国故事塑造国家形象，《新闻爱好者》第 2 期。

9. 叶枝梅（2016）浅析对外交流如何讲好中国故事，《现代国际关系》第 9 期。

10. 朱波（2008）对外汉语报刊阅读课程与中国国际形象传播，《云南师范大学学报（对外汉语教学与研究版）》第 6 期。

11. Hans J. Morgenthau（2005）Politics among Nations：The Struggle of Power and Peace，北京大学出版社。

留学生"微观经济学原理"课程的教材使用问题浅析[*]

王 琳[**]

摘 要：微观经济学是经贸方向本科生必修的专业基础课程之一，主要讲授市场经济条件下，资源优化配置的基本概念、基本理论和基本方法及相关的经济政策。目前使用的教材是以《微观经济学原理》（曼昆著，北京大学出版社）为基础由苏育平老师自编的讲义。与其他经济学教材相比，曼昆教材最大的优点是它以学生为导向，更多强调的是经济学原理的应用和政策分析，而不是正式的经济学模型。对于数学基础较差的留学生，该教材的优势非常明显。但由于三年级学生刚刚进入经贸专业，仍然存在一些语言学习的障碍，如何利用该教材的优势与汉语教学进行结合成为一个难点。针对这个问题，建议重点从排除经济学专业词汇障碍、注重培养经济学思考方式、增加中国经济社会案例三个方面，增强留学生使用专业经济学理论知识解决现实经济生活问题的能力，为将来从事经济、管理、贸易等方面的实际工作奠定良好的经济学理论基础。

---

[*] 本成果为北京语言大学院级科研项目（中央高校基本科研业务专项资金资助），项目编号为18YJ080108。

[**] 王琳，北京语言大学汉语国际教育学部汉语学院副教授。

关键词：微观经济学；留学生；教材

一、课程定位

在经济类本科教育阶段，经济学原理课程分为微观经济学和宏观经济学两个部分，分为三上和三下两个学期分别进行。《微观经济学原理》可以说是进入经贸方向的留学生学习到的第一门专业基础理论课，这门课程对培养留学生经济学思维以及后续一些经济学课程的学习具有重要意义。

对于国际经济与贸易等经济类专业的学生，《微观经济学原理》这门课侧重理论分析，并将经济学的分析方法和思维模式作为学习国际经济学、国际贸易理论等其他专业理论课程的工具和基础。而对于我们学院的留学生，由于生源特点和培养目标不同，如果也将课程定位为经济理论分析和经济学思维培养，不仅会在教学中造成很大的困扰（其中既有学生的，也有教师的困扰），而且和我院汉语言专业培养的目标也不相符。因此汉语学院留学生《微观经济学原理》这门课程，应定位于提高经济专业语言的表达，培养学生经济学的思维和分析经济事件的能力，学习经济学基本知识。具体来讲，就是使学生能在未来的工作中，准确使用专业词汇，并根据所学的经济学基本知识，准确判断形势，做出理性的选择。

二、课程特点

《微观经济学》主要讲授市场经济条件下，资源优化配置的基本概念、基本理论、基本方法及相关的经济政策。它的研究对象是个体，具体来说就是研究一个家庭、一个企业、一种产品的经济行为。这门课程的特点十分鲜明，主要表现在以下四个方面：

1. 理论比较抽象。经济学的基本规律属于社会科学，不像自然科学那样可以在实验室内再现，比如在课程中广泛使用的弹性（一个变量的变化引起另一个变量的变化程度)这一概念,学生在学习过程中就比较难理解;再比如微观经济学最基本的供求定理,商品供不应求(短缺)价格就会上涨,商品供过于求(过剩)价格就会下跌,这一定理就是通过观察显示生活中的现象得出的结论。上周我们参加中高级汉语教学研讨会,也听取了其他学院教师介绍高年级经贸课程的教学经验,我们几位教师的感受是,其他学院学生的一个优势是有不少学生有工作经验,学习比较有主动性。而目前咱们汉语学院高年级的学生大多无工作经验,学生缺乏社会实践经验和基本的常识,较难理解经济学理论。

2. 图形较多且复杂。微观经济学理论研究主要以定量分析为主,经常借用坐标图来形象直观地再现,同时为了便于分析,往往设定一些假设条件,以使分析变得更集中。这对学生来说理解起来不太容易。

3. 数学知识运用频繁。在经济类专业的本科教学中,经济学数学化早已成为一种趋势。在微观经济理论中,许多经济理论的得出都是通过数学推导得来的。而对于数学知识掌握一般且缺乏应用能力的学生来说,掌握这些知识也有一定的难度。

4. 专业术语多。理解和记忆常用专业术语对学好微观经济学是非常重要的。以曼昆教材为例,全书共计164个专业术语,要求留学生在16周时间内全部理解掌握,难度很大。不少学生存在心里明白意思、但是不能准确表述的问题。这些专业术语的掌握程度,不仅对这门课本身很重要,对于接下来其他经济学专业课程的学习也是重要的基础。

表21—1 曼昆教材第一章部分专业术语

稀缺性	scarcity	激励	incentive
效率	efficiency	市场经济	market economy
平等	equality	产权	property rights
机会成本	opportunity cost	市场失灵	market failure
理性人	rational people	外部性	externality
边际变动	marginal change	市场势力	market power
生产率	productivity	经济周期	business cycle

资料来源:曼昆著:《经济学原理:微观经济学分册》。

三、教材选择

从学理上讲，微观经济学的教学体系应该分为初级、中级、高级三个层次，每个层次的教学目的不同、教学内容也不同。初级微观经济学课程的教学对象是尚未具备任何经济学知识的学生，大致对应国内大学经济类专业的一年级。汉语学院留学生本科《微观经济学》的教学难度程度属于初级。对于留学生教学而言，与我国本国中文教材相比，比如高鸿业的《西方经济学——微观部分》，外版教材中译本的优势十分明显。首先，外版教材在全球有多种语言版本（中英日韩俄），学生可通过自己母语版本教材进行预习，之后再学习中文版的《微观经济学原理》，会有很大的帮助。其次，受到思维方式影响，中文版教材语言更加简洁，但同时也更加抽象，对学生的悟性要求比较高，侧重理论阐述；而外版教材内容详细，现实经济生活中的例子比较多，更适合外国留学生初学者。

在众多微观经济学教材译本中，常见的属于初级层次的就有9种。

表 21—2　常见初级微观经济学外版教材

作者	中译本书名	最新版本	出版社
萨缪尔森、诺德豪斯	微观经济学	第18版	人民邮电
斯蒂格利茨、沃尔什	经济学（上册）	第4版	中国人民大学
曼昆	经济学原理（微观经济学分册）	第7版	北京大学
克鲁格曼、韦尔斯	微观经济学原理	第1版	中国人民大学
弗兰克、伯南克	微观经济学原理	第4版	清华大学
泰勒、威拉帕纳	微观经济学原理	第6版	清华大学
哈伯德、奥布赖恩	经济学（微观经济学分册）	第1版	机械工业
凯斯、菲尔	经济学原理（上册）	第6版	清华大学
帕金	微观经济学	第8版	人民邮电

资料来源：曼昆著：《经济学原理：微观经济学分册》。

目前我们正在使用的教材是以《微观经济学原理》（曼昆著，北京大学出版社），由著名经济学家梁小民翻译，同时为了便于留学生学习，汉语学院的前辈苏育平老师以该教材为基础自编了讲义。与其他经济学教材相比，曼昆教材最大的优点是通俗易懂，它以学生为导向，更多强调的是经济学原理的应用和政策分析，而不是正式的经济学模型。再加上译者有很高的水平，极大程度上避免了由于翻译不当产生的语言问题。好的教材对于调动学生的积极性起着至关重要的作用。曼昆教材为微观经济学教学提供了一个很好的平台，但是在具体教学过程中，由于留学生的生源特点，教材的使用方面仍然存在一些问题。

四、教材使用

（一）教学的重点是排除经济学专业词汇障碍

进入三年上经贸方向的留学生，有不少学生是第一次接触经济学专业词汇。在刚开始的第一个月，词汇学习是重点。这是与中国学生教学最大差别，任课教师必须有足够的耐心，语言表达要简单、准确、易懂，从最基本的供给、需求、稀缺性、机会成本慢慢讲起。笔者在课堂采用的一个方法是，将学过的专业术语制作成卡片，让一位学生试着用汉语解释，其他同学来猜这个术语是什么，既可以增强课堂趣味，也可以帮助学生复习记忆专业术语。但是一门课的时间毕竟是有限的，学生水平的提高与各门课程教师的共同努力是密不可分的。我们经贸系各位教师经常在课下进行交流讨论，比如讨论一下各个学生汉语水平、学习难点等等，对在《微观经济学》、《国际贸易实务》课程中学到的专业术语和知识，在其他语言课中，比如经贸洽谈课谈判中，在综合课的造句、作文中，教师会鼓励和督促学生学以致用，这样才能提高整体的教学水平。

由于微观经济学内容庞杂，在授课过程中要对教材内容有所取舍。针对留学生数学基础较差的特点，在教学过程中尽量避免或少使用复杂的数学工具和模型，把教学重点放在留学生对语言的表达和知识的理解上。

（二）提高课堂学习效率

在这里，学习效率分为两个方面：一是学生听课的整体效率；二是学生个体的学习效率。

在教学方法上，微观经济学传统的教学方法基本采取教师讲述、学生学习的模式。这种授课方式固然可以将各种经济理论的核心内容展现给学生，但由于这些内容本身枯燥，就会导致学生的课堂听课效率下降。每堂课 50 分钟，学生很难保证在全部的时间都集中精力。因此，可以学习微课程的做法，将教学重点分成几段，每一段的教学时间缩短，内容尽量短小精悍。在讲解重点内容后，增加"即问即答"的环节，增加与学生的互动。一方面，可以锻炼学生语言表达和分析问题的能力；另一方面通过回答较为简单的问题，学生可以增强学习的信心和兴趣，提高上课的效率。

此外曼昆教材的练习题，除了"即问即答"，还有"复习题"和"问题与应用"两个板块，其中"即问即答"难度最小，客观题比例较高；"问题与应用"难度较大，对分析能力和语言表达要求较高。目前，高年级留学生教学中一个比较难解决的问题是学生水平差距很大，存在差学生听不懂、好学生没得听的现象。根据学生不同层次，可以对基础较差的学生进行更多"即问即答"的练习，而"问题与应用"则可以满足水平较高学生的需求，这样有利于提高学生个体的学习效率。

（三）加入更多中国元素

中国的经济发展受到全世界的瞩目，也是留学生来华学习的根本动力。现代经济学中的许多理论和著作都来源于西方国家，这些理论和著作的创作背景都是基于西方的社会经济发展，曼昆教材中出现的案例和练习题，分析也大多是源自美国，比如查找阅读指定的英文网站、报纸和杂志，根据收集的经济信息思考并回答问题。在留学生教学中需要更多的体现汉语言教学的特点，在课程中加入更多中国元素，在选择案例时尽量选取近期发生的、与中国经济贴近的案例，或者指导学生查找阅读中文的网站、报纸和杂志，然后展开讨论。

此外，经贸方向的学生的课程中，经常会设置一些情景。例如让学生在学习第 13 章企业成本时，可以把将情景设置为在五道口附近自己经营一家蛋糕店，让学生自己分析企业的成本有哪些？成本大约多少？哪些是固定成本？哪些是可变成本等等。这样的情景设置比较贴近留学生的生活，可以更好地锻炼学生的实践能力。

（四）培养开放思维

不少留学生，特别是一些韩国学生，在知识课的学习中经常要求教师给标准答案，甚至是主观应用分析题，也要求统一的标准答案。与中国学生一样，这些学生缺乏多元、开放思维，对于讨论分析题，能积极主动发言的比较少。教师应该告诉学生，很多现实经济问题存在多种解决途径，方法不是唯一的，各有所长。比如在课程中讨论从经济学的角度解释如何才能减少吸烟者的数量？第一种方法，提高香烟的税收；第二种方法出台限制吸烟的政策。这两种方法哪种更有效，并没有唯一正确的答案。学生可以运用所学的影响需求的因素和需求价格弹性的基本理论，进行分析讨论，在此过程中提高汉语表达水平和分析问题能力。

四
技术创新与汉语教学资源开发和利用

互联网+时代的商务汉语学习需求调查分析[*]

冯传强[**]

摘 要： 随着网络技术和移动互联网的快速发展，各种线上或移动终端的教学、学习模式不断涌现，成为了教育界的研究和实践热点。本文以学习需求理论为指导，以北京地区学习商务汉语的美国、韩国、哈萨克斯坦的来华留学生为调查对象，结合访谈形式，共收集3个国家243份关于商务汉语学习需求的调查问卷，问卷包括商务汉语学习基本情况、课程设置、教材、教学方法、教师、商务实践活动等6个方面，在统计调查结果的基础上分析了目前商务汉语教学中存在的问题，最后提出了有针对性地提高留学生的内在驱动力、改善教材、更新教学模式和研发移动学习终端App及完善BCT考试等建议，以期让商务汉语教学能够更好地满足学生的学习需求，也为商务汉语教学未来的发展提供参考和借鉴。

关键词： 美韩哈留学生；商务汉语；学习需求

---

[*] 本成果受北京语言大学院级项目（项目编号：401190280）和翻转课堂教改项目（项目编号：FZ201901）资助。
[**] 冯传强，北京语言大学汉语国际教育学部汉语学院讲师。

引言

随着中国国际化进程的加速,近年来,中国经贸出口位居世界第二,进口位居世界第一。因此,世界各国都越来越关注中国文化和中国语言,全球范围内掀起了学习汉语的热潮。这种热潮也体现在跨国公司、外资企业等对能使用商务汉语进行贸易活动的人才的需求上。近年来,韩国、美国来华学习商务汉语的留学生人数整体呈增长趋势,连续几年都排名生源国前两位。随着"一带一路"战略的提出,"一带一路"沿线国家已经成为来华留学的发力点,在排名前10的生源国家中,印度、巴基斯坦和哈萨克斯坦留学生的同比增长率都超过了10%。[①]

与时代发展的大潮相适应,近年来,国内的商务汉语教学的发展势头良好。国内很多高校都设置了商务汉语类的课程。以北京高校为例,北京语言大学最早于1996年在汉语言本科专业中设置了经贸汉语方向,对外经贸大学、北京师范大学也陆续开设了相应的方向,学习商务汉语的留学生也日益增加。伴随商务汉语学习需求的不断增长,学习者对商务汉语教材的编写、教学方法的改进、教学手段的更新等都提出了更高的要求。同时,随着"互联网+"时代的到来,各种线上教学方式和移动学习终端App也成为近期教育界的研究热点。基于此,我们特对来自美国、韩国和哈萨克斯坦国家的留学生进行了问卷调查,在了解三国学习者学习商务汉语的基本情况之后,结合调查结果分析目前商务汉语教学中存在的问题,并提出相应的建议,以期能够为国内高校在"互联网+"时代更好地开展商务汉语的教学提供参考和帮助。

一、基本理论与研究背景

(一)商务汉语的界定

商务汉语指在商务活动中专门使用的汉语,是人们从事商务活动的产

[①] 根据教育部官网2016年度我国来华留学生情况统计整理。

物，是商务活动对语言需求的结果。张黎认为"商务汉语是为从事跨语言商务交际活动及相关活动的人员在商务工作和日常生活中所使用的汉语"。① 所以，商务汉语是一种专用汉语，与基础汉语相比，不但具有一定的专业性，同时具有一定的交际性。但是与一般的金融、贸易、经济学等专业学科相比，商务汉语中涉及的商务用语程度较低，其功能主要体现在以商务活动为基础的交际行为中。

目前，中国很多高校都开设了商务汉语课程，有的高校是通过设立专门的汉语言经贸专业来系统地学习商务汉语，有的高校是在相关经济类、贸易类、金融类专业中，专门针对留学生开设商务汉语课程。

（二）学习需求理论

"学习需求，是指个体在学习活动中感到有某种欠缺而力求获得满足的心理状态。它的主观体验形式是学习者的学习愿望或学习意向，这种愿望或意向是驱使学习者进一步学习的根本动力，它包括学习的兴趣、爱好和学习的信念等"。学习需求分析是指"通过系统化的调查研究过程，发现教学中存在的问题，通过分析问题产生的原因确定问题的性质，论证解决该问题的必要性和可行性"②。本文主要利用学习需求分析的理论对学习商务汉语的韩、美、哈三国来华留学生进行调查，分析其在商务汉语学习中存在的问题，并提出相应的建议。

（三）北京高校设立商务汉语课程情况

目前，在来华留学生的学历教育方面，中国高校还没有设立商务汉语专业，商务汉语一般作为汉语言专业下设计的一种方向。各个高校一般在中高级阶段，即二、三年级才开始安排商务汉语类课程。商务汉语的课程一般分为语言技能和经济知识两大类。

在北京各大高校中，北京语言大学是中国最早设立商务汉语方向的高校，该校在三年级开始进入商务汉语方向的学习，但在二年级开设了商务

---

① 张黎. 经贸汉语课程研究. 2007：21.
② Michael H. Long. 第二语言需求分析：8.

汉语阅读这门选修课，供打算学习商务汉语方向同学选择学习。该校开设语言技能课程共有 20 门，其中必修课 11 门，选修课 9 门；专业知识课共有 10 门，其中必修课有 6 门，选修课 4 门。而北京师范大学在二年级下学期开始进入商务汉语方向的学习。该校开设语言技能课程共有 16 门，其中必修课 9 门，选修课 7 门；专业知识课共有 23 门，其中必修课有 6 门，选修课 17 门。

二、问卷调查分析

（一）背景介绍

为了更为准确地了解来华留学生在"互联网+"时代的商务汉语学习需求，我们选择来华留学生总人数排名前两位的韩国、美国学生作为调查对象。另外，随着"一带一路"倡议的提出，"一带一路"沿线国家的留学生成为来华留学生的新的增长点，尤其是来自哈萨克斯坦的留学生数量增速最为显著，同比增长率超过 10%。因此，我们也把哈萨克斯坦的留学生作为我们的调查对象。我们相信，三个具有一定代表性的国家的来华留学生的调查数据能够比较准确地反映全体来华留学生的商务汉语学习需求。参与此次问卷调查的学生共 243 名，其中韩国学生 100 名，占 44%；哈萨克斯坦学生 86 名，占 35%；美国学生 57 名，占 23%。全部参与调查的学生中，近 90% 的留学生正在学习或曾经学习过商务汉语类课程。问卷发放地涵盖北京的六所高校，分别是北京语言大学、中国人民大学、北京师范大学、北京外国语大学、对外经济贸易大学和中国石油大学。本调查主要是了解来华留学生商务汉语学习需求情况，对其与实际课程、教学、教材以及课外实践活动中的差距问题提出相应的对策。除了问卷调查外，我们还专门对其中 20 名学生进行了访谈，并将其结果作为调查问卷的补充。

（二）来华留学生商务汉语学习需求分析

通过统计结果得知，绝大部分学生都认为学习商务汉语的实用性比较强,并且一致认为以后学习商务汉语的人会越来越多。对于目前高校商务汉语方向的课程设置,总体来说,学生的满意度较高,超过80%。不过,有相当一部分学生希望学校可以增加市场营销、经济话题讨论以及经济活动案例分析这样的课程。而在商务汉语教材方面,绝大多数学生认为教材内容丰富、练习充足,但希望可以减少填空和计算的题量,适当增加案例分析题。对于教师和教学方法,学生都比较满意,不过,希望教师在课堂练习时可以多使用小组讨论、小组报告这样的练习形式。虽然大部分学生对学校组织的课外实践活动比较满意,但希望可以增加实践次数,可以多去企业参观实习,也希望学校能够为学生提供赴企业实习一个月到半年的机会。

三、来华留学生学习商务汉语的问题

(一)学生学习商务汉语的内在驱动力不足

学习动机根据诱因的不同可以分为内在驱动力和外在驱动力。[1] 就商务汉语的学习情况而言,喜欢商务(经贸)汉语,对其有着强烈的学习兴趣,学习的内在驱动力比较强,其所具有的主动性可以帮助其在未来的学习过程中更好地掌握商务汉语知识。表22—1中,内在驱动力指的是学习者本身对商务汉语具有浓厚的兴趣,而外在驱动力则包括将来想从事相关工作、觉得将来容易找工作、在国内学习过经济类专业以及受到别人的影响等外在因素。从表22—1中可以看出,三个国家的来华留学生学习商务汉语的内在驱动力明显不足,最高也不超过20%。可见,内在驱动力不足是三国来华留学生商务汉语学习需求中的主要问题之一。内在驱动力不足会使学生在学习时缺乏主动性,学习效果也可能会大打折扣。

---

[1] 秦晓晴. 中国大学生外语学习动机研究. 2007:25-27.

表 22—1　三国来华留学生学习内在驱动力表

	内在驱动力（%）	外在驱动力（%）
美国来华留学生	6%	94%
韩国来华留学生	9%	91%
哈萨克斯坦来华留学生	10%	90%

资料来源：笔者根据调查问卷统计所得。

（二）对 BCT 考试的了解不够

美、韩、哈来华留学生没参加过 BCT 考试的比例分别是 92%、82% 和 81%。没参加过 BCT 考试的留学生中，绝大部分学生是因为不知道 BCT 考试。具体数据见表 22—2。

表 22—2　三国来华留学生对 BCT 考试的了解程度

	不知道（%）	没必要（%）
美国来华留学生	51%	10%
韩国来华留学生	85%	15%
哈萨克斯坦来华留学生	90%	10%

资料来源：笔者根据调查问卷统计所得。

从表 22—2 中可以看出，绝大部分学生对 BCT 考试完全不了解，在此基础上，更加不知道 BCT 考试对商务汉语学习者的必要性和重要性了。

（三）教材有待改善、教学方式有待更新

从表 22—3 中明显可以看出商务汉语教材的通病之一就是专业术语解释不清楚，内容对学生来说偏难。此外，美、韩、哈三国中，大部分留学生表示需要母语翻译，而且教材中有些母语翻译不准确，其比例分别为 69%、75% 和 65%。另外，由于目前各高校普遍使用的商务汉语教材都是通用型的教材，采用英文翻译的教材占绝大多数。因此，国别化教材的缺

失也是目前商务汉语学习中普遍存在的一个问题。

表22—3　三国来华留学生对商务汉语教材不满意的原因

	专业术语解释不够清楚（%）	内容偏难（%）
美国来华留学生	22%	22%
韩国来华留学生	33%	25%
哈萨克斯坦来华留学生	35%	25%

资料来源：笔者根据调查问卷统计所得。

随着互联网技术的普及和发展，线上慕课教学或线上线下相结合的翻转课堂的教学模式成为了近期教育界的研究和实践热点。但我们的调查发现，目前商务汉语方面的线上课程或翻转课堂教学模式还远远不够。北京语言大学已经在这方面有了很好的尝试，积极地进行线上线下相结合的翻转课堂教学模式的实践，也已经在中国大学慕课平台推出商务汉语（中国商务概览）和商务汉语（中国经济聚集）两门商务汉语的课程。我们的调查还显示，98%以上的学生认为很难找到合适的配套的参考书目和商务汉语学习 App 软件，因此商务汉语学习的配套参考书和商务汉语学习 App 软件的缺乏是目前商务汉语学习中另一个亟待解决的问题。

四、来华留学生学习商务汉语的建议

（一）提高学生学习商务汉语的内在驱动力

针对上文中提到的来华留学生学习内在驱动力不足的问题，我们认为可以从以下两个方面来提高学习的内在驱动力。

一是以留学生感兴趣的商务现象为切入点，通过模拟教学、案例讲解来提高学生学习商务汉语的兴趣和热情。众所周知，"兴趣是最好的教师"，且商务汉语教学是以商务活动中的交际能力为主要培养对象，教师可以在课堂教学过程中适当地穿插一些时下热门的商务案例，并将热门案例中的人物进行替换，由学生来扮演相应的商务人士角色，然后对课堂中涉及的知识点进行活用练习，从而提高学生的学习兴趣。

二是以学生为中心，教师作为辅助角色，采用报告的形式，学生自己搜集相关材料、对材料整合并进行说明讲解。将课堂角色进行转换，以学生为主导，介绍本国的商务文化，并要求其他国家的学生提出该国商务文化与中国商务文化的异同，从而加深学生对中国商务文化的印象。以学生为中心的教学方式不但可以活跃课堂的气氛，提高学生的学习兴趣，还可以帮助其他国家的留学生了解不同国家的商务文化，从而开拓学生的国际视野。

（二）大力宣传和推广 BCT 考试

"商务汉语考试（Business Chinese Test，英文简称 BCT 考试）是为测试第一语言非汉语者从事商务活动的汉语水平而设立的国家级、国际性、标准化考试"。BCT 考试和 HSK 考试一样，都是语言能力考试。但是 BCT 考试不仅考察留学生的基本汉语知识，更侧重考察考生在与商务有关的广泛的职业场合、日常活动、社会交往中应用汉语进行交际的能力。为在中国求职、应聘的外国留学生提供商务汉语水平证明。

我们认为，学习商务汉语的学生对 BCT 考试缺乏了解的原因有以下几个方面：第一，BCT 考试的推出时间较晚，而相应的宣传力度也不够；第二，BCT 考试目前只有初、中级的考试，而高级考试还没有上市。我们的调查显示，学习商务汉语的学生更多地是工作驱动，那初、中级的商务汉语水平显然还不能满足他们找工作或在工作中运用商务汉语的基本需求。第三，BCT 考试的成绩并没有得到社会企业的认可。我们的调查显示，很多公司在招聘人才时，对 HSK 考试的成绩提出了明确的要求。这应该与 BCT 考试没有高级水平的考试有很大的关系。因此，我们建议国家有关部门重视 BCT 考试的研发，尽快推出高级考试，同时各高校也应该加大对 BCT 考试的宣传力度，让更多想在中国工作的留学生了解并积极主动地参加 BCT 考试。我们建议各高校从以下几个方面进行宣传和改进：第一，在教学中与 BCT 考试的大纲和目标相适应，达到以考促教、以教促考的目的，同时将学校的期中、期末考试的试卷设置与 BCT 考试的考试形式保持一致；第二，开设和 BCT 考试相关的课程；第三，发放 BCT 考试相关教材和资料等。高校应该让学生充分地了解 BCT 考试在商务汉语方面的重要性和必要性。

(三) 改善教材和教学方式

首先，针对生词缺少母语释义的问题，本项目组认为可以请精通母语（英语、日语、韩语、哈萨克语）的专业人士将教材文本进行翻译修订，出版双语（中英、中日、中韩、中哈）的商务汉语教材。另外，开发国别化教材，对于英语是非母语国家的留学生来说尤为重要。

其次，对于生词翻译不够准确的问题，作者认为可以通过增加例句和常见偏误的方式来改善教材。比如：教材中可以增加生词正确用法的例句和常见偏误句子的对比。这样，教师在实际的课程教学中，可以有针对性地对该生词可能发生的偏误进行解释，说明该生词在汉语中的使用范围、适合的场合等，方便学生正确地掌握生词的释义和用法。教材中还应该增加一些当下热门的商务汉语词汇，因为商务汉语教材与普通汉语教材相比时效性更强，必须不断地修订更新教材，才可以让学生的学习与时俱进，不断提高其未来在职场工作中的语言技能。

此外，相关学者可以根据三个国家留学生的特点，编写一些适用于该国留学生的课外参考书。编写时可以结合自己国家与中国商务文化、语言文化方面的差异，有针对性地进行解释说明，这样就可以帮助学生更好地学习商务汉语知识，从而提高学生的学习效果。在编写新的课外参考书时，可以通过和美、韩、哈以及其他国家的学者合作，从专业的角度对国与国之间开展商务活动时的细微差异进行分析，并结合比较典型的案例，说明这种文化差异对商务活动的影响。本文的调查结果也可以看出，学生在学习汉语知识时对阅读材料的学习需求较大，因此中美、中韩和中哈经贸方面的各种案例是课外参考书编写中值得重视的一个部分。

随着互联网应用的不断普及，各种线上教学资源和各种辅助学习的移动终端 App 软件大量出现。目前国内还没有有关商务汉语学习的 App 软件上市。我们的调查显示，三个国家的留学生中喜欢或接受线上学习方式的学生比例分别高达92%、87%和95%，而希望商务汉语学习 App 学习软件上市的比例分别高达95%、89%和92%。因此，我们建议全国高校顺应时代发展形势，尽快推出大量线上课程并积极与软件公司合作，尽快开发出适用于商务汉语学习 App 的软件。

结语

通过调查、统计和分析三国来华留学生商务汉语学习需求，可以得知三国留学生在商务汉语的学习动机、对 BCT 考试的了解、商务汉语教材的使用等方面仍然存在一些问题。我们也就上述问题提出了相应的解决对策和可行性建议。希望这篇论文能对三国来华留学生学习商务汉语有所裨益，同时也希望对高校教师进行商务汉语教学以及高校的课程管理等方面具有一定的参考价值。

参考文献

1. 张黎（2006）商务汉语教学需求分析，《语言教学研究》第 3 期。
2. 陈宪吉（2002）大学生学习动机成因，《石油教育》第 4 期。
3. 张琳琳（2007）《大学二外教师职初期学习需求分析研究》，东北师范大学学位论文。
4. 李宇明（2006）语言学习需求和对外汉语教学，《对外汉语教学》第 1 期。
5. Michael H. Long（2011）《第二语言需求分析》，外语教学与研究出版社。
6. 王希文（2015）《中级阶段留学生汉语课外学习情况调查分析》，北京语言大学学位论文。
7. 陈冰冰（2009）国外需求分析研究述评，《外语教学与研究》第 2 期。
8. 徐佩（2011）《在华日韩人士商务汉语学习需求分析》，南京师范大学学位论文。
9. 王俊（2011）《来华留学生的汉语学习需求》，浙江大学学位论文。
10. 权执（2013）《来华韩国留学生商务汉语学习需求调查与分析》，复旦大学学位论文。

语音练习 App 在初级汉语综合课中的应用[*]

唐翠菊[**] *刘敬华*[***]

摘　要：汉语语音教学在理论上、教材编写上都得到了充分的重视，但在初级汉语综合课的教学实践中却面临课堂语音训练不足的问题。本文提出在多媒体技术迅猛发展的时代，初级汉语综合课可以利用语音练习 App 布置课下语音作业，并从发音内容的特点、录音的便捷程度、语音作业的收集和反馈等方面讨论了语音 App 的选择与应用。

关键词：初级汉语综合；语音教学；语音练习 App

引言

初级汉语综合课从语言要素上看包括语音、词汇、语法和汉字四个部分，从语言技能上看包括"听、说、读、写"四种技能，正是因为包含多

---

[*] 本课题为北京语言大学院级科研项目（中央高校基本科研业务专项资金资助），项目编号为 18YJ080115。
[**] 唐翠菊，北京语言大学汉语国际教育学部汉语学院副研究员。
[***] 刘敬华，北京语言大学汉语国际教育学部汉语学院讲师。

种要素、多种技能才被定名为"综合课",这种"综合"的特征表现在"全面"(杨惠元,2010),但是理论上的"全面"落实在课堂教学实践中,必定会表现出侧重。按照语言要素的侧重点,初级综合的教学可以细分为语音阶段、语法阶段和短文阶段(王钟华,1999),语音阶段自然是以语音教学为主,语法和短文阶段则是以句型、虚词、语篇等教学为主。实际上,在理论上和教材编写上,语音教学始终是初级汉语综合课的重点,但是在语法阶段、短文阶段,语音教学跟其他语言要素的教学在教学时间和课堂操练等方面势必形成竞争局面。

本文拟从课堂语音训练的有限性、课下语音训练的必要性等角度来探讨引入语音练习 App 的优势,并结合我们在语法阶段和短文阶段使用过的四种语音练习 App,从教师和学习者的角度进一步讨论语音练习 App 的选择标准。

一、课堂语音训练的局限性

在理论上,汉语语音教学历来是相当受重视的一个方面,甚至很多专家呼吁语音教学不仅仅是初级汉语教学的任务,更应该要贯穿于汉语教学的整个过程(钟棨,1965;杨惠元,1996;毛世桢,2002;赵金铭,2005;鲁健骥,2010;钟棨,2010)。在教材编写层面,语音教学也得到应有的重视,以北京语言大学汉语学院初级汉语综合课为例,该院在初级汉语教学的语法阶段和短文阶段使用的教材是《尔雅中文:初级汉语综合教程》(上、下)(魏新红主编,以下简称《尔雅中文》),在该教材中语音教学得到了充分的重视:上册共24课,主要对应语法阶段,每课都有专门的语音练习,包括辨音练习、双音节练习、多音节练习、句子练习;下册对应初级汉语的短文阶段,虽然没有专门的语音练习,但从教材的练习设计来看,每课都有"听一听"和"读课文"这样的练习,亦说明教材编写者对语音教学的重视。

理论上和教材编写上对语音教学的重视,为扎实的语音教学提供了一个良好的基础。但是在具体的课堂教学实践中如何真正体现语音教学的重要性,真正让学生练好发音还面临很多困难。下面我们从语言要素竞争、班级容量、多国别班型等方面来讨论初级汉语综合课中语音训练的局限性。

初级汉语综合课的语音教学始终是与词汇、语法、对话、课文教学结合在一起的，比如课堂上朗读生词、听写生词、朗读课文、复述课文等活动都有语音教学包含其中，但是从课堂时间分配来看，语音教学的时间肯定受到语法教学、词汇教学、短文教学的竞争。以《尔雅中文》（初级上、下）来看，初级上一共24课，每周10课时，一般是两天学完一课的进度。每一课处理完汉字、生词、语法，留给语音教学（特别是纠音训练）的时间就显得比较紧张了。到了短文阶段的《尔雅中文》（初级下）每课有40多个生词，2—3个语法点，课文的长度在400—600字，留给语音教学的时间就更有限了。

造成课堂语音训练时间紧张的原因还有班级容量的问题，班级容量越大，平均分给每个学生的有效时间越少。词汇和语法这两个要素面对大的班级容量还容易操控，涉及到发音练习、纠错反馈肯定是人数越少越高效。从我们的教学实践来看，一般初级综合的班级人数在20—25人，从语音教学的角度，这个容量已经可以算是大班教学了。

教师的反馈在课堂语音教学中占有极其重要的地位，这种反馈有正反馈和负反馈，负反馈就是我们平时所说的纠音。纠音环节本来就是一个耗时、耗力的工作，如果学生们母语一致，发音的难点和错误一般也比较一致，这样在时间有限的情况，即使面对大班学生也可以集体纠音为主。但实际情况是以混合国别班级为主，在这种混合班中，学生发音上既有共同的问题和困难，也有自己独特的问题。比如"j、q、x""z、c、s""zh、ch、sh"这是一般汉语学习者都有的困难，但是声调对于缅甸学生、泰国学生就比较容易，单韵母u对于日本学生就比较难，巴基斯坦的学生则常常把清音浊化，德国学生汉语元音的开口度普遍偏低。面对这种局面，不纠音难以让学生在发音上有进步，如果纠音难免顾此失彼。

二、课下语音训练的必要性

成功的课堂教学不仅仅限于课堂上的110分钟，更要求课上和课下的衔接。语音教学既然面临课上训练不足的困难，就更应该精心设计学生课下训练的内容，实现课堂语音教学与课下语音训练的结合。钟梫（1979）在总结1950年至1965年这十五年的汉语教学经验时，特别强调课上正音和课外正音的配合："一个学生的某些错音常常不是一下子就能纠正过来的。课堂上人比较多，如果来回给一个人纠音就会影响课的正常进行……遇到这种情况，要适当放一放，课下再个别辅导。正音这个工作特别要强调课下辅导，一个人一个人地纠，一个音一个音地滤，来不得半点急躁"。初级阶段课堂上进行了语音训练，为了巩固和增加练习的机会，也应该像汉字、词汇和语法那样设计适量的语音作业来巩固课堂所学，但在实际操作层面，课下语音作业是相当薄弱和随意的。课外作业重书面、轻语音的情况，早在上世纪九十年代已经有专家撰文指出（盛炎，1990：258），到了现在仍然没有明显改善。姜文婷（2016）对初级阶段综合课作业的调查显示，教师经常采用的作业形式排在前三位的是：（A）抄写生词、课文；（B）课本练习题；（C）课本配套练习册，这三项全部是书面形式的作业。

综合课作业重书面、轻语音的现象受多种因素的影响。首先，从学生角度来看，课下不易独立完成语音作业，即使自己坚持朗读、录音也不易从教师那里得到即时反馈；其次，从教师的角度来看，语音作业收集难度大，批改过程比较耗时，反馈结果也不易保存和传递。我们现在的课程体系有专门的口语课，理论上来说，综合课课下正音的任务可以部分地转移到口语课，这也是单独开设技能课的初衷，但是从目前的教材设计来看，口语课的词汇、语法跟综合课的并不完全对接，综合课上还是需要布置相应的语音练习作业。

在多媒体教学技术迅猛发展的时代，钟梫（1979）提到的语音训练的"课下辅导"，其中一部分工作可以由智能手机上的语音练习App来承担。随着智能手机的广泛应用，一些第二语言语音训练App也大量涌现，比如英语教学领域的Better Accent Tutor、"流利说"等，对外汉语教学领域的"正音万里行""汉字发音训练""尔雅中文正音"[①] 等。有些手机软件虽然并不是专门针对汉语语音训练的，但是具有收集学生录音和教师反馈的

---

① 尔雅中文正音App（试用版）由北京语言大学智能语音习得技术（SAIT）实验室开发，并于2018年春季学期在汉语学院一个初级班（1001）进行了试用。

功能，我们也在初级综合教学实践中展开了应用。

从 2016 春季学期到 2019 年春季学期，我们陆续在初级汉语综合课上先后使用了一些语音练习 App 来配合课堂语音训练的内容。具体说来，我们使用过的有配音秀、微信语音、尔雅中文正音、微信小打卡这四个手机端的 App。"配音秀"是一款可以在手机端进行汉语配音的软件，配音内容有电影、诗歌、广告等，学生可以自主选择，每条配音内容都有原声录音可供播放和多次收听、重复录音；"微信语音"在使用过程中，我们要求学生利用班级微信群提交课文朗读作业，课文朗读的录音标准每天课后会发到群里；"尔雅中文正音"将《尔雅中文》（初级下）的全部词语和课文的朗读录音、辨音练习的录音全部输入到 App 程序当中，学生点击具体生词或者句子可以反复收听和多次录音，学生每课提交生词和课文的朗读录音，App 课文切分到以小句为单位，每个小句的朗读有一个成绩，全篇课文读完有一个总成绩。按照教学进度，学生每周一般要提交 2 次生词朗读和 2 次课文朗读作业。"微信小打卡"是一个打卡管理程序，教师可以在管理平台建立班级群，也可以上传生词和课文的原始录音，学生可以提交自己的朗读录音，教师可以在班级群里给学生反馈。

在教学实践中，我们发现以上四种语音练习 App 大大提高了学生语音输入的数量和教师反馈的数量，弥补了课堂语音训练的不足，但也给学生和教师带来困扰。下文我们基于教学实践中这四种语音练习 App 的使用情况，结合计算机辅助语音教学的理论探讨如何选用语音训练 App 来辅助初级汉语综合课的语音教学。

三、语音练习 App 的选用原则和标准

不同的语音教学辅助 App 在语音训练的单位和内容、反馈的方式等方面存在差异和共性，我们在选择的时候根据什么来判断和取舍呢？Yoshida（2016）从语音教学任务出发，提出了选择语音教学多媒体辅助工具的四个方面：（1）可提供发音模仿参照；（2）可录制学生发音练习的成果；（3）可收集和批改学生的语音录音；（4）可提供独立的语音练习。第一条和第二条标准是从学习者的角度来说的，第三条是从教师的角度来说的，

第四条是否能实现跟第三条密切相关，因为只有高效准确的反馈才能让学习者实现独立的语音练习，因而我们将第四条并入第三条，下文不单独讨论第四条选择标准。下面我们运用 Yoshida（2016）提出的四个评价标准，来分析一下我们在教学中使用过的四个语音练习 App（配音秀、微信语音、尔雅中文正音、微信小打卡），并由此探讨在初级综合课中选择语音练习 App 的标准。

（一）从提供的发音内容来看

从提供可模仿的标准发音来看，配音秀、微信语音、尔雅中文正音、微信小打卡都可以实现，但是原始音频的获取便捷程度是有差别的，配音秀、尔雅中文正音和微信小打卡都可以不用跳转页面直接多次点击收听原始录音，但微信语音留言的方式学生不方便获取原始发音参照。

Yoshida（2016）在讨论发音内容的时候，仅仅考虑了规范性。实际上，从课堂教学角度来看，还应该考虑语音练习 App 与课堂教学内容的相关性，相关度越高越好。学生在综合课上的作业任务是比较重的，既有汉字、词汇、语法的作业，也有语音的作业，除此以外还有其他技能课的作业，因此如何在作业内容设计上降低学生的时间成本、强化和巩固课上所学，是语音练习 App 使用的关键因素。要实现既练习了发音，又不额外给学生增加过重的负担，最好的方式是控制朗读和录音作业的内容。配音秀的内容以电影和电视剧片段为主，与学生的课堂所学只能达到话题上的契合，很难做到朗读内容的契合；而微信语音、尔雅中文正音、微信小打卡在使用过程中，都可以直接布置课堂上学过的生词或者课文，这样更有利于学生实现课上和课下的衔接。

（二）从提供的录音功能来看

听自己的发音录音并与原始发音对比是学习语音的最佳方法之一。程美珍、赵金铭（1986）提出了很多语音教学的方法，其中一个就是"录音法"，就是让学生充分利用录音设备，进行听说练习。另外，成功的汉语语音学习者也告诉我们自己录音并与原声对比、正音的作用。钟榕（2010）和李培元（2010）在访谈中，都提到一个汉语发音优秀的学生罗明，罗明的练习发音的方法是："用那种老式的录音机——把教师的泛读录下来，然后听，然后自己跟着朗读，读几遍之后把自己的朗读和教师的范读录下来，然后对比着听自己的朗读有什么不对的，这样来改正。"

目前几乎所有的语音练习 App 都可以录音，能方便学生精细对比的 App 更有利于学生模仿和改进。从我们的使用经验来看，"尔雅中文正音"把课文对话切分到句子，学生可以逐句录音并与原音对比。微信小打卡的录音功能虽然无法逐句提供课文录音，但是教师批改界面可以由教师直接进行语音示范，也为学生录音和对比提供了方便。

（三）从语音作业的收集和反馈来看

从教师的角度来看，综合课书面作业较多、语音作业较少，并不代表教师不重视语音训练，而是语音作业难收集，收集上来又难反馈。从我们几个学期的使用情况来看，不同的语音训练 App 在作业收集和反馈方面存在明显差异。

从作业收集来看，最不方便的是微信语音，微信语音作业一般是布置学生朗读课文中的某一段，该段落一般是重点词或者语法点比较集中的段落，学生大部分在语音群里提交，个别害羞的学生私信发给教师，但是一个班 20 多个学生，不方便教师在群里翻找学生的录音成果，师生想保存语音作业也不是非常方便。配音秀、尔雅中文正音、微信小打卡因为有专门的语音录音功能，都极其方便教师收集学生的语音作业。

从反馈的效率来看，最耗费教师时间的是微信语音作业的批改和反馈，由于教师在微信群逐个点评作业不方便，我们的办法是用书面形式记录下每个学生的发音问题，然后打印出来在课堂上逐个纠正，这种方式不仅批改比较花时间，课堂纠音也比较低效。最节省教师反馈时间的 App 是尔雅中文正音，该软件能显示每个句子每个学生的朗读得分，虽然未必有人工打分那么准确，但是大大减轻了教师批改语音作业的负担。该软件还可以在教师端显示哪些句子朗读的错误率比较高，这样方便教师在课堂上带领学生集体练习朗读错误率高的句子。

从反馈的精细程度来看，尔雅中文正音目前只是显示每个词在声、韵、调方面的错误，对于停顿、轻重等超音段的偏误无法给予反馈。微信小打卡是由教师本人反馈，教师在建立一个朗读作业之后，可以在该作业条目下给每个学生的朗读作业划分等级，并可以在发音的各个方面给学生语音留言示范和纠音，这种由教师上传的有针对性的朗读示范小片段系统内的其他学生也可以播放和收听。

Yoshida（2016）提出的第四条标准：学生是否能独立的进行语音练习，这跟反馈的效率和精细程度密切相关。本文使用的四个语音练习App中，能够即时自动反馈的只有"尔雅中文正音"，"微信小打卡"也很方便教师反馈，但是即时性还是不如尔雅中文正音。不过，从学生修改语音作业的积极性来看，因为尔雅中文正音是书面反馈（读错的声韵调标红），所以学生修改和再次练习的积极性不是很高。而微信小打卡，教师在语音批改界面直接给学生说明和纠音，让学生感觉更接近课堂教学的感觉，学生多次反复练习的积极性比较高。

四、结语

在初级汉语综合课教学实践中，当班级容量较大、学习者水平不均衡或者教学任务较多的时候，课堂语音操练的时间会比较受限，教师对语音操练的反馈也无法精细化。为弥补课堂语音操练的不足、增加学习者语音的输入和输出频率，引入语音练习App来辅助教学是一个值得尝试的有效途径。

在初级汉语综合课的教学实践中，我们使用过配音秀、微信语音、尔雅中文正音、微信小打卡等语音练习App来布置课后语音作业。从这些App提供的发音内容、收集录音的便捷性、教师反馈的效率和精细程度来看，各种语音练习App有不同的表现。作为教师，无论使用什么样的语音教学助手，最重要的是让课堂语音教学与课下语音作业紧密结合，并实现高效而精细的反馈。作为学习者，最重要的是如何利用这些语音助手来巩固课上的语音训练效果。教师和学习者都方便使用，并且与课堂教学紧密结合的辅助语音教学助手，才能真正起到增加语音练习频率、促进语音教学的作用。

参考文献

1. 程美珍、赵金铭（1986）基础汉语语音教学的若干问题，见第一届国际汉语教学讨论会组织委员会编《第一届国际汉语教学讨论会论文选》，北京语言学院出版社。

2. 姜文婷（2016）《初级阶段汉语综合课课外作业调查研究》，上海外国语大学硕士学位论文。

3. 李培元（2010）《北京语言大学对外汉语教学名师访谈录．李培元卷》（口述：李培元；采编：张伟），北京语言大学出版社。

4. 鲁健骥（2010）对外汉语语音教学几个基本问题的再认识，《大连理工学报》第5期。

5. 毛世桢（2002）关于对外汉语语音教学的反思，《对外汉语教研论丛》（第二辑），华东师范大学出版社。

6. 盛炎（1990）《语言教学原理》，重庆出版社。

7. 王钟华（1999）《对外汉语教学初级阶段课程规范》，北京语言大学出版社。

8. 杨惠元（2010）综合课教学要处理好的十个重要关系，《语言教学与研究》第6期。

9. 钟梫（1979）十五年（1950—1965）外国留学生汉语教学总结，《语言教学与研究》第4期（试刊）。

10. 钟梫（2010）《北京语言大学对外汉语教学名师访谈录．钟梫卷》（口述：钟梫；采编：柯润兰），北京语言大学出版社。

11. Yoshida, M. 2016 Beyond repeat after me: Teaching pronunciation to English learners. Alexandra, VA: Teachers of English to Speakers of Other Languages.

基于语料库和用法理论下日本学生习得连词"而"的偏误分析

宋 锐[*] 朱 婷[**]

摘 要：本文基于用法语言观和语料库研究方法，以北京语言大学HSK动态作文语料库中日本学生习得连词"而"的偏误语料共183例作为研究对象，以连词"而"连接的前后两项之间的语义关系为切入点对日本学生的偏误进行国别化分析，归纳出误代、误加和遗漏三种偏误类型，针对不同偏误类型中所体现的问题，通过分析得出其偏误原因有：不同语义关系相混淆、对同一语义关系下连接项的性质认识不清、对表示目的关系的固定格式掌握不理想、母语词义的泛化。最后本文为日本学生习得连词"而"的实际教学提出三点教学建议，即注重不同语义关系下形近连词的辨析、注重词义相近性和适用性的理解、适当加强国别化及固定格式的教学，以期为来华留学生的第二语言教学提供参考和借鉴。

关键词：语料库；偏误分析；国别化

---

[*] 宋锐，北京语言大学汉语国际教育学部博士研究生。
[**] 朱婷，哈尔滨工程大学外语系教师。

引言

现代汉语"而"是从古代沿用下来的连词,有着适用范围广、使用频率高等特点,且多用于书面语。吕叔湘(1980)在《现代汉语八百词》中将"而"的主要用法归纳为:1.表示转折(可连接形容词、动词、小句)。2.表示相互补充(所连接的两部分有先后承接或递进的关系)。3.把表示目的、原因、依据、方式、状态的成分连接到动词上面。4.表示从一个阶段(状态)过渡到另一个阶段(状态)(由/从……而……)。连词"而"也是对外汉语教学中的重点和难点,吴菊英(2014)基于语料库分析了日韩留学生转折连词的习得偏误,其中从停顿差异和语气轻重两方面对比了"而"与"然而"的用法。邹晓慧(2014)从历时和共时的角度对比分析了"而"在古代汉语和现代汉语中的语法功能,并结合语料库从母语、学习者、教师三个方面探讨了留学生的习得偏误。魏梦羽(2017)总结了"而"的语法化和主观化顺序,并以语料库和调查问卷的方式将"而"的习得顺序与教学顺序进行对比分析,得出"转折"与"并列"的义项较为容易被留学生理解。

认知学派创始人之一的Langacker(2000)首次提出"基于用法(或使用)的语言理论模型",其核心理念为:语言存在的根本目的是为了交际;任何自然语言总是在语境中使用,受语境因素的影响。武和平(2016)指出,语法知识并非先验地存在于大脑之中,而是源于我们对于语言使用体验的认知构建。笔者认为,语料库构建和发展为用法理论的研究提供了坚实的基础材料,语料库中大量的真实的语言材料正是语言运用的具体体现,因此对语言材料的研究更具有实用性和适切性。

本文以北京语言大学HSK动态作文语料库(1.0版)中日本学生习得连词"而"的偏误语料共183例作为研究对象,综合《现代汉语》(黄廖第四版)中短语和复句的分类标准,拟以连词"而"的连接项之间的语义关系为着眼点,将"而"前后项之间的关系统分为联合关系和偏正关系,如表24—1所示。

表 24—1 连词"而"前后项的语义关系分类

联合关系	并列	顺承	递进	
偏正关系	转折	因果	目的	修饰（补充）

联合关系是指"而"连接的前后项在说明同一事物或某一情况的全貌时在意义上平等，无主次之分，可分为并列关系、顺承关系、递进关系；偏正关系是指"而"所连接的前后两项在意义上有主有从，其中一项是说话人主要表达的意义，另一项的意义从属于主要意义项，包括包括转折关系、因果关系、目的关系、修饰（补充）关系。

本文重点在语义关系的层面上对日本学生的偏误原因进行探究分析并提出可行性的教学建议，以期为对外汉语教学和研究提供参考借鉴。

一、日本学生连词"而"的偏误类型统计

（一）误代偏误

鲁健骥（1994）指出，误代偏误是由于从两个或几个形式中选取了不适合于特定语言环境的一个造成的。笔者统计了北京语言大学 HSK 动态作文语料库（1.0 版）中日本学生习得连词"而"的误代偏误语料共 77 例，并按"而"前后项的语义关系类型进行分类，如表 24—2 所示。

表 24—2 日本学生连词"而"误代偏误语义关系统计（共 77 例）

	并列关系	递进关系	目的关系	转折关系	修饰补充	因果关系	承接
偏误数量	24	19	17	10	5	2	1
偏误词语 + 词语数量	并 10	而且 12	来 9	反而 3	的 3	所以 2	这就 1
	和 7	并且 5	就 3	而且 2	地 1		
	也 3	还 1	以 2	但 2	得 1		
	或 2	甚至 1	能 1	而是 1			
	又 2		会 1	相反 1			
				却 1			

从语义关系类型上来看，并列、递进、目的三类关系的偏误数量占优，可见日本学生对于"而"所连接的并列、递进、转折三类关系的理解还不透彻①。对照具体偏误词语来看，在并列关系中，连词"而"易与"并""和"发生混淆。例如：

（1）*我在专业学校学过三年，学了港式设计，而得到国家A级资格。②

（2）*这个小说的作者根据这个事情，推测而想象当时的情况，写出了很有意思的故事。

在递进关系中，连词"而"易与"而且"发生混淆。例如：

（3）*我现在感谢我的女儿，而很喜欢我的活泼的女儿。

在目的关系中，连词"而"易与"来"发生混淆。例如：

（4）*现在拿绿化运动而说说这个问题吧。

可见日本学生习得连词"而"有一定的国别化偏误表现，对不同语义关系及具体偏误词语的辨析研究下文详述。

（二）误加偏误

误加是指在某些句子中，不应该使用"而"但日本学生却错误地加上了，从而导致偏误的情况。日本学生这类偏误共82例，按照语义关系分类统计见表24—3。

---

① 转折关系中虽有10例偏误，但其表现在具体的偏误词上错例并不多，因此本文不对其进行讨论。

② 带有*标的句子均为HSK动态作文语料库中的偏误语料。

表 24—3　日本学生连词"而"误加偏误中前后项的语义关系
（共 82 例）

语义关系	偏误用例数量	占日本学生误加类偏误的比例
递进关系	33	40.24%
目的关系	18	21.95%
因果关系	9	10.98%
修饰（补充）关系	8	9.76%
并列关系	6	7.32%
转折关系	4	4.89%
承接关系	4	4.89%

由表 24—3 可以看出，日本学生连词"而"的误加类偏误中递进关系的偏误用例数量最多，笔者通过调查访谈得知，递进关系偏误中的"而"大多为学生形式上的笔误，不存在语法意义上的偏误，因此不在本文的研究范围内。例如：

（5）*从失败中才能吸取教训而才能提高自己。

（6）*我认为这次政府开始采取对吸烟者的措施是特别好，而非常赞成。

（7）*我从小一直看她，而把她当做自己的目标。

（8）*不是我一个人遇到过困难而大家也肯定遇到过困难。

（三）遗漏偏误

遗漏是指在句子中应当用"而"却未用，或者当用包含"而"的句式中的其他词语却未用而造成的偏误，日本学生遗漏偏误共 24 例，按照语义关系分类统计如表 24—4 所示。

表24—4　日本学生连词"而"遗漏偏误中前后项的语义关系
（共24例）

语义关系	偏误用例数量	占日本学生遗漏类偏误的比例
目的关系	13	54.17%
因果关系	7	29.17%
转折关系	3	12.50%
修饰（补充）关系	1	4.17%
并列关系	0	0
承接关系	0	0
递进关系	0	0

由表24—4可以看出，日本学生习得"而"的遗漏偏误中，目的关系的偏误占大部分，其次为因果关系，前两种语义关系的偏误语料共20例，占日本学生连词"而"遗漏偏误的83.33%，两种关系中"而"的遗漏大多发生在"为/为了……而……"和"因/因为……而……"固定构式中，各举一例如下：

（9）*但是一般的日本人对中国的理解不太深，所以为了亲眼看，亲耳听来中国。

（10）*有关统计表明因患癌症死亡的人中70%以上的人有过吸烟的习惯。

二、日本学生习得连词"而"的偏误原因

（一）不同语义关系相混淆

笔者通过分析语料并与学生访谈得知，部分学生对于表达转折关系的"而"与递进关系的"而且"理解不清，例如：

(11) *我现在感谢我的女儿,而很喜欢我的女儿。

(12) *虽然用汉语我可以跟中国人交流,但是在同里居民都说同里话,而且我一点都听不懂同里话。

例(11)中表达是家长对孩子的心理程度,由"感谢"上升到"喜欢",含义递增加深,前后两项的语义是递进关系,应该用"而且",此处学生误认为是转折关系错用成"而"。例(12)的意义表达的是虽然他学了汉语但是听不懂同里话(地区方言),因此前后两项的语义是转折关系,此处学生误认为是递进关系,错用成了"而且"。

(二)对同一语义关系下连接项的性质认识不清

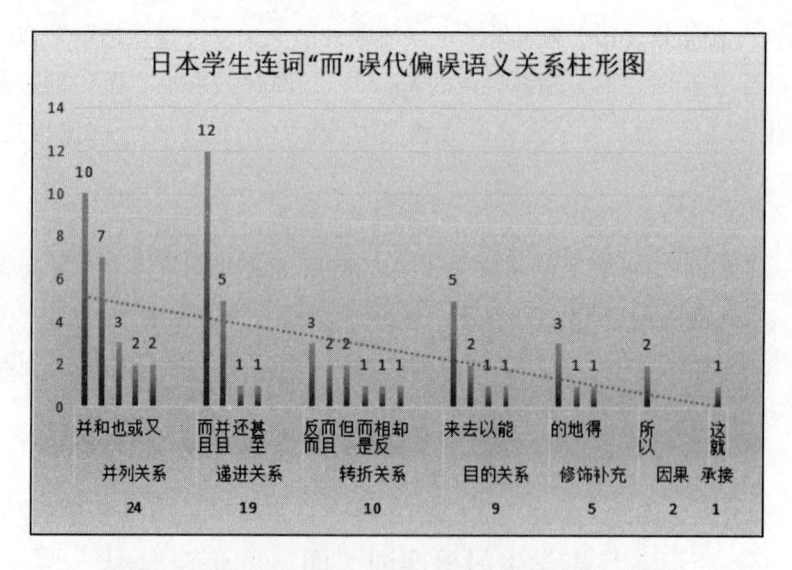

图24—1 日本学生连词"而"误代误偏语义关系柱形图

从日本学生误代偏误语义关系柱形图中可以看出,"而"所连接前后两项之间为并列关系时,容易与"并""和"相混淆,原因在于这三个词均可用做于并列关系的连接项,但是每个词都有其在特定语境中的适用性,即同一语义关系下连接项的性质不同。例如:

(13) *中学毕业后，学生应该和异性见面而交流。
(14) *在超市里能买得到国产食品而外国食品。

和月（2013）认为，"并""和"都能连接双音节动词，组成动词性词组作谓语，"而"不可以。"和"能够连接名词、代词或名词性短语，"而""并"不可以。例（13）中"见面"和"交流"都是双音节动词，此处应该用"并"。例（14）中"国产食品"和"外国食品"均为名词性短语，此处应该用"和"。

（三）对表示目的关系的固定格式掌握不理想

从日本学生遗漏偏误的统计数据中可以看出，"而"前后项为目的关系的偏误居多，目的关系中"而"的遗漏基本都发生在"为/为了……而……"固定格式中，例如：

(15) *去天津之前，我感到有点儿害怕。因为这次不是旅游，为了达到目的工作。
(16) *但是一般的日本人对中国的理解不太深，所以为了亲眼看、亲耳听来中国。

周静（2008）在语法层面详细分析了"为A而X"格式中"而"的隐现情况，指出三种必须带"而"的情况有：当"X"的是单音节动词时；充当"X"的是双音节动词，且没有宾语时；当"X"和"A"相同时，即成为"为A而A"格式时。例（15）中"工作"是双音节动词，且没有宾语，正确表达应为"为了达到目的而工作"，此处不可省略"而"。例（16）中的"来"是单音节动词，正确表达应为"为了亲眼看、亲耳听而来中国"，此处亦不可省略"而"。

（四）母语词义泛化

通过与学生访谈得知，日本学生在高中阶段通过学习《汉文国语综合课本》对中国古代文学中的"而"和"且"有所接触，其意义对比如下：

日语中的「而」···句と句をつなぐ接続詞のような働きをする文中に置かれ、前後の句を「順接」または「逆接」でつなぐ働きをします。(意思就是"而"本身并不带有实际意义，在句子或段落中只起到连接的作用，所连接的上下两句呈顺接和逆接的关系。)

日语中的「将＝且」□まさニ～（セ）ントす【訳】〔今にも〕～（し）ようとする［意志］～（する）だろう［推量］(意思就是连接下文中即将要发生的动作或事情。)

也就是说，日本学生学习过"而""且"单独的意义和用法，但是并没有学习过"而且"的用法，因此日本学生在第二语言习得过程中，容易将母语中"而""且"的意义泛化并与汉语"而且"的意义混淆产生国别化偏误。

三、教学建议

（一）注重不同语义关系下形近连词的辨析

语义关系能够体现词语的部分属性特征，了解连词连接项之间的语义关系可以促进学生对于连词的区分和理解，例如转折关系的"而"和递进关系的"而且"，教师在实际教学中，可以从语义关系的角度，适当增加对转折关系和递进关系的辨别，让学生在理解不同语义关系的特点的基础上，辅以具体形近连词的辨析和操练，可有效促进学生对形近连词的理解和运用。

（二）注重词义相近性和适用性的理解

在同一语义关系下，词义的相近性较为明显，例如并列关系中的"而""并""和"，教师在实际教学中，更应注重其各自的适用性特点，可借助大规模语料库来探寻各自不同的搭配条件，用具体的实例来展现不同的语境，可依据语境来设置词语间的搭配练习，促进学生对不同连词的分类理解和深层记忆。

（三）适当加强国别化及固定格式的教学

本文的研究可以看出日本学生在习得连词"而"的过程中存在一定的国别化偏误，例如固定格式"为/为了……而……"中"而"的遗漏情况，因此在实际教学中，教师可根据具体情况，对日本学生学习"为/为了……而……"的固定格式进行适当的强化练习，可采用语块教学法，让学生在整体识记的基础上进行输出练习，这样可以促进学生对固定格式的整体识记，并提高语言输出的整体性和有效性。

四、结语

本文基于用法语言观和语料库研究方法，以北京语言大学 HSK 动态作文语料库（1.0 版）中日本学生习得连词"而"的偏误语料 183 例作为研究对象，综合《现代汉语》（黄廖第四版）中短语和复句的分类标准，将"而"前后项之间的关系统分为并列、承接、递进、转折、因果、目的、修饰（补充）七种语义关系，并以连词"而"的连接项之间的语义关系为着眼点，对日本学生的偏误语料进行了国别化研究，得出以下结论。

从偏误类型上来说，以误代、误加和遗漏三类进行划分，误代偏误中并列、递进、目的三类语义关系的偏误依次居多，此三种关系共计 60 例，占日本学生误代类偏误总量的 77.92%。对照具体的偏误词语来看，在并列关系中，连词"而"易与"并""和"发生混淆；递进关系中，"而"易与"而且"发生混淆；目的关系中，"而"易与"来"发生混淆。误加和遗漏偏误中均表现为目的关系的数量占优。

本文针对不同偏误类型中所体现的问题，通过分析得出其偏误原因有：不同语义关系相混淆、对同一语义关系下连接项的性质认识不清、对表示目的关系的固定格式掌握不理想、母语词义的泛化。最后本文为日本学生习得连词"而"的实际教学提出了三点教学建议，即注重不同语义关系下形近连词的辨析、注重词义相近性和适用性的理解、适当加强国别化及固定格式的教学，以期为来华留学生的二语教学提供参考和借鉴。

由于本文的偏误语料全部来源于北京语言大学 HSK 动态作文语料库

(1.0版),来源单一且数量有限,另外笔者对语料的整理并未按照学生的等级进行划分,因此在描写偏误事实、分析偏误原因等方面不够全面和客观,仍存在很多不足,但限于篇幅原因,笔者将在后续文章中对表示递进关系的"而"与"而且"和表示目的关系的"而"与"来"的用法做进一步的辨析和研究。

参考文献

1. 和月(2013)《对外汉语教学中五组同义连词的辨析》,兰州大学学位论文。

2. 黄伯荣、廖序东(2007)《现代汉语》(增订第四版),高等教育出版社。

3. Langacker R. (2000:1-65) Dynamic Usage-based Models of Language, Stanford:CSLI Publications.

4. 鲁健骥(1994)外国人学汉语的语法偏误分析,《语言教学与研究》第1期。

5. 吕叔湘(1980)《现代汉语八百词》,商务印书馆。

6. 魏梦羽(2017)《连词"而"的习得顺序及教学研究》,湖南师范大学学位论文。

7. 武和平、王晶(2016)"基于用法"的语言观及语法教学中的三对关系,《语言教学与研究》第3期。

8. 周静(2008)"为A而X"格式的语法意义及其制约条件,《中文自学指导》第1期。

9. 邹晓慧(2014)《基于对外汉语教学研究的"而"的语法语义分析》,辽宁师范大学学位论文。

基于语料库的高年级本科留学生汉语书面语体教学探析

张秀红[*]

摘 要：本文运用 BCC、CCL、MLC、DCC 等语料库，初步探讨了高年级本科留学生的汉语书面语体教学。笔者认为，基于语料库的汉语书面语体教学遵循的原则是：第一，语言项目的选择及教学顺序的安排应基于其在语料库中分布频率的高低；第二，例句的选择与练习的设计应基于语料库中分布频率最高的语言实例；第三，在语料库考察的基础上，将高度概括的句法结构细化、具体化，为学习者提供其在更大语言环境中的使用信息，包括高频搭配型式和语义韵等信息。

关键词：语料库；汉语书面语体；教学；本科留学生

在国际汉语教学领域，来华留学生的汉语学习过程首先是从日常口语体开始的，随着学习进程的推进，到了中高级阶段，逐渐接触、学习汉语书面语体的表达方式。近年来，高年级来华留学生书面语体表达中存在的问题引起了学界的关注。亓华（2006）指出，"留学生论文写作中普遍存在对书面的、逻辑的、客观辩证式的论述语言表达不力的问题，表现之一

---

[*] 张秀红，北京语言大学汉语国际教育学部汉语学院讲师。

就是书面语中夹杂着一些口语的词语和句式"。[1]留学生的书面正式语体表达能力是其综合运用汉语能力的重要组成部分,尤其对于汉语本科学历教育的来华留学生而言,汉语书面语体表达能力的高低也在很大程度上决定了其毕业论文的写作质量。

对留学生汉语书面语体表达能力的培养与"教什么"和"怎么教"密切相关。"教什么"是内容的问题,"怎么教"是教法的问题。这也是本文探讨的主要问题。

本文在梳理近二十年来汉语书面语体的研究现状与考察现有教学材料的基础上,对基于语料库的高年级本科留学生汉语书面语体的教学进行了初步探析。高级阶段留学生所使用的汉语教材,冯胜利2006年出版的《汉语书面用语初编》(下文简称《初编》)是本文研讨的重要参考资料。

一、汉语书面语体研究现状

笔者以"汉语书面语体"为检索词,在中国知网搜索了2000—2019年间的相关研究成果,通过这些成果,基本可以看出进入21世纪以来学界在汉语书面语体研究方面的发展脉络。这些成果主要来自两个方面:一是汉语本体研究领域;二是汉语国际教育研究领域。

(一)汉语本体领域的书面正式语体研究

在汉语本体研究领域,对书面正式语体的关注既有宏观视角,也有微观视角。前者主要有:冯胜利[2][3][4][5][6]系列研究涉及汉语书面语体语法的独立性、基本格局、材料来源,以及形成原则、基本特征、基本范畴及其理论体系的本质等。此外,张正生[7]探讨了书面语定义的复杂性与书面语研究方法论存在的问题;冯胜利、王洁、黄梅[8]介绍了汉语书面语体庄雅特征的量化方法及庄雅度自动测量的方法;宋婧婧[9]对汉语书面语词和口语词的交叉、融合与转化现象进行了研究。

微观视角的研究主要有:冯胜利、闫玲[10]和黄梅、冯胜利[11]分别对书面语体文章中谓语动词对韵律的要求和嵌偶单音词的句法分布情况进行了研究;王永娜[12]的研究表明,双音化不仅是"形态的标记",同时也是

"语体转换的手段"；孙德金[13]对现代汉语书面语中的文言成分从界定的标准、界定的程序和影响界定的因素等三个方面进行了探讨。

（二）汉语国际教育领域的书面正式语体研究

相对于汉语本体研究，汉语国际教育领域对书面正式语体的关注更呈多样化特征。从留学生书面正式语体习得的偏误角度进行研究的有：张憬霞[14]、李艳[15]、胡明龙[16]借助 HSK 动态作文语料库，分析、归纳了留学生书面语体的偏误类型及其成因。骆健飞[17]在韵律语法、语体语法的框架下，分析了留学生的书面语作文材料中经常出现的韵律偏误，并对偏误进行了分类、描写和解释。从汉语教材入手，对课文和练习中的语体分布特征进行考察的主要有韩莹[18]、陈倩倩[19]和黄婧[20]。此外，也有研究者专门探讨基于语体的对外汉语教学语法体系的构建以及留学生书面正式语体意识的培养，见李泉[21]、张莹[22]和刘圣心[23]的相关研究。

综上发现，近二十年来，研究者对汉语书面语体给予了高度关注，取得了较为丰硕的成果。汉语本体领域的研究成果是留学生书面正式语体教学之"本源"，没有这些成果，对留学生的书面正式语体教学也就成了无源之水、无本之木。遗憾的是，现有的研究多囿于"汉语本体"，参照汉语国际教育的实际情况及需求对汉语书面语体进行的系统研究尚不多见，我们期待基于汉语国际教育视角的书面语体研究成果的出现，期待"理论语法"向"教学语法"的转换。而汉语国际教育领域对汉语书面正式语体的研究大多基于学习者视角，或关注的是学习者学到了什么，或分析学习者汉语书面语中存在的偏误，此类研究多是零散的、不成系统的，这种"散点式"研究未能充分观察汉语学习者书面语体表达系统的全貌，对其存在的问题及分析也就难免不够全面。

此外，上述两个领域的研究均未对"怎么教"给予充分关注。除了研究学习者"学到了什么"之外，我们更需研究"怎么教"，即研究什么样的语言输入方式才更有利学习者掌握汉语的书面正式语体的表达方式。当前，高年级留学生所使用的汉语教材又是"怎么教"汉语书面语体的呢？

二、现有汉语教材处理书面正式语体的方式及存在的问题

为了考察现有留学生汉语教材中对书面语体的处理方式,我们以马树德主编的《现代汉语高级教程》(以下简称《教程》)作为研究素材,之所选取该套教材,原因在于:该书由长期从事高级汉语教学的一线教师、专家编写,自 2002 年第一次出版以来,一直是本科学历来华留学生三、四年级综合课的必修教材。三年级学生使用《教程》的上册和中册,四年级学生使用《教程》的下册。《教程》对汉语书面语体的介绍有三种形式。

(一)在"词语例释"中注明该词用于书面语

这种处理方式在三年级的汉语综合课教材中占主导地位。统计发现,《教程》上册和中册中共有 14 个词语在"词语例释"中被注明用于书面语。如《教程》上册"词语例释"中对"得以"的说明[24]:

助动词。表示能够、可以。它强调凭借某种帮助或某种力量,才使事情成为可能。所以句子中一般要出现所凭借的内容,即事情成为可能的原因。只用于肯定句,后边一般跟双音节动词。常用于书面语。

(二)对具有书面语色彩的单音词专门说明

《教程》中册对汉语书面语体的关注除了零星散见于"词语例释"中的说明外,还结合某一课文的语言特点,专门对具有书面语色彩单音节词在现代汉语书面语中的运用情况进行了说明。

(三)对汉语书面语体和口头语体进行较为系统的对比

《教程》下册对汉语书面语体的关注只有一处,从用词、句法、修辞和运用四个角度对比了汉语书面语体和口头语体的差异[25]:

在用词方面,书面语体多选用书面词语,包括古语词、成语等,而存在排斥口语词、方言词、歇后语、谚语等俗语言的倾向。

在句法上,书面正式语体常使用修饰成分较多的长句以及复句或文言

句式，句子成分或关联词较少省略，句与句之间联系紧密。

从修辞的角度来说，书面语体的艺术性是比较高的，习惯用优美抒情的笔调，多用比喻、排比、对偶、引用等修辞格。

从运用的角度来说，书面语体主要用于书面语，而口头语体主要用于口语中。

（四）值得进一步探讨的问题

《教程》对汉语书面语体的处理方式体现了一种由易到难、由点到线再到面的逻辑顺序，值得充分肯定。但是，笔者认为尚有以下问题值得商榷。

第一，《教程》在对汉语书面语体的处理方面重规则，轻练习。考察该教材后我们发现，其较为重视对汉语书面语知识的介绍，相关的练习很少，这不利于留学生掌握汉语书面语表达技巧、习得书面语表达能力。对留学生而言，这种技巧与能力的获得仅靠对"规则"与"知识"的了解是不够的，还应有较为充分的操练。因此，教材需要在介绍汉语书面语知识与相关规则的基础上，编写类型多样的练习，供学生使用。

第二，《教程》对汉语书面语体的介绍缺乏系统性。汉语书面语表达能力是高年级留学生需要掌握的一项重要能力，也是这个阶段重要的培养目标，因此系统的汉语书面语知识介绍及配套的练习应在高级汉语综合课教材中得到体现，然而现有教材在这方面仍存在不足。《教程》整套教材通过带有随机性和散点化的"词语例释"方式注明某词用于书面语的只有28处；稍具系统性的书面语体知识的介绍只在《教程》中册和下册各出现一次，其介绍方式多有模糊与笼统之处。如《教程》中册提到，现代汉语中某些单音节词的使用可以增强语言的书面语色彩，但是并没有详细介绍哪些单音词具有书面语色彩，对这些单音节词和与其对应的双音节词在使用上具体有何差异等等，《教程》都缺乏详尽说明。这种处理方式造成的后果之一就是，完成高级阶段的学习之后，留学生依然对汉语书面语体缺乏整体认识，汉语书面语表达水平也不尽如人意。

有鉴于此，本文以《初编》所列语言项目为纲，运用语料库技术与研究方法，探讨如何实施高年级本科留学生的汉语书面语体教学。

三、基于语料库的高年级本科留学生汉语书面语体教学

（一）以《初编》为纲的汉语书面语体教学设计

鉴于《教程》处理汉语书面语体的现状与教材更新周期较慢的事实，综合考量高年级本科留学生的课程设置与课时安排等情况，依托《初编》，笔者初步构建了高级阶段本科留学生汉语书面语体教学规划。虽然汉语书面语体到底包括哪些内容学界还在探索中，但《初编》中所列举的嵌偶单音词、合偶双音词和文言古句式确是书面正式语体的重要组成部分，为"教什么"提供了一种重要参考。

《初编》中列举了 235 个嵌偶单音词，398 个合偶双音词，224 条常用古句式。考虑到四年级下学期汉语综合课课时较少，且学生还要写作毕业论文及参加工作实习等情况，我们将《初编》中的语言项目分散到三年级（上）、三年级（下）和四年级（上）三个学期中。按照每个学期 16 周计算，每周平均需要完成的语言项目是嵌偶单音词 5 个，合偶双音词 8 个，常用古句式 5 条。高级阶段汉语综合课按每周 3 次课（6 课时）计算，每次课需要讲练的语言项目大约是嵌偶单音词 2 个，合偶双音词 3 个，常用古句式 2 条。由此看来，在不改变现行教材的编写体系与完成教学大纲所规定的教学内容的前提下，此教学规划是具有可行性的。

（二）高年级本科留学生汉语书面语体教学模式

"语料库已经几乎被所有的语言学研究者看作默认的数据源。任何内省数据在未得到语料库验证的情况下都不可能获得人们的信任。语料库已经成为几乎所有语言研究的关键要素"。[26] 本文以北京语言大学的 BCC 语料库、中国传媒大学的 MLC 传媒语料库与国家语言资源监测与研究中心的 DCC 国家语言资源动态流通语料库、北京大学的 CCL 现代汉语语料库作为语料来源。BCC 汉语语料库总字数约 150 亿字，语料文体类型丰富，能够全面反映当今的语言生活情况，DCC 语料库中的语料涵盖近 20 种国内主

流中文报刊，MLC 语料库包括 34000 多个广播、电视节目的转写文本，语料具有较大的典型性和代表性，CCL 语料库在语言研究方面一直被学界作为重要的语料来源。

下面具体阐述基于语料库的高年级本科留学生汉语书面语体的教学如何实施。

1. 嵌偶单音词教学

"嵌偶单音词"是指当代书面正式语体中必须通过韵律组合才能独立使用的单音节文言词；换言之，嵌偶单音词要求和另一个单音词（或者也可以是嵌偶单音词，或者不是）合成一个"韵律词"才能合法出现。[27] 如"顿"需与另一单音节词构成 [1+1] 双音模块才能合法出现，"顿觉""顿感"合法；"顿觉得"和"顿感觉"都不合法。笔者以《初编》中"案"为例说明嵌偶单音词的教学方式。在"案"这一词条下，《初编》列出了"案发""案前""本案""此案"和"连发三案"五个嵌偶韵律词。通过语料库检索发现，这些词语在不同语料库中的出现频率差异较大，具体分布情况如下面 5 个表所示。

表 25—1　"案发"在不同语料库中的分布情况

语料库	规模（字）	观察频数	标准频数（每百万词）
BCC	15000000000	4466	0.297733
CCL	581794456	1518	2.609169
MLC	200071896	1783	8.911796
DCC	10000000000	6012	0.6012

表 25—2　"案前"在不同语料库中的分布情况

语料库	规模（字）	观察频数	标准频数（每百万词）
BCC	15000000000	25	0.001667
CCL	581794456	13	0.022345
MLC	200071896	6	0.029989
DCC	10000000000	12	0.0012

表 25—3　"本案"在不同语料库中的分布情况

语料库	规模（字）	观察频数	标准频数（每百万词）
BCC	15000000000	2085	0.139067
CCL	581794456	1371	2.356502
MLC	200071896	1015	5.073176
DCC	10000000000	3606	0.3606

表 25—4　"此案"在不同语料库中的分布情况

语料库	规模（字）	观察频数	标准频数（每百万词）
BCC	15000000000	10178	0.678533
CCL	581794456	4887	8.399874
MLC	200071896	2179	10.89108
DCC	10000000000	7803	0.7803

表 25—5　"连发三案"在不同语料库中的分布情况

语料库	规模（字）	观察频数	标准频数（每百万词）
BCC	15000000,000	0	0
CCL	581794456	0	0
MLC	200071896	0	0
DCC	10000000000	1	0.0001

通过比较，五个数据表反映出如下信息：

第一，"案"所构成的韵律词在 MLC 语料库中出现的标准频数最高，这反映了这些词语出现的典型语境。

第二，基于"案"在 MLC 语料库中分布的标准频数最高，教学中教师应以 MLC 语料库中的语言实例为数据源，选择合适例句及设计相应练习。推而广之，在嵌偶单音词的教学过程中，教师在选择例句与设计练习时均应基于参照该词所构成的韵律词分布标准频数最高的语料库。

第三，"连发三案"在不同语料库中的分布情况说明，该词在真实的语言交际中极少出现，教学中可考虑删除。实际教学中教师应以语料库中实际语言用例作为检验标准，对《初编》所列语言项目进行适当的取舍。

2. 合偶双音词教学

"合偶双音词"是指必须与另一双音词组合成"[2+2]"的韵律格式才能合法出现的双音词，如"保持"必须与一个双音节词语组合才合法，如"保持安静"合法，"*保持静"则不合法。又如"办理机票"合法，"*办理票"则不合法。《初编》共收录了398个合偶双音词，其中甲级词26个，乙级词143个，丙级词205个，丁级词12个，超纲词12个。每个等级各取一词说明如下（带"*"的为不合法结构）：

进行㊀

进行讨论　　　　进行改革　　　　进行调查
*进行论　　　　*进行改　　　　*进行查

进入㊁

进入学校　　　　进入梦乡　　　　进入市区
*进入校　　　　*进入梦　　　　*进入市

难以㊂

难以相信　　　　难以计算　　　　难以入睡
*难以信　　　　*难以算　　　　*难以睡

经受㊃

经受批评　　　　经受灾难　　　　经受痛苦
*经受批　　　　*经受灾　　　　*经受苦

极为㊌

极为不满　　　　极为深刻　　　　极为严厉
*极为满　　　　*极为深　　　　*极为严

上述诸例显示出合偶双音词在运用中规律性极强，即必须与另一双音节词构成[2+2]的韵律格式才能合法，与其语义相近的[2+1]结构则为非法格式。合偶词存在一个共同的语法本质：通过双音形式以及配双要求,构建书面正式语体语法形式,实现语义上的"抽象+抽象",达到表达正式语体的语体功能,并且合偶词的求双要求越为严格,其这一属性就越为强烈,随着求双要求的降低,这一本质特征也有不同程度的降低。[28] 在教学中,教师应将合偶词的这一本质特点向学生说明,这是留学生掌握合偶双音词的难点之一,也是教学的重点之一。除了给留学生提供合偶韵律词的合法搭配与非法搭配的对比之外,还应在语料库考察的基础上为学生提供其在更大的语言环境中的使用信息,如常见搭配、语义韵等信息。我们以"进行讨论"和"经受痛苦"为例进行说明。

先说搭配。笔者以"进行讨论"为关键词在 BCC 语料库中进行检索,以该结构所在的整个句子作为观察对象,发现"进行讨论"所构成的搭配型式主要有:"就 NP 进行讨论""对 NP 进行讨论"和"从 NP 进行讨论",并且"进行讨论"不可后接宾语。教师在教学过程中应把这些信息明确告知学生,并根据这些典型搭配型式作为从语料库中选择例句与设计练习的依据。

再看语义韵。Scinlair(1987)等人认为,正如声音可以互相影响,词与词之间的语义也能相互感染。语义韵指的是由于词项受到与之搭配的词语的影响而被"传染"上的相似的语义特征。Stubbs(1995)从功能的角度将语义韵划分为三类:积极语义韵、中性语义韵和消极语义韵。积极语义韵的词项吸引的搭配词具有积极的语义特点;消极语义韵的词项吸引的搭配词具有消极的语义特点;中性语义韵的词项既可以与具有消极意义的词语共现,也可以与具有积极意义的词语共现。[29]笔者以"经受 N"作为检索式,在 BCC 语料库中共检索到 1445 条记录,穷尽式观察后发现,与"经受"搭配的词语中出现比例最高的是"考验",其次是"挫折""风险""磨难""风雨"和"洗礼",这些词语都带有消极语义色彩,教学中教师应向学生做出说明并首选这些搭配词。《初编》中所列出的"经受批评"在 BCC 语料库中检索到 1 条记录,"经受调查"没有检索到符合条件的记录,因此教学中这两个搭配可考虑删除。

3. 常用古句式教学

常用古句式是指从古代传承下来、只用在汉语书面语体中的表达方式,也称"书面语句型",如"凡……者,多……"、"岂不……哉"等。

以《初编》所列常用古句式"备受（……的）[VV]$_{prwd}$"为例进行说明，其处理方式如表25—6所示。

表25—6 "备受"一词的搭配情况[30]

【文】备受（……的）[VV]$_{prwd}$	【白】（到处）受到（……）的充分的/很大的V
经济发展备受重视。	经济发展受到充分的重视。
心理咨询讲座备受学生欢迎。	心理咨询讲座受到学生的普遍欢迎。
他一生在外，备尝艰苦。	他一辈子在外面工作，吃尽了苦头。
他从事学术多年，备知其中的甘苦。	他搞学问搞了很多年，完全了解其中的苦和乐。

一种被语言学界广为接受的观点是，语言中的词语不能被孤立地看待。20世纪50年代，英国著名语言学家Firth就提出了搭配（collocation）这一概念。简单来讲，"搭配"就是词语之间的一种组合、共现关系。在语料库检索行中，以节点词为中心，左右的词数之和为跨距（span），跨距内每个位置上出现的词语即节点词的搭配词（collocates）。[31]类联接关注的同样也是"结伴关系"，与搭配不同的是，类联接所关注的"结伴关系"不再局限于词汇层面，同时还涉及词类与语法两个层面，比如副词多与形容词构成类联接。

表25—6显示，《初编》为我们提供了"备受"常见的两种类联接型式，即"备受……的[VV]$_{prwd}$"和"备受[VV]$_{prwd}$"。"[VV]$_{prwd}$"代表双音节动词性韵律词，具有高度的抽象性和概括性。在教学中，教师应在调查语料库实际语言运用情况的基础上将其具体化，说明哪些动词可以进入该模式，也即"[VV]$_{prwd}$"是哪些双音节动词。通过对BCC、CCL、MLC和DCC四个语料库的检索，笔者发现，出现在"[VV]$_{prwd}$"位置上的高频词有"珍视""瞩目""关注""争议"和"困扰"等。此外，发现"备受"所构成的类联接主要有以下几种，归纳如下：

(1) 备受（……的）[VV]$_{prwd}$

(1a) 今天，这些传承千年的国宝在海峡两岸的两座故宫博物院中都得到了严格的科学保管，备受世人的珍视。

（1b）亚运开幕在即，场馆建设备受瞩目。

（1c）亚运期间广州如何保障空气质量，一直备受关注。

(2) 备受……[VV]$_{prwd}$的NP

（2a）他在化学反应动力学研究方面取得了备受国际瞩目的重要研究成果，发表研究论文200多篇。

（2b）备受市民关注的第三届亚洲宠物展将于9月20日至23日在上海世贸商城举行。

（3c）今天下午，备受深圳市民广泛关注的深圳水务集团自来水价格听证会如期举行。

(3) 备受[VV]$_{prwd}$的NP

（3a）国际田协还在第一天的会议中，以81票赞成、74票反对，通过了备受争议的抢跑新规则，即每一场赛跑比赛只允许一次起跑犯规。

（3b）如此一来，我们必然要提到"风格"这个如今备受关注的话题。

（3c）所有场馆都在进行最后的布展和设备调试，备受期待的开幕式也正在排彩之中。

(4) 备受……[VV]$_{prwd}$的是/有……

（4a）目前备受学术界关注的是天然气水合物与海底生物灭绝的直接关系。

（4b）航展上备受关注的还有美国波音公司787型"梦想"客机。

（4c）另一个备受关注的电子产品是微软的Xbox游戏机。

基于此调查结果，在讲授该语言项目时，教师向学生呈现的不应仅仅是表6所含的内容，而应基于"备受（……的）[VV]$_{prwd}$"、"备受……[VV]$_{prwd}$的NP"、"备受[VV]$_{prwd}$的NP"和"备受……[VV]$_{prwd}$的是/有……"这几个搭配型式和出现在"[VV]$_{prwd}$"位置上的高频双音节动词从语料库中选择例句并设计相应练习。

四、结语

汉语书面语体是留学生汉语习得的重要内容之一。随着汉语国际教育在我国的不断发展，这方面的研究也得到了相当的重视，并在很多方面取得了可资欣慰的成果，为国际汉语教学不断提供坚实的理论基础。

但是，任何事物都是在辩证的过程中发展的，即在发展中不断发现新问题、研究新问题、解决新问题，循环往复，事物的发展才具有真正的生命力。汉语国际教育也是如此。就汉语书面语教学而言，笔者在教学实践中意识到，无论理论研究还是教材编写，乃至具体教学实践上，还有诸多问题有待进一步深入研究和探讨。

为此，笔者结合自己在教学中使用的教材以及教学实践，就现有汉语教材处理书面正式语体的方式及存在的问题，探索和分析了基于语料库的高年级本科留学生汉语书面语体的教学模式。它的基本教学原则是：第一，书面正式语体语言项目的选择及教学顺序的安排应基于其在语料库中分布频率的高低，高频的先教，次高的后教，频率极低的可不教；第二，例句的选择与练习的设计应基于该语言项目分布频率最高的语料库中语言的使用实例；第三，在语料库考察的基础上，将高度概括的句法结构细化、具体化，为学生提供其在更大的语言环境中的使用信息，如常见搭配型式和语义韵等信息。

希望这种探讨能给汉语书面语教学与研究提供某些参考。当然，这一探析还是初步的，尚需在实践中进一步拓展与深化，也希望得到方家的批评和指正。

参考文献

1. 亓华（2006）留学生毕业论文的写作特点与规范化指导，《云南师范大学学报（对外汉语教学与研究版）》第1期。

2. 冯胜利（2003）书面语语法与教学的相对独立性，《语言教学与研究》第2期。

3. 冯胜利（2005）论汉语书面语法的形成与模式，《对外汉语书面教学与研究的最新发展》（论文集），北京语言大学出版社。

4. 冯胜利（2006）论汉语正式书面语体的特征与教学，《世界汉语教学》第 4 期。

5. 冯胜利（2010）论语体的机制及其语法属性，《中国语文》第 5 期。

6. 冯胜利（2012）语体语法："形式—功能对应律"的语言探索，《当代修辞学》，第 6 期。

7. 张正生（2005）书面语定义及教学问题初探，对外汉语书面教学与研究的最新发展》（论文集），北京语言大学出版社。

8. 冯胜利、王洁、黄梅（2008）汉语书面语体庄雅度的自动测量，《语言科学》第 2 期。

9. 宋婧婧（2008）汉语书面语词和口语词的交叉、融合与转化，《长江大学学报（社会科学版）》第 11 期。

10. 冯胜利、闫玲（2005）从统计数字看书面语中动词短语的韵律要求，《对外汉语书面教学与研究的最新发展》（论文集），北京语言大学出版社。

11. 黄梅、冯胜利（2009）嵌偶单音词句法分布雏析——嵌偶单音词最常见于状语探因，《中国语文》第 1 期。

12. 王永娜（2012）书面语体"和"字动词性并列结构的构成机制，《世界汉语教学》第 2 期。

13. 孙德金（2012）现代汉语书面语中文言语法成分的界定问题，《汉语学习》第 6 期。

14. 张憬霞（2009）《高等 HSK 考试中学生书面语能力考察与分析》，北京语言大学硕士学位论文。

15. 李艳（2012）《英美留学生 HSK 高级写作中书面语体偏误分析》，陕西师范大学硕士学位论文。

16. 胡明龙（2013）《汉语作为第二语言学习者写作中的语体偏误分析——以英国学生为例》，陕西师范大学硕士学位论文。

17. 骆健飞（2014）中高年级留学生韵律偏误分析及教学策略——以

书面语写作为例,《云南师范大学学报(对外汉语教学与研究版)》第 5 期。

18. 韩莹(2008)《中高级对外汉语综合课教材中书面语体情况考察与分析》,北京语言大学硕士学位论文。

19. 陈倩倩(2011)《基于语料库的高级精读教材书面词汇的考察与研究》,山东大学硕士学位论文。

20. 黄婧(2014)《〈博雅汉语〉语体分布情况的考察分析》,广西民族大学硕士学位论文。

21. 李泉(2003)基于语体的对外汉语教学语法体系构建,《汉语学习》第 3 期。

22. 张莹(2007)关于加强高级阶段留学生书面语体听辨能力的思考《海外华文教育》第 4 期。

23. 刘圣心(2008)《高级阶段留学生书面语体意识的考察与培养》,暨南大学硕士学位论文。

24. 马树德(2013)《现代汉语高级教程(上)》,北京语言大学出版社。

25. 马树德(2013)《现代汉语高级教程(下)》,北京语言大学出版社。

26. 梁茂成等(2013)《语料库应用教程》,外语教学与研究出版社。

27. 冯胜利(2006)《汉语书面用语初编》,北京语言大学出版社。

28. 王永娜(2015)《汉语合偶双音词》,北京语言大学出版社。

29. 张莹(2012)基于语料库的语义韵 20 年研究概述,《外语研究》第 6 期。

30. 孙世军(2017)动词 recognize 和 admit 的语言差异性研究,《文学教育(上)》第 7 期。

基于翻转课堂的对外汉语阅读课教学设计

朱 彤[*]

摘 要：作为一种新型教学模式，翻转课堂在对外汉语教学中得到了越来越广泛的应用。本文从传统对外汉语阅读教学中存在的问题出发，分析探讨基于翻转课堂模式的对外汉语阅读课的教学设计。

关键词：对外汉语阅读教学；翻转课堂；教学设计

一、对外汉语阅读课的现状及存在的问题

随着信息化时代的到来，阅读在人们生活与工作中的重要性日益突显。阅读能力的培养和提高，是对外汉语教学中的重要一环。作为一门语言技能课，阅读课在第二语言习得过程中占据着重要位置。然而，在对外汉语阅读课教学当中，长期以来存在的一些问题，影响到了阅读课的教学效果。主要表现在：

1. 课程性质的把握不准确，课型特点不突出。在以语言形式为核心的

---

[*] 朱彤，北京语言大学汉语国际教育学部汉语学院讲师。

阅读课教学模式下，教师往往沿用传统的教学方法，讲解生词、学生阅读课文、回答问题、教师串讲的教学程式，词汇和语法成为教学的重点，而练习不过是为了检查和强化学习成果，整体认读训练匮乏，无论是教材还是教法都与综合课相近。

2. 在传统阅读课堂上，任课教师在授课过程中与学生之间的交流互动相对较少，学生阅读缺乏主动性，课堂气氛沉闷。

3. 阅读量偏小。目前阅读课一般每周上课只有2学时，课堂上有限的时间难以满足阅读课的教学要求，达不到预期的教学效果。虽然我们一直强调课外阅读的必要性，但由于教师缺乏有效的监管手段，学生的自觉性较差，效果微乎其微。

4. 学生差异较大，很难做到因材施教。目前，留学生的汉语水平差异很大，而且由于留学生来自不同国家，文化背景也不同，因此他们在汉语阅读中所面临的难点也不同。可是，传统的汉语阅读教学由于课堂时空的限制，教师很难在短时间内准确地把握学生的学习情况，也不可能在教学中照顾到所有学生的特点和需求，无法进行更有针对性的讲解，很难照顾到所有学生。

为了解决上述问题，教师进一步明确阅读课的目的、任务和性质固然很有必要，同时也应改进传统的教学理念与授课形式。作为一种新型教学模式，翻转课堂已经日益受到中国学者的关注，有关翻转课堂的研究与实践层出不穷。近年来，翻转课堂在对外汉语教学中得到了越来越广泛的应用。如果能够借鉴新的教学理念与手段，将其引入到阅读教学当中，开展基于翻转课堂的对外汉语阅读教学，将有助于解决目前对外汉语阅读教学中存在的问题，提高阅读课的教学效果，更好地完成阅读教学的目标和任务。

二、基于翻转课堂的对外汉语阅读课教学设计

源起于美国的翻转课堂，为教学提供了一种全新的模式。所谓翻转课堂，是指在信息化的环境中，教师在课堂授课之前，先准备好基于授课内容的微视频等学习资源，通过信息化渠道提供给学生，学生通过观看教学

视频等学习活动，完成课前自学任务；在课堂上，教师针对学生在课前学习中遇到的疑难问题进行答疑，启发学生做进一步的思考，指导学生进行合作学习，分组讨论，在研讨互动中实现知识的吸收和内化。这种新型的教学模式，将师生在课堂中的角色进行了转换，彻底颠覆了由教师课堂讲述传授知识传统的教学过程，改变了先教后学的程序，原本应由教师在课堂上讲授的内容，放到了上课之前，由学生自主学习完成，课堂时间所进行的则是知识和技能的巩固与内化。翻转课堂为学生提供了个性化的语言学习环境，强调的是学生自主学习，学生有了更多的自由和空间，成为课堂教学活动的参与者和执行者，真正实现了以学生为中心因材施教。

在对外汉语阅读翻转课堂教学的进行中，我们可以从课前、课中和课后这三个环节来设计教学流程。

（一）课前环节

这一环节要完成翻转课堂教学内容的前置工作。在汉语阅读课前的教学准备阶段，教师要基于对教学对象、教学目标、教学内容以及教学重点和难点的分析，安排教学流程和教学进度，制作与学生汉语水平和阅读能力相符合的教学视频或教学课件，提供多样化的教学资源包括文本、PPT、图片、视频等，通过网络渠道发送给学生。教学视频一般控制在 10 分钟左右，内容主要包括三个方面：1. 背景知识。可以是相应的教材资源，也可以是选自网络的资源，有时可以布置学生独立或分组合作查找相关的资源，教师审阅修改后在网上发布给所有的学生。2. 语言知识，包括跟本话题相关度很高的、在课文中出现的频率多的重点词汇、短语和句式，为学生跨越阅读中的障碍奠定基础。3. 相关练习，包括针对语言点的检测，也包括阅读理解情况的检测。如在学习《网络时空》（北语中级汉语阅读试用教材）这一单元时，课前教师提供的教学资源主要包括介绍互联网的短视频，与网络相关的一些重点词语，在课文中出现重要的和较难的句式，以及相关的测试题。

学生首先要观看教学视频，提前在线上自主学习相关的知识内容，通读教师发布的学习资料。在课前学习时，学生可以根据自身的情况，自主掌握学习速度，以自己的学习节奏和学习方法，有针对性地进行重点学习。如，词汇掌握少的学生可以重点学习词汇部分，语法差的学生可以反复观看关于语法的部分，阅读能力差的学生可以用更多的时间来完成阅读理解练习题。学生在学习中如果遇到问题，可以反复观看，或者通过网络平台与师生展开讨论。如果还有解决不了的疑难问题，学生可以及时在线上向教师咨询求教，教师可以通过私信交流和在线聊天，进行一对一的指导，也可以记录下来，课前在线下当面请教师答疑。

  课前教学准备阶段是翻转课堂教学的基石，决定了翻转课堂后面的两个环节能否顺利进行。传统的对外汉语阅读教学由于受到课时数的限制，有些背景和相关知识在课堂上无法进行详细的讲解，也无法监督学生的预习和课外学习情况。利用网络平台，课余时间学生不管在什么地方，只要身边有移动网络，就可以利用网络渠道在课前进行自主学习，了解掌握相关概念、知识和背景，初步完成对汉语阅读课程内容的理解，总结教学的疑难点，以便课上有更充分的时间进行交流讨论，完成对课程内容的深层次理解。针对自主学习内容，教师可以酌情布置一些学生思考题，让学生课下自己查找资料或做进一步思考。在课堂活动开展之前，学生就已经开始了主动的学习过程，预习了教师发布的学习资源，了解了相关的概念、背景和重点难点。对外汉语阅读课堂通过网络平台得到了延展，同时也提升了留学生汉语阅读的主观能动性，真正成为阅读的主人。

（二）课上环节

  这是翻转课堂教学的核心环节，是直接决定着整个翻转课堂实践活动成败的最重要一环。对外汉语阅读课上环节根据教学安排，大致可以分为以下几个阶段：自学反馈、布置任务、合作学习、项目讨论、实践汇报、归纳点评等。教师在课前发布视频的同时，就可以针对自主学习的内容，让学生采用音频或视频的方式，将查找到的资料或思考的内容进行展示，使课前学习的内容真正落到实处。

  在课堂上，刚开始上课时，教师可以通过随堂测验或提问等方式，检查了解学生在课前自主学习的情况，比如可以发布一些关于课前自主学习的知识的问题，让学生现场回答或抢答。在开始正式的课堂教学内容之前，教师应明确告知学生本次课的任务内容及要求。任课教师针对阅读材料，设置各种问题，供学生讨论回答，对于生词、句型、课文理解等教学内容，学生以小组的形式合作学习，展开互动和讨论。教师可以根据学生的个体差异，给予补充和引导。

在成果汇报阶段，学生以小组辩论、主题演讲等形式向教师和同学们汇报展示小组学习成果。这样的形式，不但提升了留学生的汉语阅读理解能力，也在实践中提升了他们的汉语应用能力，真正实现了"用中学"。在总结反馈阶段，可以师生共同完成对于学习过程的总结，由教师或学生代表做小结和主题性的发言，总结阅读文章的重点和难点，教师可以有针对性地进行阅读策略和阅读技能的指导。课后，将这些总结的内容发送到网络平台，以供学生复习，巩固课堂上所学的内容，进一步完成知识的吸收和内化。

由于经过了课前环节的自主学习，学生是有备而来的，原来用于教师讲授的时间，可以用于合作学习、交流讨论，提高学生自主解决问题的能力。合作学习、项目讨论、实践汇报等形式，也极大地提高了学生阅读的兴趣，获得成就感，培养了汉语阅读的主动性、积极性和创造性，使学生真正成为阅读学习的主人。

（三）课后环节

教师利用网络平台布置课后作业，让学生关注平台上的汉语文章，要求学生从这些文章之中选择一篇或几篇文章阅读，并完成每篇文章后面相应的阅读理解练习。如在学习完《网络时空》这一单元以后，围绕互联网这一主题，选取一篇或多篇文章，作为课后拓展阅读材料，设计相关的练习，发送到网络平台，这样可以进一步拓展学生的阅读空间，增强对这一话题理解的深度和广度。有时，可以在网络平台上搞一场快速阅读比赛，在发送文章和练习题之后，由学生进行抢答，答题最快且正确率高的同学获胜。这样的方式，提高了学生的阅读兴趣和参与热情。

学生在课后阅读中遇到问题时，可以在网络平台求助或讨论，也可以通过在线聊天和私信交流等形式，与教师进行沟通交流，教师可以进行有针对性的讲解。学生完成新的阅读练习内容后，再次上传到网络平台。教师可以对学生的作业开展在线点评，及时予以总结和指导，进一步完成知识的内化，并且根据学生的反馈，调整教学流程，优化教学思路，改善教学方法。

三、目前实施对外汉语阅读翻转课堂的难点

任何一种新的教学手段和教学模式在问世之初，必然会存在着各种各样的不足之处，需要教师在实施过程中不断地加以调整和改进，这一点是毋庸置疑的。与传统课堂相比，翻转课堂具有种种优势，但它的弱点和不足也是不容回避的。目前，开展对外汉语阅读翻转课堂教学的难点可以从教师和学生两个角度来分析。

一方面，翻转课堂对教师提出了更高的要求，加大了教师的工作量。在翻转课堂中，教师课前要进行很多准备，其中微课视频是课前学习环节的重要内容，制作需要投入大量的精力，对于教师的教学能力和掌握信息技术的能力都提出了较高要求。由于教师的视频制作水平不同，视频的质量难免参差不齐，直接影响到翻转课堂的教学效果。可以说，翻转课堂给任课教师带来了新的机遇与挑战，教师不仅要努力提升专业知识与教学技能，同时还要跟上时代发展的步伐，学习和运用不断创新的现代教育技术，以适应网络化时代教学手段和教学方法的变化。

另一方面，学生水平差异大，部分学生学习的自觉性较差。由于翻转课堂强调学生自主学习，因此在整个教学过程中对学生提出更高的要求，即课前自主预习、课上积极参与小组活动、课后及时总结反馈，一些学习自觉性差的学生，如果课前不认真完成教师布置的任务，课上环节就会一片茫然，完全跟不上进度，最终一无所获。这就要求教师在实施翻转课堂的过程中，严格管理，注意监控每一位学生的学习情况。课前环节中，在网络平台上可以检查督促学生的预习情况，对于没有观看视频完成作业的学生及时进行提醒，对于完成预习情况不佳的学生进行个别指导。在课上环节，注意观察每一小组学生的参与情况，想方设法地调动学生的参与热情。在课后环节，对于重点学生给予单独辅导，争取不让一名学生掉队。

参考文献

1. 陈玉琨（2014）《慕课与翻转课堂导论》，华东师范大学出版社。
2. 乔纳森·伯格曼（2018）《翻转课堂与混合式教学》，中国青年出版社。
3. 王勇、田爱丽（2016）《翻转课堂的理论与实践》，浙江大学出版社。
4. 于歆杰（2017）《以学生为中心的教与学——利用慕课资源实施翻转课堂的实践》，高等教育出版社。
5. 张仁贤（2014）《翻转课堂模式与教学转型》，世界知识出版社。
6. 张福涛（2014）《翻转课堂理论研究与实践探索》，山东友谊出版社。

初级对外汉语口语课堂教师话语交互式语料库建设与应用

彭 坤

摘 要：对外汉语口语课是培养口头表达技能的主要课型，自20世纪80年代分课型以来成为普遍开设的技能课之一。而作为教师在课堂上为组织和进行教学所使用的语言，教师话语在初级对外汉语口语课课堂中起到关键性的作用。建设初级对外汉语口语课教师话语语料库不仅能有效地进行教师话语研究，还能揭示初级对外汉语口语课教师话语共性，为推进口语教学、课堂互动研究提供有效借鉴。

关键词：初级对外汉语口语教学；教师话语；语料库应用

一、引言

对外汉语口语课是培养口头表达技能的主要课型，自20世纪80年代

---

* 本文为中国学位与研究生教育学会"汉语国际教育硕士导师队伍建设研究"（HGJ201731）及2019北京市教学名师共建项目阶段性成果。

** 彭坤，北京语言大学汉语国际教育学部汉语学院教师。

分课型以来成为普遍开设的技能课之一。而作为教师在课堂上为组织和进行教学所使用的语言，教师话语在初级对外汉语口语课课堂中起到关键性的作用。初级阶段的学生刚刚接触汉语，掌握的语法结构和词汇都很少，很难在课堂上进行大量、丰富的交际性练习。且初级阶段的学生只能掌握基本交际用语，使用汉语进行交际的动力和热情不够充足，其汉语输入尤其是汉语口语的输入绝大部分来自于教师。因此，为达到使学生能够在初级阶段掌握良好的交际能力的目的，教师需要给予学生正确且合适的口语输入，即教师在课堂上使用的教师话语需要符合初级阶段口语教学的教学目标、学生特点和学生需求。

相比其他水平的留学生课堂，在初级对外汉语口语课堂中，教师在课堂上所使用的教学话语更为重要。什么样的提问能够得到学生更积极的反馈，如何通过提问、引导和反馈相关话语更好地促进教学，都是初级对外汉语口语教师亟须掌握并熟练使用的教学技能。

1. 对外汉语课堂教师话语研究现状

自本学科设立以来，面向汉语语言本体、对外汉语学习者、对外汉语教学法和教学技能的研究就层出不穷，且逐步深入。随着学科体系的完善，相关研究也逐渐形成了较为完善的体系。但面向教师层面的研究，尤其是在实际课堂中教师话语的研究则少之又少。关于这一话题，吕必松先生（1989）曾指出，"不讲学生听不懂的话，但又要使学生从教师的课堂用语中学到新东西"[1]；刘珣和杨惠元在对外汉语教学专著中对教师语言的特点和规范化问题进行了论述；马欣华研究了对外汉语课堂提问的作用和种类；孙德金等人提倡采用语料分析和统计方法对教学语言的词句、结构、功能特点等进行量化研究，指出现有的研究普遍采用的是个案的、举例式的阐述方式，缺乏微观研究，缺乏对实际教学活动中教师语言的实证性研究。[2]

目前阶段针对"课堂教师话语"的研究多数运用描述的方法，重点主

---

[1] 吕必松. 关于对外汉语教师业务素质的几个问题 [J]. 世界汉语教学，1989（01）：1-17.

[2] 吴丽君著. 对外汉语教师课堂话语研究 [M]. 北京：世界图书出版公司. 2014.

要放在收集、转写和分析教师课堂话语的特点、数量及形式上,通过对这些方面的分析反观教师的教学过程。在《初级对外汉语口语交互活动中的教师话语调查与分析》中,王招玲通过调查问卷、录音转写以及访谈等多种方式收集了初级对外汉语口语课堂教师的教学话语,并从其话语量、话语形式等方面进行了综合分析。她指出,要创造良好的初级对外汉语口语课堂教学气氛,需要教师合理地控制话语量,扮演好中介者的角色,同时提高自己的话语质量。除此之外也要注意提问方式,多问参考性问题,少问展示性问题,并经常给予合适的反馈和情感支持。[1] 在《对外汉语口语课堂话语互动研究》中,李云霞以话语分析作为基本的理论基础,利用 COLT 量表对 D 大学 10 位对外汉语口语教师的课堂话语互动现状进行了描述,发现存在的问题,找到问题产生的原因,并根据对教师和学生的问卷和访谈以及第二语言课堂教学的基本理论,针对发现的问题提出具体的改进策略,同时也对本研究成果在教师培训方面的应用提出了建议。除此之外,张巧艳[2]、邓慧[3]、关春芳[4]及方梅[5]等也分别从对外汉语综合课的教师话语、对外汉语课堂教师纠错话语以及初中级对外汉语课堂教师话语比较等角度出发,分析和研究了以综合课课型为主的教师话语的具体特点和形式。

可以看出,目前阶段针对教师话语的研究多数集中在综合课课型上,面向口语课的研究较少;且研究重点放在了收集、描述和分析上,至于应该如何利用收集来的不同来源的教师话语促进教学过程和教学效果的提升,目前的研究更是少之又少。

2. 本文对外汉语口语课堂教师话语界定

目前有关对外汉语课堂"教师话语"的定义有很多,例如:

根据《朗文语言教学与应用语言学词典》中的分类,教师话语(teacher

---

[1] 王招玲. 初级对外汉语口语课交互活动中的教师话语调查与分析 [D]. 厦门大学,2009.

[2] 张巧艳. 初级阶段对外汉语综合课教师话语特点分析 [D]. 厦门大学,2008.

[3] 邓慧. 对外汉语课堂中教师纠错话语研究 [D]. 青岛大学,2017.

[4] 关春芳. 基于对外汉语课堂的教师话语研究 [J]. 现代语文(学术综合版),2013(11):81 - 83.

[5] 方梅. 初级、中级对外汉语综合课教师话语特点对比分析 [D]. 安徽大学,2017.

talk）包括课堂用语、讲授用语、师生交流用语和教师反馈用语。[1]

教师话语指课堂上教师所使用的语言，主要是讲解知识和组织教学。优质的对外汉语课堂中教师话语是必不可少的要素。具体形式包括提问、讲解、组织教学、评价反馈。（韩玲玲，2018）[2]

教师话语是汉语教师在汉语学习的课堂上组织和从事教学所使用的语言，是汉语教师行为的重要组成部分。（童成莲，2010）[3]

汉语教师话语是汉语教师职业语言的体现，教师在课堂上使用口语、书面语、体态语等进行的教学和沟通行为等都属于教师话语的范畴。汉语教师话语是发生在特定教学环境之下的，包括教师、学生、教师话语文本、师生沟通和教学环境等要素。汉语教师话语担负着师生交流和完成教学任务的双重功能，是教师有意识地组织和使用的话语，具有自身的职业特点。（吴丽君，2014）[4]

本文的研究范围主要是初级对外汉语口语课堂的教师话语，采取的定义如下：

初级对外汉语教师口语课堂教师话语指的是从事初级对外汉语口语教学的教师（包括中国境内和海外）为达到教学目标，在课堂教学和课下工作场合对汉语非母语的人群所使用的外语和汉语的总和，包括教师的口语、书面语和体态语。其中心是教师的课堂教学话语。

二、建库背景及语料库研究

有关语料库的定义，语言学家 David Crystal 认为，语料库指的是语言数据的集合，包括文本数据和录音转写数据。这些数据可用于语言描述或假说验证。（David Crystal，1991）[5] 而著名语料库语言学家 John Sinclair 对

---

[1] 理查兹. 朗文语言教学与应用语用学词典. 北京外语教学与研究出版社，2003.
[2] 韩玲玲. 优质对外汉语课堂中教师话语分析 [J]. 文学教育，2018，(21)：187.
[3] 童成莲. 可理解性输入与汉语教师话语场域的完善 [J]. 喀什师范学院学报，2010，31(02)：94-97.
[4] 吴丽君著. 对外汉语教师课堂话语研究 [M]. 北京：世界图书出版公司. 2014.
[5] Crystal, David. *A dictionary of linguistics and Phonetics* [M]. 北京：世界图书出版公司. 1991.

这一概念的界定则是，语料库指自然发生的语言文本的集合，可以用来代表一种语言或语言变体①。

从目前的研究来看，已经有很多专家学者针对对外汉语教师课堂话语收集了大量数据，这些数据以录音转写文本为主，记录了对外汉语教师在真实课堂上自然发生的话语。单从数据特点来看，其符合语料库对语言数据的基本要求，即：

（1）是机器可读的电子文本；

（2）是真实发生的语言（口语或书面语）；

（3）是经过严格的取样而得来的（而不是随意收集而来的）语言样本；

（4）目的是为了代表一种语言或语言变体。（McEnery，Xiao & Tono，2006）②

然而现阶段这些数据基本用于定性定量分析教师话语特点，尚未进入下一层面的研究。反观二语教学中的英语教学研究领域，已经出现了有关课堂教师话语语料库建设和应用的研究。例如，蔡嵘（2014）提出了收集历届"外教社杯"全国大学英语教学大赛总决赛获奖选手的授课录像，以建设优秀大学英语教师课堂话语语料库。③ 同时也已建成相关语料库，包括华南师范大学《英语课堂教学语料库》和境外以英语为本族语的英语教师的教学实况语料（何安平，2003）④；东北师范大学取自东北地区21所中学57个单元276节课而建设的课堂话语语料库（刘永兵、张会平2010）⑤；山东工商学院以按比例随机抽取的40名大学英语教师的授课录

---

① Sinclair, John. *Corpus*, *Concordance*, *Collocation*. Oxford：Oxford University Press, 1991.

② McEnery, Tony, Richard Xiao & Yukio Tono. *Corpus-Based Language Studies*：*An Advanced Resource Book*. London & New York：Routledge, 2006.

③ 蔡嵘. 优秀大学英语教师课堂话语语料库的建设与应用［J］. 河北工程大学学报（社会科学版），2014：104-106.

④ 何安平. 基于语料库的英语教师话语分析［J］. 现代外语，2003（02）：161-170.

⑤ 刘永兵，林正军，王冰. 基础英语课堂话语语料库的建构与研究功能［J］. 当代外语研究，2010（08）：17-21+62.

像为原始语料，在此基础上建设的语料库（杜晓，2009）[①]。

基于以上现状，笔者大胆提出本文设想，即建立初级对外汉语口语课堂教师话语语料库。这一设想基于对外汉语教师话语研究现状，面向初级对外汉语口语教学，旨在通过大规模严格取样，在深入分析话语特征基础上，为广大一线初级对外汉语口语教师开展课堂教学提供可靠的参考，以期为我国对外汉语教学整体教学水平的提高贡献力量。

三、建库设计

根据本语料库的特点，可以将其归类如下：（1）根据语料库代表的整体，初级对外汉语口语课堂教师话语语料库属于专门语料库（specialized corpus）；（2）根据语言传播媒介，初级对外汉语口语课堂教师话语语料库属于口语语料库（spoken corpus）；（3）由于目前阶段多数初级汉语口语教师仍是汉语母语者，只有少量是汉语非母语的外籍教师，因此按照语言产出者的身份，初级对外汉语口语课堂教师话语语料库属于本族语者语料库（native speakers' corpus）；

综上，初级对外汉语口语课堂教师话语语料库应是一个本族语者专门的口语语料库。但由于其涉及大量对话、提问和不同于普通交际口语的课堂用语，且最终目的是服务于初级对外汉语口语教学实践，因此本语料库存在无可避免的特殊性。首先，本语料库中的语料单元应以句子为单位，形成句—话轮—单次教学活动—课堂教学环节—课这样的单位分级形式；其次，本语料库的话语标记与其他语料库大为不同，其标记重点不仅在词性，还在语境，例如本句或本话轮发生的课堂学生规模、教师情况、课程进度以及所在地区等；再次，由于标记重点的不同，本语料库检索标签及检索方式也应不同；最后，本语料库计划在可实行的前提下，建成交互式模式，即教师在搜索到所需要的语料后可进行个性化语料导出，将检索到的语料按照自己所需导出为可编辑的文本模式，以便于教师参考和设计教

[①] 杜晓. 大学英语课堂教学语料库的建库原则、步骤及方法［J］. 外语研究，2009（06）：61-63.

学活动。针对我国对外汉语教学实际情况，现进行以下具体语料库建库设计：

（一）语料选择及其来源

现阶段对外汉语教师数量逐年增多，既有在国内各学校、机构任职的，也有在海外担任志愿者的。这些教师的初级口语课堂都可以作为本语料库的语料来源。值得一提的是，由于口语课课型特征是教师与学生存在大量互动，且要求学生大量操练，因此本语料库所收集的材料中一定存在除教师话语之外的学生反馈话语，这些材料也应转写到语料库中作为标记参考。例如，教师的展示性提问没有得到学生的反馈，那么此处就应标记为"无反馈"，等等。除此之外，本语料库计划收集转写各大教学比赛获得奖项的优秀教师教学视频作为语料库的另一语料来源，以丰富、扩充本语料库的研究价值。

在此基础上，本语料库可建成初级对外汉语口语教师话语比赛库和初级对外汉语口语教师话语课堂库两个基本子语料库，二者之间相辅相成，既可同时用于教学研究和参考，也可互相参照进行比较研究。

（二）建库步骤

按照语料库基本建库步骤，本语料库计划建库步骤如下：

（1）团队准备。在前期组建建库团队，成员充分了解教师话语及语料库相关研究。

（2）语料收集和分类。按照课堂和比赛的大类，有计划、大规模地收集来自全世界各地的初级对外汉语口语课堂教师话语录音、录像。将收集来的材料进行分级切分，一方面从国家、地区、课堂规模、学生情况（联合国班或单一国籍班）、课程进度、使用教材以及课文名称等角度进行标注和分类；另一方面从教学环节包括导入、讲授、操练、课堂活动及总结的角度同时进行标注和分类。

（3）语料转写和文本清理。教师在教学过程中会出现一些停顿、重复甚至错误之处，有些教师会进行自我修正，出于研究目的，在进行语料转写时应尽量保持其完整性和准确性。同时借助软件对录音录像进行降噪处理和清理，得到干净的文本。

（4）语料标注。根据本语料库特点，应对文本主要进行语用标注和词类标注。同时在语料库的使用说明中写出标注方式方法以便教师及研究人员使用。

（5）综合处理和分析。完成标注后的语料可进行综合处理，并根据研究需要进行不同方式的深入分析。

四、语料库应用

建成后的本语料库可根据研究目的及应用目的的不同分别进行检索，目前本语料库计划应用在以下几个方面：

（1）进行库内对比分析及与其他类型教师话语语料库进行比对研究，例如如果有其他课型教师话语语料库，如综合课教师话语语料库等，可以与本语料库进行对比分析。

（2）为地区性初级对外汉语口语教学研究及地区教学对比研究提供数据来源。例如海外初级对外汉语口语教学与国内初级对外汉语口语教学的教学过程、教学方式、课堂活动等方面的比对研究和分析。

（3）初级对外汉语口语课教师话语与中高级教师话语对比分析。利用本语料库数据，与中高级相应的教师话语数据进行比对和分析，帮助总结和研究二者之间的不同，并进一步深化口语课教师话语研究。

（4）研究不同教师的课堂教师话语结构。教师话语独有的 IRF 模式是与其他口语不同的独特之处，在不同的课堂语境中，教师话语的结构也会发生相应的变化。有了大量的初级对外汉语口语课堂教师话语语料以及学生的反馈语料作为参考，教师话语结构研究也就有了深入的基础。

（5）教师课堂纠错话语研究。在本语料库所收集来的教师话语中，一定也存在着大量教师针对学生的偏误进行的纠错话语。检索和分析这些纠错话语的特点，有助于总结初级对外汉语口语教师在课堂中使用纠错话语的整体特征，从而促进教学研究的发展。

（6）最后，也是最重要的，也是本语料库建立的初衷，就是能够辅助教师在教学中有可靠的教师话语参考。很多一线口语教师，尤其是初级对外汉语口语教师，只掌握了教学时使用教师话语的理论基础和原则，在实践中很难把握其真正的要领。有了本语料库大量的教师话语作为参考，同时可以生成可编辑的文本，教师在教学时就有了可使用的教师话语，甚至可以通过这一点来形成属于自己的"教师话语教案"，大大提升了教学效率。

五、反思和总结

本文所提出的语料库建设和应用，目前只是设想，仍存在种种困难和不足之处。首先，本语料库是口语语料库，其收集和转写需要耗费大量人力和物力，同时还会受到时间和空间上的限制。当然，随着技术的发展，相信未来会有更便捷的方式来减少这方面工作的苦难。其次，建设本语料库需要大量了解、熟知相关方面知识文献的研究人员组成团队，而且团队中应包含技术性人员以便解决语料库建设的技术问题。再次，转写和标注本语料库中的语料，其方式方法不同于现阶段各大建成的语料库，本文所提出的方式也只是设想的一种。在实际操作过程中，很可能存在标注无法实现的问题，这也会导致语料库建成缓慢甚至失败。最后，即使按照设想去建立本语料库，也可能会有使用不便、参考性低等潜在问题。

当然，本语料库能够使得局部性和具体化的教师话语研究具有了普遍性和整体化的特征，一些有关教师话语的共同点及不通点也得以展现。而这些异同也构成了对外汉语教学，尤其是初级对外汉语口语教学研究的基础和数据来源。至于本语料库设想及建库中可能遇到的困难，也只有通过实践不断地发现和解决。如果本语料库能够得以建成，那么随着时间发展，其内容的丰富性和体系的完整性也会逐渐得到完善，最终形成一个可供研究和教学参考的完整的口语教学语料库。

参考文献

1. Crystal, David（1991）. A dictionary of linguistics and Phonetics. 北京：世界图书出版公司。

2. McEnery, Tony, Richard Xiao & Yukio Tono (2006). Corpus-Based Language Studies: An Advanced Resource Book. London & New York: Routledge.

3. Sinclair, John (1991). Corpus, Concordance, Collocation. Oxford: Oxford University Press.

4. 蔡嵘（2014）．优秀大学英语教师课堂话语语料库的建设与应用［J］．河北工程大学学报（社会科学版）。

5. 邓慧（2017）．对外汉语课堂中教师纠错话语研究［D］．青岛大学。

6. 杜晓（2009）．大学英语课堂教学语料库的建库原则、步骤及方法［J］．外语研究。

7. 方梅（2017）．初级、中级对外汉语综合课教师话语特点对比分析［D］．安徽大学。

8. 关春芳（2013）．基于对外汉语课堂的教师话语研究［J］．现代语文（学术综合版）。

9. 韩玲玲（2018）．优质对外汉语课堂中教师话语分析［J］．文学教育。

10. 何安平（2003）．基于语料库的英语教师话语分析［J］．现代外语。

11. 理查兹（2003）．朗文语言教学与应用语用学词典．北京外语教学与研究出版社。

12. 梁茂成（2016）．什么是语料库语言学［M］．上海：上海外语教育出版社。

13. 刘永兵，林正军，王冰（2010）．基础英语课堂话语语料库的建构与研究功能［J］．当代外语研究。

14. 吕必松（1989）．关于对外汉语教师业务素质的几个问题［J］．世界汉语教学。

15. 童成莲（2010）．可理解性输入与汉语教师话语场域的完善［J］．喀什师范学院学报。

16. 王招玲（2009）．初级对外汉语口语课交互活动中的教师话语调查与分析［D］．厦门大学。

17. 吴丽君（2014）．对外汉语教师课堂话语研究［M］．北京：世界图书出版公司。

18. 张巧艳（2008）．初级阶段对外汉语综合课教师话语特点分析［D］．厦门大学。

浅谈翻转课堂教学法及其在对外汉语口语课的应用
——以《功能汉语速成》慕课为例[*]

杨 琦[**]

摘 要: 翻转课堂教学法是近年来流行的一种新式教学法,本文从翻转课堂教学法的特点入手,将课前、课内、课后三个部分结合对外汉语口语课的特点,通过慕课《功能汉语速成》,进行了一次教学实践设计的尝试。

关键词: 翻转课堂;教学法;对外汉语教学;口语课

一、翻转课堂教学法的介绍

翻转课堂(flipped classroom)教学法是近年来流行的一种特别的教学流派,最初是由美国的两名化学教师在 2007 年将录制的讲课视频和 PowerPoint 演示文稿上传到网络,以帮助缺课的学生补课而逐渐发展,形成了学

---

[*] 本文为中国学位与研究生教育学会"汉语国际教育硕士导师队伍建设研究"(HGJ201731)及 2019 北京市教学名师共建项目阶段性成果。
[**] 杨琦,北京语言大学汉语国际教育学部汉语学院教师。

生在家观看教学视频,随后在课堂上完成作业并对其他同学进行讲解的一种模式。它是把传统意义上——课堂上教师讲课、学生听课的程序颠倒过来的一种新式教学法。一般来说,我们可以把翻转课堂分为三个大的部分,即课前部分、课中部分以及课后部分。在课前的部分中,学生通过学习教师提供的资料(包括视频和文字资料等)自行学习传统教学法中课上学习的知识。在课中的部分里,教师引导学生展示他们在课前学习的内容,并通过小组讨论、小组活动等方式加深学生对知识的理解。而在课后的部分里,学生结合自己在课前学习的内容、在课堂内对学习内容的展示经验以及与同学的讨论结果三个方面对这一课进行总结,并可以在线上线下和教师以及同学进行更进一步的讨论。

二、翻转课堂与汉语口语课的结合

本文中提到的汉语口语课,指的是对外汉语教学中的口语课教学。对外汉语教学,现在也叫做汉语国际教育,主要指汉语作为第二语言的教学,教学对象为汉语作为第二语言的外国人,教学目标为培养学习者的汉语交际能力。对外汉语教学一般包括听、说、读、写四个技能的训练,而口语课则是分技能教学中的一门重点课程。汉语口语课的课堂教学原则主要有"精讲多练""讲练结合"以及"以学生为中心",而这几个原则都可以与翻转课堂结合起来。口语课和其他课程一样,包括总体设计、教材编写、课堂教学和测试评估四个环节,我们从这几个环节入手,谈谈与翻转课堂的结合。

第一,总体设计。将翻转课堂引入口语课教学中,我们首先需要进行总体设计。教师必须对课程的内容有充分的了解,并对要传授的汉语知识进行分割设计,即把教学内容划分为课前了解的内容、课中练习的内容以及课后总结评估的内容,以便让学生能够更快地掌握知识,并能适应他们在翻转课堂中的中心角色。

第二,教材编写。这个环节涉及对教材的选用,或者说对大纲的选用问题。总体来看有两种方向,一是以一种常用的对外汉语口语教材为基础,例如北京语言大学出版社出版的《汉语口语速成》,并以此制作相关的面向学生学习的教学资源;二是以一套现有的汉语慕课课程为基础,例如北京语言大学的《功能汉语速成》课程,学生可以在课前观看慕课,课内将慕课内容内化成为自己的知识,并在课后进行总结。

  第三,课堂教学。在翻转课堂教学模式中,课堂教学被分为了课前的学生自学环节以及课堂上学生的展示环节两个部分。在前一个环节里面,教师的作用是提供大量的方便学生自学的精华资源,尤其是视频资源;而在后一个环节里面,教师作为引导者,让学生展示自己课前学习的内容,得到大量的口语练习机会,并随时对学生的疑问进行解答。两个环节结合起来,就是我们常说的,对外汉语课堂的精髓,"精讲多练"。

  第四,测试评估。在翻转课堂教学模式中,这一部分可以在两个方面进行。一方面,在课前环节中,大部分教师会使用慕课平台让学生进行学习,当学生观看完教学视频以后,系统会提供相应的测试题对学生进行评估;同时,当完成一整套慕课学习后,慕课平台也会有测试题来评估学生的学习水平是否达到该课程的学习要求。另一方面,在每节课的课上及课后环节里,教师需要规划出相应的测试评估方案来,例如对学生的情景对话的语法及发音进行评分,考察学生是否掌握了相应的语言点,并通过学生学习的效果来对整体的翻转课堂进行评估,以便做出提升和改进。

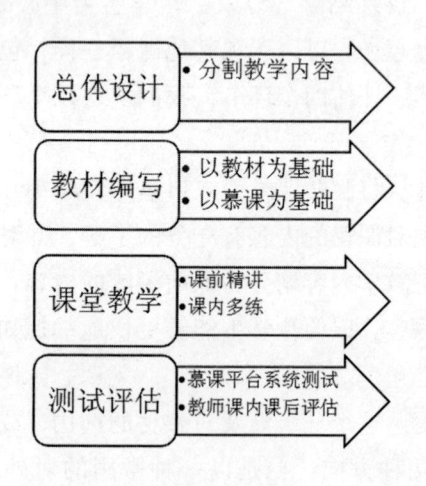

总体设计	• 分割教学内容
教材编写	• 以教材为基础 • 以慕课为基础
课堂教学	• 课前精讲 • 课内多练
测试评估	• 慕课平台系统测试 • 教师课内课后评估

三、翻转课堂教学法在汉语口语课教学中的实践设计

用翻转课堂进行汉语口语课的教学实践同样分为三个部分。

第一部分，课前。首先是教师需要准备的资料，包括这一课所要教授的生词、课文以及重要语法点。呈现的方式有几种：慕课课程、课本的文字资料以及提前录制的教师对该课内容进行讲解的视频（后两者可以通过微信公众号进行推送或者由教师建立相关网站方便学生学习）。学生可以通过对学习的内容进行反复观看和跟读，从而掌握课文中的重点和难点，避免了课堂上由于时间有限，而无法完全掌握读音的问题。尤其是相较于汉语口语课课堂，学生可以有充分的时间模仿汉语的发音、并跟随录音重复课文内容直至表达流畅，为课堂上的展示打好基础。

第二部分，课中。上文已经提到，这一部分可以贯彻教学原则"精讲多练"中的"多练"，即把课堂内的所有时间都用来进行口语练习。学生可以通过看图说话、角色扮演、情景对话等方式来展示所学习的新知识，并对生词、句型和课文有更深一步的认识。与此同时，教师担当引导者的角色，在学生进行练习的时候，可以即时发现学生的发音及语法上的错误，并通过适当的方式进行纠正。

第三部分，课后。这一部分可以分为线上与线下的交流两个方面。一方面，在线下，教师可以组织学生进行一些参观交流活动，通过真实的生活场景使学生进一步掌握汉语口语的特点，并借此了解相关的中国文化知识。另一方面，在线上，学生可以把课前及课内领会到的知识进行总结，并通过论坛、微信等方式发表自己的见解以及疑问，与教师及同学进行交流互动，加深理解。教师在这部分主要起到的作用是答疑，并对学习者的学习情况进行评估。这里要提到的是，翻转课堂教学法比较看重"同伴学习"（peer learning），即学习者之间的交流与帮助。对于汉语口语课教学来说，加强学习者之间的交流，也可以增加他们使用汉语进行交际的机会，从而达到教学目标。例如可以在学生之间建立微信群，鼓励学生发语音进行交流，互相纠错并增多口语练习的机会。

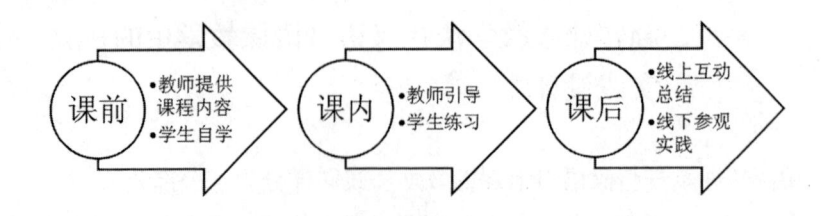

```
课前 →  •教师提供课程内容  •学生自学
课内 →  •教师引导  •学生练习
课后 →  •线上互动总结  •线下参观实践
```

四、以《功能汉语速成》慕课课程实践翻转课堂教学法

从上文可以看出，整个翻转课堂教学法的起步点是第一部分，即课前部分。教师需要把本来应该在课堂上讲授的知识整合重组，便于学生通过各种途径自学。现在在国内实施翻转课堂，在第一部分，主要通过微信公众号、慕课平台或者自建的网站论坛来实现。由于自己录制教学视频所花费的时间过长，效果呈现的水平也不够稳定，因此我们在这里挑选一个现有的慕课——《功能汉语速成》进行口语课翻转课堂的教学实践。

现有的慕课平台可以大体分为国内平台和国外平台。国内平台的慕课一般都是全部免费，只要按照慕课要求的时间完成课程和测试即可。而国外的慕课平台，比如 Coursera 和 edx 平台，则给慕课使用者提供了两种观看并使用慕课的方式，一种是付费方式，完成全部慕课后可以得到相应的结业证书；另外一种是免费方式，可以通过旁听观看慕课，但是没有证书，另外会相应的减少一些板块，比如练习和测试部分。除了授课的视频以外，慕课平台一般还会提供补充资料，包括生词、语言点和课文的注音与简单解释，以及与课上内容相关的文化常识等等。另外，每个单元还有一定的练习题需要完成，并在课程结束后会有相应的测试。

我们这次要选用的《功能汉语速成》是北京语言大学速成学院制作的、针对需要快速掌握汉语实用对话及了解中国文化的人群的慕课。该慕课一共分为七周的课程。每周有三小节的内容及一个文化介绍，并要求在当周结束时完成一个测试。每一小节的内容包括一个介绍视频（主要为英语的对话，并在对话中向学习者介绍相关的汉语词汇以及相应的语言点）、几个汉语对话（对语言点的不同场景的应用）以及对介绍视频里的生词、重点句、对话等做的文本注释，和对重要语言点的具体解释。另外，整个慕课课程还涵盖了在第三周结束后的一个期中考试、七周课程全部完结后的期末考试两次正式测试。

  课前部分，我们要求学生观看《功能汉语速成》慕课第2单元第二课《你是哪国人》，里面包括一个介绍视频以及两个对话视频。同时，由于微信公众号一天可以推送两到三篇文章，我们可以用微信公众号一次性地推送包含《你是哪国人》主题的三篇文章。第一篇文章包括有注音的重点句型及简要对话，并附有简单的翻译以及课文录音，除了慕课里已有的生词以外，还可以提供一些扩展的词汇，比如各国的国名等。第二篇文章的主题是和课文内容相关的练习。练习题的内容包括语音、词汇和语法等方面。语音部分附有标准音频，方便学生朗读并进行纠音；词汇部分包括词汇的扩展练习以及选词填空。语法部分包括机械性练习、半机械性练习以及交际性练习，让学生阶梯式掌握语言点。第三篇文章则是关于课堂内的相关主题及活动，例如情景对话的设定、可以讨论的主题等，方便学习者提前选择要展示的内容并进行准备。此外，可以提示学生在微信公众号的推送里留言，留言的内容可以是学习的心得或者疑问等，教师挑选一些留言公开，并进行相应的回复，增加与学生之间的互动。有意义的留言也可以做成合集一起推送，以提高学生学习的积极性，并使学习达到更好的效果。

  课中部分，主要是进行口语练习，同样包括机械性练习、半机械性练习以及交际练习。这里需要观察班级的大小。一般二十人左右的班级，可以分为四到五个小组，十人左右的班级则可以分为两到三个小组，教师需要注意要求小组内部分工明确，以保证每个学生都参与其中并能进行大量的练习，并提前确定练习的话题（可在微信公众号里给学生选择）。语言部分要分阶段地进行，首先是固定的句型练习，其次是半机械性的句型反复，最后进行交际练习。教师在旁注意练习的时间即可，尽量引导学生自己完成练习而不要进行过多的干涉和提示。在交际练习的时候，确定情境会话的主题后，尽量让学生自由发挥，这样可以尽可能接近真实的交际环境。本课可以结合学生自身讨论每个国家的特色，以及一些国家文化的相似之处，并逐一选代表公布小组讨论的结果。教师在一旁进行引导，使学生能够尽可能多地使用中文表达，并记录学生的表现，针对一些语言的偏误进行合适的纠正。同时，教师应该对学生发挥不好的部分进行反思，考虑课程的总体设计是否有缺点，以及课前是否有讲授内容呈现不充分等问题，以便在下次的翻转课堂课前的部分中，能够吸收经验和教训，以提供更加丰富的内容。

课后部分，也是总结反思的部分。一方面，学生需要对这一堂课的内容，包括课前和课内的部分进行整合，总结自己学到的知识及不足，并且把疑问汇总，与同学或教师进行交流。这里有两种方式进行交流，一种是面对面的交流，即我们所说的线下交流，学习者可以得到即时的反馈；另一种是线上的交流，即在论坛或其他通讯工具里进行交流解答。另一方面，教师也可以通过课后进一步整合教学资源，了解学生的特点，适时修改课程呈现的方式。另外，可以由教师提出，或学生自行组织，进行课外实践，将课内学到的东西放到真实的交际情境中进行练习，真正将语言掌握。

五、翻转课堂教学法在教学实践中的限制以及不足

翻转课堂教学法的第一部分，即教学内容的呈现，是非常重要的，关系到学生是否愿意观看，是否能够通过这些资料初步了解课程内容，并能把学习到的东西通过适当的方式在课堂内演示出来，因此挑选慕课十分重要。但仅有慕课是不够的。因此我们选用微信公众号进行推送，加强学习内容的复现，并能帮助学生找到重点，加强练习。但微信公众号也有缺点，那就是如果教师没有一直在后台登录，是不能够即时回复学生的问题的。为了弥补这个缺点，我们可以在班级里开设 QQ 群进行即时答疑。QQ 群比起微信群来说，有几个优点：一是可以通过 QQ 号直接加群，管理员审核过后即可入群。此外因为有了审核，也减少了一些不必要的麻烦，比如防止一些学员拉无关紧要的人入群。二是管理员有禁言权限，可以防止不必要的刷屏，使学生错过重要的资源以及信息。三是 QQ 群里可以上传

一些大的视频资源，方便学生进行下载学习。

我们也要看到不足之处，现有的翻转课堂模式，主要还是要靠教师进行引导，学生自觉学习的能力还是比较有限，尤其是在初级汉语课堂上。另外，关于在课堂中使用翻转课堂的频率，一般一周一次或者一月两次为好，否则容易带给教师和学生过重的负担，运用的效果反而会降低。

六、结论

1. 翻转课堂教学模式可以分为三个大的部分。课前部分，学生通过教师提供的资料自行学习之前需要在课内学习的知识。课中部分，学生展示在课前学习的内容，并通过小组讨论、活动等方式加深对知识的理解，教师主要起引导的作用。课后部分，学生对这一课学习到的内容进行总结，教师对学生的学习效果进行评估。

2. 汉语口语课堂的精讲多练原则，可以通过对外汉语教学的总体设计、教材编写、课堂教学、测试评估四大环节，与翻转课堂教学法结合起来。

3. 以《功能汉语速成》慕课为例，运用翻转课堂教学法进行对外汉语口语课教学实践，将慕课部分的学习主要放在课前部分，并结合微信公众号的推送等方式，完成课前、课中以及课后三个部分的教学内容。

参考文献

1. 刘珣（2000）《对外汉语教育学引论》，北京语言大学出版社。

2. 张金磊、王颖、张宝辉（2012）翻转课堂教学模式研究，《远程教育杂志》第4期。

3. 迟兰英、陈军、郭晓麟、刘长征、李燕、毛悦、苏英霞、徐雨隽、赵秀娟（2018）功能汉语速成慕课，https：//www.icourse163.org/course/BLCU-1002835005？tid=1003023005#/info。

五
来华留学生本科教育现状及汉语教学管理研究

留学生汉语国际教育专业本科教育情况调研报告[*]

张 浩[**]

摘 要：本项调研旨在对留学生汉语国际教育专业本科教育的现状进行调查，分析其专业基本面貌、课程建设、教学保障、教学评估、师资队伍等方面的情况，总结经验，博采众长，为制定更科学规范的专业培养方案提供依据。

关键词：汉语国际教育专业本科教育；基本现状；调研

一、留学生汉语国际教育专业本科教育情况调研的目的与意义

普通高校留学生汉语国际教育专业本科教育情况的调研旨在对普通高校汉语国际教育专业本科教育的基本现状进行调查，以分析其课程建设、

---

[*] 本文为中国学位与研究生教育学会"汉语国际教育硕士导师队伍建设研究"（HGJ201731）及2019北京市教学名师共建项目阶段性成果。
[**] 张浩，北京语言大学汉语国际教育学部汉语学院教授。

教学保障与教学评估、师资队伍等方面的情况,及时发现其中存在的问题,提出有针对性的修改和应对方案,进一步完善本学科理论与实践体系构建。

我们认为本项调研主要具有以下几个方面的意义:(1)本项调研较客观地呈现了留学生汉语国际教育专业本科教育的基本现状,为了解该专业的发展现状、剖析该专业在具体实施过程中存在的问题提供依据。(2)本项调研有助于我们总结已有的建设成果,进一步提出修改和应对方案,推进该专业理论与实践体系构建。

二、留学生汉语国际教育专业本科教育情况的调研设计

本项调研拟从普通高校汉语国际教育本科专业基本情况、课程建设情况、教学保障与教学评估、师资队伍、问题与建议等方面,分析普通高校汉语国际教育专业本科教育的基本情况、发展现状和存在问题。

(一)汉语国际教育本科专业基本情况

主要调查各高校设立汉语国际教育专业的时间、汉语国际教育专业在校生人数及学生主要来源国、汉语国际教育专业在校生性质、留学生入学资格要求和汉语国际教育专业的培养规格(如专业学制、专业学分制和总学分数、普通高校是否具有该专业硕博学位授予权、毕业要求等)。

(二)课程建设情况

主要调查普通高校汉语国际教育专业的课程建设情况,如:专业必修课及专业选修课课程占比、专业必修课是否具有英语或双语授课课程、具体课程设置情况、实践/实习课程设置情况(是否设有独立的语言实践课程、是否有比较固定的课外实践/实习基地、专业课程实践/实习的主要内容、专业课程实践/实习的课程安排、专业课程实践/实习是否要求撰写实习报告)等。

（三）教学保障与教学评估

主要调查普通高校汉语国际教育专业的教学保障与教学评估情况，主要包括：普通高校汉语国际教育专业是否拥有专业图书资料室、是否建有可供辅助教学和开展交流的网络平台、是否具有教学质量评估体系等。

（四）师资队伍

主要调查普通高校汉语国际教育专业的师资情况，包括：普通高校汉语国际教育专业任课教师中正式在编教师和外聘（及返聘）教师的占比、所属院系具有博士学位的汉语教师占比是否超过40%、所属院系具有高级职称的汉语教师占比是否超过30%等。

（五）问题与建议

针对普通高校汉语国际教育专业本科教育中目前存在的主要困难，提出对整个汉语国际教育专业发展的建议。

三、普通高校汉语国际教育专业本科教育情况的问卷调查实施与问卷回收情况

我们于2018年11月通过电子平台有针对性地发放和回收调查问卷。截至12月，我们共回收调研问卷5份。

这5所高校分布于华东、华北、东北各个地区。其中华东地区最多（3所：上海2所、南京1所），占总数60%；华北（1所：北京）、东北（1所：沈阳）各占20%。5所高校分属不同类型，其中综合类院校最多（3所），占总数60%；师范类院校、外语经贸类院校各占20%（各1所）。

四、问卷调查结果分析

（一）汉语国际教育本科专业基本情况分析

1. 普通高校汉语国际教育专业的设立时间

从已回收的 5 份问卷来看，各高校设立这一专业的时间普遍不长。其中，2010 年前设立本专业的高校占比 60%（3 所：1965 年、2005 年、2008 年），2010 年后设立本专业的高校占比 40%（2 所：2017 年、2018 年）。

2. 在校生人数及学生主要来源国

在已回收的 5 份问卷中，在校生人数低于 30 人的高校占比 60%（3 所：2 人、11 人、26 人），在校生人数高于 150 人的高校占比 40%（2 所：150 人、188 人）。来自韩国、俄罗斯、泰国的留学生所占比例位居前三，来自尼泊尔、日本、哈萨克斯坦、马来西亚、土耳其、蒙古、印度等国的留学生也不在少数。

3. 在校生性质分析

在已回收的 5 份问卷中，各高校汉语国际教育本科专业在校留学生性质主要包括自费生（40%）和中国政府奖学金生（60%）。

4. 留学生入学资格要求

各高校汉语国际教育本科专业均设有留学生入学资格要求。其中，60% 的高校要求留学生通过 HSK 四级、20% 的高校要求留学生通过 HSK 三级、20% 的高校要求留学生符合国家汉办明天奖学金标准。

5. 汉语国际教育专业的培养规格

（1）专业学制、学分制及总学分数

各高校均为四年制，均采取学分制且总学分数均在 130 分以上。其中，130—150（不含 150）学分的高校占比 20%、150 学分占比 40%、150—200 学分占比 20%、200 以上学分占比 20%。

（2）普通高校是否具有该专业硕博学位授予权

根据已回收的 5 份调研报告显示，大多数高校具备汉语国际教育专业的硕博学位授予权（80%）。

（3）毕业要求

大多数高校汉语国际教育专业要求毕业生汉语水平达到 HSK 六级（80%）、20% 的高校有其他参考指标。此外，所有高校均要求学生完成毕业论文写作及答辩。

（二）课程建设情况

1. 专业必修课、选修课所占比例

各高校汉语国际教育专业的专业必修课、选修课所占比例（按学分比例计算）均呈现分散态势，各校差异较大。

专业课占比（%）	20—50	50	50—70	70	>70
学校数量（所）	1	0	1	1	2

选修课占比（%）	<10	10	10—15	15	15—20	>20
学校数量（所）	1	1	0	1	0	2

2. 课程设置情况

（1）专业必修课开设英语或双语授课的课程情况

已回收的 5 份问卷中，大多数高校汉语国际教育专业必修课中未开设英语或双语授课的课程（80%）。

（2）具体课程设置情况

调研表明：普通高校汉语国际教育本科专业的课程设置存在显著共性，其中，现代汉语、中国概况这两门课程在各大高校均有开设。古代汉语、语言学概论、古代文学、现当代文学、汉语国际教育概论、语言/汉语教学法、第二语言习得概论、第二语言课堂教学概论、语音与语音教学、语法与语法教学、词汇与词汇教学、汉字与汉字教学、中国文化概论、中华才艺、计算机基础等课程开课率高于 50%。此外，部分高校有针对性地开设文学概论、汉语修辞学、外语、体育等课程（详细情况见附录)。

(3) 实践/实习课程设置情况

调研表明：A. 各高校均设置有独立的语言实践课程，大多数高校有比较固定的课外实践/实习基地（60%）。B. 在汉语国际教育专业课程实践/实习的学分设置方面，各高校有不同的学分设置。其中，<10学分占比60%（3所：2学分、3学分、8学分）、>10学分占比40%（2所：15学分、24学分）。C. 各高校汉语国际教育专业课程实践/实习的主要内容均围绕汉语教学展开，在此基础上，部分高校还要求学生进行语言调研，对学生进行文化考察等。D. 大多数高校汉语国际教育专业课程实践/实习的时间安排为一学期（60%），此外，部分高校时间安排为四周（20%）；部分高校时间安排在每学年夏季小学期，时长约占四周，持续三年（20%）。E. 各高校汉语国际教育专业课程实践/实习课均要求学生撰写实习报告。

（三）教学保障与教学评估

1. 普通高校汉语国际教育专业是否拥有专业图书资料室

5所高校中，3所（60%）高校的汉语国际教育专业拥有专业图书资料室，2所（40%）未建。

2. 普通高校汉语国际教育专业是否建有可供辅助教学和开展交流的网络平台

5所高校中，2所（40%）高校的汉语国际教育专业已建有可供辅助教学和开展交流的网络平台，3所（60%）未建。

3. 普通高校汉语国际教育专业是否具有教学质量评估体系

5所高校中，2所（40%）高校的汉语国际教育专业具备教学质量评估体系，3所（60%）尚未具备。

（四）师资队伍

据统计，普通高校汉语国际教育专业任课教师以正式在编教师为主体，各校正式在编教师占比均高于60%（分别为60%、80%、90%、100%、100%），部分高校有针对性地任用外聘（及返聘）教师。汉语教师的学历结构中，具有博士学位的汉语教师占比均超过40%。汉语教师的职称方面，80%的高校任用30%以上具有高级职称的汉语教师。

（五）问题与建议

1. 普通高校汉语国际教育专业本科教育中目前存在的主要困难

据统计，普通高校汉语国际教育专业本科教育中目前存在的主要困难有：生源（60%）、课程建设（60%）、教材建设（60%）、教师科研水平（40%）、教育经费（20%）、教学梯度建设（20%）等。此外，部分高校提出办学空间受限、孔子学院奖学金生入学汉语水平过低、本院系初建留学生均为奖学金生等问题，值得我们进一步关注。

五、问卷调查的部分结论和建议

1. 在教育部的指导和支持下，普通高校汉语国际教育本科专业在课程建设情况、教学保障与教学评估、师资队伍等方面取得了可喜的发展。随着文化自信的践行和"一带一路"建设的推进，国内外对于汉语国际教师的需求迫切，本学科具有更为广阔的发展前景。

2. 目前，留学生汉语国际教育专业本科教育也存在许多困难和不足，突出表现在：

（1）部分高校汉语国际教育专业本科教育现有资源不足、办学空间受限。

（2）部分高校设立本院系时间过短，目前在校留学生均为奖学金生而存在学生入学汉语水平过低等问题。

3. 鉴于以上分析，我们对普通高校留学生汉语国际教育专业本科教育提出以下建议：

（1）丰富和完善教学资源，如设立本专业图书资料室、建立可供辅助教学和开展交流的网络平台等。

（2）根据本校实际情况合理提高留学生入学资格要求。

（3）进一步完善该专业的课程设置和成绩评估等体系。

（4）加强师资队伍建设，形成科学合理的教学梯队。

附录

课程名称	开设高校（所）	开设高校占比（%）
语言学概论	3	60
文学概论	1	20
古代汉语	4	80
现代汉语	5	100
古代文学	3	60
现当代文学	4	80
汉语国际教育概论	4	80
语言/汉语教学法	4	80
第二语言习得概论	3	60
第二语言课堂教学概论	3	60
汉语修辞学	2	40
外语	1	20
语音与语音教学	3	60
语法与语法教学	4	80
词汇与词汇教学	4	80
汉字与汉字教学	4	80
中国文化概论	4	80
中国概况	5	100
中华才艺	4	80
计算机基础	4	80
体育	2	40
毕业论文写作	5	100

北语汉语学院经贸方向泰国毕业生就业状况调查分析[*]

杜子美[**] 弓月亭[***]

摘 要： 通过对北京语言大学汉语学院经贸方向2016—2018年毕业的42名泰国毕业生进行问卷调查，我们发现泰国毕业生整体就业状况良好，其中受雇全职工作的毕业生的就业单位主要集中于民营企业/个体企业，大部分毕业生的就业岗位与经贸方向相关，就业满意度较高。但调查也发现，无论是教学工作、行政管理工作还是配套服务工作方面，泰国毕业生都认为北语还有很多方面需要改进。

关键词： 就业状况；调查；改进意见

引言

建交40多年来，中泰两国关系取得了长足发展，呈现出全方位、宽领域、深层次、立体化的蓬勃发展格局，泰国对各领域人才特别是对汉语人

---

[*] 本成果受北京语言大学院级项目资助，项目编号为401172280。
[**] 杜子美，北京语言大学汉语国际教育学部汉语学院学生。
[***] 弓月亭，北京语言大学汉语国际教育学部汉语学院讲师。

才的需求大大增加。良好的发展前景吸引了越来越多的泰国留学生来中国学习。北京语言大学作为中国最早从事留学生汉语教学的高校之一，每年都吸引大量的泰国留学生来此学习和生活。对毕业生的就业状况进行追踪，了解汉语学院本科毕业生的就业状况及其对学校各方面工作的满意度，不仅有助于改进教学、对在校学生进行就业指导，还可以为学校改进工作提供依据，但目前尚无人进行这方面的工作。本文拟通过对北京语言大学汉语学院经贸方向2016—2018年毕业的泰国毕业生进行问卷调查，了解泰国留学生毕业后的去向、薪资、公司规模、工作的满意度、对学校工作的满意度等，并在此基础上，针对北京语言大学各方面工作提出改进意见。

一、调查概述

2018年9—10月，我们以2016年1月至2018年6月自北京语言大学汉语学院经贸方向毕业的55位泰国学生为调查对象进行了本次调查。由于通讯问题，本次调查仅联系到42位毕业生参与，调查参与率占总毕业人数的77.7%。从性别分布上看，在接受调查的42人中，男生共16人，占38%；女生共26人，占62%。从毕业年份上看，2016年毕业生共14人，占33.3%；2017年毕业生共8人，占19%；2018年毕业生共20人，占47.6%。从目前的居住地看，32人在泰国工作和生活，占76.19%；9人在中国工作、学习和生活，占21.42%；1人在其他国家学习和生活，占2.38%。

此次调查主要采用微信调查和网络在线调查相结合的方式。其中，通过微信发放和回收问卷27份，占64.28%；通过问卷星（http://www.wjx.cn/）这一专业调查平台回收问卷15份，占35.71%。由于事先与调查对象进行了沟通，问卷全部有效。

二、调查结果及数据分析

（一）整体就业状况

据统计，在42位接受调查的毕业生中，受雇全职工作的占42.8%，自主创业的占33.4%，继续学习的占14.28%，无工作、准备继续学习和无工作、继续寻找工作的，占9.5%。90.5%的经贸方向毕业生处于就业和继续学习状态，可见，经贸方向的泰国毕业生整体就业状况很好，实际上无事可做的人很少。

（二）受雇全职工作毕业生的就业状况

1. 就业单位性质

统计数据表明，经贸方向毕业生的就业单位主要集中于民营企业/个体企业，占33.33%；其次是中泰合资企业，占27.78%；再次是进入政府机构/教学科研机构、中资、泰资企业，各占11.11%。进入非政府组织或非盈利机构的毕业生人数很少，只有5.56%；无人在国有企业和其他三资企业工作。

2. 就业国家或地区

根据调查，77.7%的毕业在泰国国内就业，就业地区主要集中于曼谷市。22.3%的毕业生在中国的北京、上海或者广州这些一线城市工作。泰国毕业生回国工作的主要原因是泰国的就业压力较小，生活成本更低。而在中国工作的毕业生们主要是通过中国朋友介绍找到的工作，由于身处中国，汉语水平有待进一步提高是他们的共识。

3. 就业单位规模

统计结果显示，工作单位单位规模在11—50人之间的占44.44%；在101—500人之间的占27.78%；在51—100人之间的为16.67%；在10人以下和1001以上的各占5.56%。半数泰国毕业生就业单位规模在50人以下，这与泰国私营经济发达，企业规模偏小，毕业生主要就职于民营/个体企业密切相关。半数毕业生就业单位规模在50人以上，这些单位或为中资企业，或为政府机构或者非政府组织等。

4. 就业岗位

从就业岗位分布来看，经贸方向泰国毕业生从事最多的职业是商务文员，占33.33%；其次是翻译，占27.78%；再次是营销员，占22.22%；选择教师的占11.11%；成为公务员的占5.56%。8成以上的毕业生成为企业员工，与经贸方向教学计划中设计的未来就业岗位群基本相符。

5. 就业质量

（1）就业状况满意度

调查结果显示，泰国毕业生对目前的就业状况满意度很高。具体来看，44.44%的毕业生表示很满意；38.89%的毕业生表示满意；只有16.67%的毕业生表示一般满意。

（2）职业期待吻合度

根据调查，有14位毕业生认为目前的工作符合自己的期待，占77.78%；有4位毕业生认为目前的工作不太符合自己的期待，占22.22%。不符合的原因主要有2位认为不符合他们的兴趣爱好；有1位认为不符合他的生活方式；有1位认为不符合他的性格。

（3）实际每月薪资

调查结果显示，每月薪资在51000—70000泰铢之间的毕业生占22.22%；在31000—50000泰铢之间的占38.89%；在16000—30000泰铢之间的占33.33%；在16000泰铢以下的占5.56%。据了解，泰国本科毕业生的平均月薪为15000泰铢左右，而我校经贸方向泰国本科毕业生的平均月薪在31000—50000泰铢之间。可见，我校经贸方向的泰国毕业生薪资水平较高。

（4）就业岗位与专业相关度

统计结果显示，认为自己的就业岗位与所学专业有点联系的占50%，他们的岗位集中为营销员、商务文员等；认为其工作与专业大部分相关的占16.67%，他们的岗位是公务员和商务文员；认为自己的工作与专业完全相关，占33.33%，他们的岗位主要是教师和翻译。

（5）离职率

调查数据显示，没有离职经历的占61.11%；5位毕业生离职过1次，1位毕业生离职过2次，1位毕业生离职过3次，三者合计为38.89%。泰国毕业生离职的类型均是"自己主动离职"，离职的主要原因有工资福利偏低、个人发展空间不够、工作要求高和压力大等。

（三）自主创业毕业生的就业现状

1. 自主创业的总体状况

根据调查，有14位毕业生选择自主创业。从性别方面看，男生占

28.57%，女生占71.43%。从毕业时间看，2016年毕业的有5人，2017年毕业的有3人，2018年毕业的有6人。经贸方向毕业生的创业地点都在泰国。

2. 自主创业动机和资金来源

调查结果显示，毕业生选择创业的原因各不相同。因为其理想就是成为创业者的占28.57%，因为有好的创业项目的占28.57%，因为认为创业后未来收入好的占21.43%，因为未找到合适的工作的占14.29%，因受他人邀请而加入创业的占7.14%。可见选择自主创业的毕业生中，绝大多数属于"机会型创业"，只有少部分属于"生存型创业"。从资金来源看，父母亲友投资或借贷的占71.43%，从银行贷款或信用卡透支的占21.43%，引进风险投资的占7.14%。

3. 创业遇到的困难

调查结果显示，认为其创业时遇到的困难是市场推广的占42.86%，认为是缺乏企业管理经验的占28.57%，认为是技术水平不够的占28.57%。

4. 对创业最有帮助的在校活动或服务

在自主创业的14位毕业生中，认为学校提供的创业培训和咨询最有帮助的占50%；认为假期实习和课外兼职对其创业最有帮助的占35.71%；认为大学的模拟创业活动最有帮助的占7.14%，认为大学的社团活动最有帮助的占7.14%。

（四）继续学习与准备继续学习的毕业生现状

根据统计，共有6位毕业生目前在继续学习，其中4位在中国的北京大学、南京大学、对外经济贸易大学、北京语言大学攻读国际贸易或者经贸类研究生，1位在北京大学攻读语言文学类研究生，1位在英国Newcastle University学习英语。有2位毕业生准备去美国或者英国继续学习英语。

毕业生选择继续学习的原因有很多。其中最主要的原因是在泰国研究生的薪资往往比本科毕业生高得多，继续学习后的就业前景更好，占75%；其次是职业发展的需要，占62.5%。此外，为了去更好的大学、想做学术研究、想改变专业、规避就业困难和随大流等也是毕业生选择继续学习的原因。

（五）无工作、继续寻找工作的毕业生现状

选择无工作、准备继续寻找工作的2位毕业生，都为男生，分别毕业于2017年6月和2018年6月，前者未就业的原因是现有的工作岗位发展空间不够不想去，后者未就业的原因是缺少HSK证书去不了。可见，HSK证书等对泰国留学生来说还是必要的。

（六）校友评价

1. 总体满意度和校友推荐度

调查结果显示，毕业生对我校总体满意度较高。具体来看，表示很满意的占47.6%；满意的占33.33%；一般的占16.6%；不满意的占2.38%。进一步调查发现，有35位毕业生愿意推荐亲友来北京语言大学就读，占83.33%；有3位毕业生不愿意推荐，占7.14%；有4位毕业生不确定，占9.52%。

2. 教学满意度及改进的方向

毕业生对我校教师教学满意度整体评价较高。其中，54.7%的人觉得很满意；28.57%的人觉得满意；11.9%的人觉得一般满意；4.76%的人觉得不满意。从教学改进的方向来看，57.14%的毕业生认为是无法调动学生学习兴趣；52.38%的毕业生认为是课程内容不实用或者陈旧；33.33%的毕业生认为是实习和实践机会太少；30.95%的毕业生认为是给学生发言的机会不多；21.42%的毕业生认为是课程考核方式不合理；11.90%的毕业生认为是教师对工作不够认真；9.52%的毕业生认为是教师专业能力不足。

3. 经贸课程评价

调查结果显示，泰国毕业生普遍认为现有的必修课重要，有必要继续开设。从三年级的课程设置来看，76.19%的学生认为商务汉语综合课重要，认为应该继续开这门课的学生占97.61%；85.71%的毕业生认为经贸洽谈课重要，97.61%的学生认为应该继续开；76.19%的毕业生认为国际贸易实务课重要，88.09%的学生认为应该继续开，61.90%的学生认为宏观经济学课重要，85.71%的学生认为应该继续开；50%的学生认为世界经

济概论课重要，83.33%的学生认为应该继续开；超过六成的学生认为微观经济学这门课重要，85.71%的学生认为应该继续开；45.23%的学生认为经贸汉语阅读重要，57.14%的学生认为应该继续开；54.76%的学生认为实用商务汉语写作课重要，66.66%的学生认为应该继续开。

从四年级设置的课程来看，调查结果显示，有66.66%的学生认为商务汉语综合课重要，97.61%的学生认为应该继续开；78.57%的学生认为商务口语交际课重要，全部毕业生都认为应该继续开；76.19%的学生认为中国对外经济贸易课重要，有九成的学生认为应该继续开；78.57%的认为市场营销课重要，只有4.76%的学生认为不应该继续开；61.90%的学生认为经济法这门课重要，78.57%的学生认为应该继续开；71.42%的学生认为经济调研课重要，71.42%的学生认为应该继续开。

4. 学校行政工作改进的方向

泰国毕业生认为学校行政工作需要改进的地方依次是开学报到手续繁琐，占50%；学校教学管理系统落后，占57.14%；相关工作人员态度不好，占33.33%。

5. 配套服务评价

从毕业生对学校提供的配套服务方面来看，泰国毕业生认为母校需要改进的地方是"宿舍服务"（50%），其次是"校医院的服务"（47.6%）、"教室设备与服务"（26.19%）、"食堂饭菜"（21.42%）、"学校安保服务"（19.04%）、"学校的图书馆"（2.38%）。

三、给学校的改进意见

综上可知，目前经贸方向泰国毕业生就业状况良好。为了更好地提高北语的教学管理水平和人才培养质量，提升学生综合素质，增强经贸方向毕业生的就业竞争力，增强北京语言大学在业界的竞争力，北京语言大学还需要在以下几个方面加以改进：

（一）改进课堂教学方法和教学内容

调查发现有近6成的毕业生认为教师们无法调动学生的学习兴趣，可见，我们的教学方法还有问题。为了激发学生对所学课程的兴趣，教师们应该采用一些比较新颖的技术吸引学生，上课时使用的 PPT 应该简洁，用图片、彩色的数据图等取代大片的文字；为了让留学生容易理解，教师讲课时应该用适合留学生汉语水平的语言和词汇，做到因材施教。

调查结果还显示，有 5 成以上的毕业生认为目前学习的内容不实用或者陈旧，在工作的时候能用上的很少。此外，还有毕业生表示，学习的内容不是很深，如果毕业后继续深造的话，学习时会跟不上。因此，在教学过程中，学校不仅更新教学内容，还应该增加教学深度。

（二）调整课程设置

由于毕业去向不同，各个岗位对毕业生的汉语能力和知识水平要求不同，毕业生们对现有课程设置的评价也不尽相同。但是，整体而言，毕业生们对经贸洽谈、商务口语交际这类实用性强的课程评价最高，认为经贸阅读、经贸汉语写作、经济法等课程不太重要。据了解，在泰国如果有会计学和金融学基础的大学毕业生，薪资水平可以更高，也更容易求职成功。因此，学校应该增加一些会计学或者金融学方面的基础课程，提高学生在就业市场上的竞争力。

调查结果显示，自主创业是泰国留学生一个重要的就业渠道。但是，创业不是一件轻而易举就能做到的事情。为了提升毕业生的创业意识和创业理念，帮助毕业生掌握创业的程序和措施，避免创业失败，学校应该设立创业必修课、模拟创业实践的课外课等。

（三）提高行政管理和服务水平

众所周知，大部分留学生假期时都要回国，他们想知道自己的成绩，只能在网上看，可是，我们学校的教务系统并不支持在校外查看成绩，给留学生带来了很大的不便。此外，学校的报到手续十分繁琐，为了办手续，留学生们需要从这个办公室跑到那个办公室，从这层楼跑到那层楼，因为排队的人较多，有的学生甚至需要用一整天才能完成报到手续。据了解，很多学校都采用网上报到、网上选课。为此，学校应该更新现有的教学管理系统，使学生们在家就能完成更多的事务。

对刚来中国的留学生来说，办公室人员的帮助很重要，但是现有的办公室人员的英语水平很低，说话速度很快，不了解留学生的需求。为了更好地为留学生服务，学校应该对办公室人员进行培训，帮助他们更多地了解外国人。

从班级设置来看，有些课程的学生人数太多，不是学习语言的最佳环境，影响了学习效率，学校应该增加师资，开设更多班级。

（四）提高配套服务水平

在配套服务方面，泰国毕业生反映最突出的问题主要是宿舍服务问题：宿舍的管理人员服务态度较差，有些规定也很奇怪，比如在暖气来临前，不允许开空调取暖，如果有学生开了空调，管理人员就会威胁学生说："你要再开空调，就不要住在这里了"。此外，宿舍价格偏高，所以学校应该加强对宿舍的管理人员的培训，提高服务水平，并降低宿舍价格。

参考文献

1. 成传雄．商务英语专业毕业生就业状况分析及对策研究——以广东行政职业学院为例［J］．中国大学生就业，2015（12）。

2. 李嘉玮，王婧，蒙倩．英语专业毕业生就业情况调研分析——以钦州学院近三年英语专业毕业生为例［J］．钦州学院学报，2015，30（09）。

3. 麦可思研究院（2018）中国本科生就业报告［R］．社会科学文献出版社。

4. 申丽，王茹．埃塞俄比亚来华留学生回国就业状况调查——以天津职业技术师范大学留学生为例［J］．天津职业技术师范大学学报，2017，27（03）。

马来西亚学生预科阶段与本科阶段文化适应情况对比

全 军[*]

摘 要: 本文从饮食、气候、学习、社会交往、安全、宗教和文化七个方面,对马来西亚学生在预科和本科阶段的适应情况进行了对比与分析,指出预科阶段与本科阶段文化适应的不同点与共同点,最后从开设文化课程、心理咨询、搭建中外学生平台、老生帮助新生、选择经验丰富的老师担任班主任等多方面给予了建议。

关键词: 马来西亚学生;预科;本科;文化适应

一、引言

(一)研究背景

马来西亚汉语国际教育专业本科培养项目自 2011 年 9 月在我校汉语学院启动以来,截至 2015 年 7 月,我院已经接收了四批共计 150 多名马来西

---

[*] 全军,北京语言大学汉语国际教育学部汉语学院副教授。

亚留学生。作为一个长期项目，马方教育部将在每年9月定期向我校输送学生。这批学生在来我校学习之前，在本国已接受了包括英语、教育学、心理学等多方面口笔试，生源无论从心理、智力到合作协调能力都有很高质量。这些学生将在北语进行一年汉语预科学习，之后开始为期四年的汉语国际教育本科专业培养，毕业后他们将作为汉语师资进入马来西亚的中小学教授汉语课程。笔者从2011年9月开始接受第一届马来班预科阶段的初级综合课教学，并一直担任班主任工作和两个马来班的综合协调工作，迄今已经四年，对其脾气秉性、生活方式、学习情况积累了一定的感性和理性资料，因此希冀通过对这一课题进行系统细致的研究，找到目前马来西亚学生文化适应方面存在的优势与劣势，为中马这一项目的可持续发展提供客观、科学的借鉴和参考。

（二）研究意义

作为汉语师资的马来西亚学生跟其他留学生一样，来华后也面临着各种文化震荡、文化冲击、文化适应。作为其汉语启蒙教师，笔者发现他们在预科阶段与本科阶段呈现完全不同的跨文化适应情况。笔者认为，他们在中国适应得好坏与否会对其未来的从教生涯带来极其重大的影响，也会对我们项目的持续稳定发展起着推动作用。这五年他们在中国的学习和对中国各方面适应的情况如果呈现良性循环，一是有利于他们保持一个良好的身心健康状况应对纷繁复杂的学习；二是有利于他们尽快融入中国的文化氛围，学习到更多的中国文化知识，以便今后回到本国能运用到自己的汉语言文化传播的课堂中去；三是作为有宗教信仰的民族，他们在中国适应得好，也有利于学校的稳定；四是有利于为后期到来的马来西亚学生的学习管理、生活管理提供第一手可借鉴的资料。出于上述几个方面的考虑，我们认为可以做这方面的调查。另外鉴于目前关于马来西亚学生在中国的文化适应状况如何、是否存在问题、学生们如何应对这些问题的相关研究资料几乎为零，因此我们认为很有必要做这方面的调查研究与分析。笔者选择预科阶段学生和本科阶段学生的文化适应情况做对比研究，是因为学生们普遍反映这两个阶段存在着巨大的差距，能否顺利渡过为期一年的预科阶段，将对他们以后本科阶段的学习和生活起着决定性作用。

二、文献综述

(一) 跨文化适应的内涵

"文化适应"(acculturelation)一词最早由美国民族事务局鲍威尔(J. W. Powell)于1883年提出,并定义为"来自非本族文化者对新文化中的行为模式所导致的心理变化"。1936年,罗伯特·莱德菲尔德(Robert. Redfield)等三名人类学家又将其定义为"由个体所组成,且具有不同文化的两个群体之间,发生持续的、直接的文化接触,导致一方或双方原有文化模式发生变化的现象"。中国关世杰在《跨文化交流学》一书中将acculturelation一词称为"涵化"。基于此,许多人类学家、社会学家、教育学家、心理学家对跨文化适应展开了广泛的多学科、多角度、多视野的研究,从最早的奥伯格的文化冲击理论(蜜月期、危机期、恢复期、适应期),到之后的利兹格德和葛乐豪的曲线理论,Ward的文化适应理论(心理适应和社会适应),道格拉斯·布朗(Douglas Brown)的文化适应四阶段(兴奋阶段、文化休克阶段、文化初步适应阶段和文化基本适应阶段),爱克顿(William R Acton)和费里克斯(Judith Walker de Felix)的四阶段(旅游者心理阶段、暂住者心理阶段、移民者心理阶段和公民心理阶段)等,从不同的侧重点着眼将文化适应进行了分期,这说明文化适应是有阶段性的。对于学习语言的留学生来说,他们旅居国外学习,在语言学习的进程中也势必经历文化适应的各个阶段。

根据所搜集到的材料,我们发现目前国内对外国留学生的文化适应的研究多集中在对欧美、日韩、俄罗斯等国,对于马来西亚留学生的文化适应情况的研究基本上是空白,作为穆斯林国家的学生,他们的文化适应更具有特殊性和神秘性,有宗教信仰的学生来到中国这样一个宗教信仰很淡薄的国家,会遭遇怎样的文化冲突?他们在不同的阶段会呈现怎样的文化适应的优劣?学校的教学和语言掌握的深浅程度是否会影响他们的文化适应的深浅?不同的饮食、气候和交通、民俗对新生和老生是否有不同程度的挑战？等等，都使我们觉得目前的研究非常迫切。因此本文通过问卷和访谈的方式，对目前我校马来西亚本科留学生和预科留学生的文化适应情况进行对比，以期找到学生们在不同阶段的文化适应情况的异同，对以后的教学管理提出合理化建议。

三、调查情况

（一）调查对象

本次研究是在笔者指导的马来西亚学生大创项目——《语言大学马来西亚本科生来华后文化适应情况调查》的基础上拓展延伸的。当时参加调查的学生158人，回收问卷142份，回收率为89.8%，均为有效问卷。其中预科生一个年级占32%，本科生一年级到三年级占68%。男生占30%，女生占70%。预科生年龄均为18岁，本科生年龄从19岁到22岁。

表31—1 调查对象基本情况

类别	预科生 （2014年9月入学）		本科生 （2011、2012、2013年9月入学）	
	男生	女生	男生	女生
人数	19	27	17	79
合计	46		96	

本研究问卷设计情况：本次问卷共设计45个问题，包括饮食、气候、学习、社会交往、安全、宗教和文化七个方面，其中饮食、气候属于生活环境适应的范畴，社会交往和文化属于人际交往范畴，宗教和安全属于社会支持适应和公德意识的范畴。问卷绝大部分题目（84%）采用五度计量的封闭式测量法，即设想问题的答案均由非常~、比较~、一般、比较不~、非常不~组成，另还有少数题目属于半封闭式题目（16%）。

表 31—2　问卷题目分布情况

问卷范畴	饮食	气候	学习	社会交往	安全	宗教	文化
题目数量	5	4	5	7	9	5	10

（二）调查结果及分析

在统计中笔者将五度计量的 A（非常 Adj./V）和 B（比较 Adj./V）合并成程度高的项，C 为一般项，D（非常不 Adj./V）和 E（比较不 Adj./V）合并成程度低的项，然后进行预科生和本科学生的对比分析。

（三）生活环境适应情况

1. 预科生与本科生饮食适应情况对比

对所留学国家的饮食的适应是跨文化适应中最基础的一项，民以食为天，只有解决好了食物的发现和制作问题，留学生的学习生涯才可以初步安定下来。在这一项里我们设计了 5 个问题，涉及对中国菜的适应、餐具的使用、宗教信仰下的饮食等方面。针对这五个问题，预科生与本科生呈现了不同的适应情况，详见图 31—1：

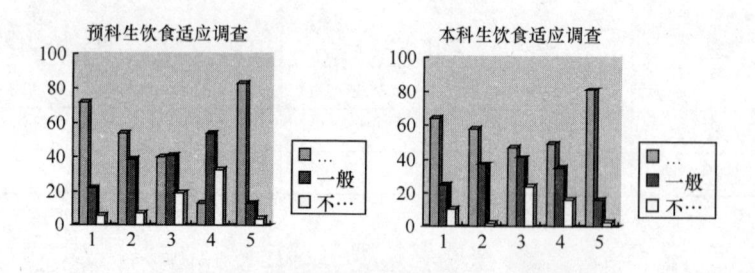

图 31—1　预科学生与本科学生饮食适应情况

注：1 = 习惯吃中国菜否　2 = 中国菜怎么样　3 = 用筷子用得好否
4 = 在中国容易找到清真材料否　5 = 喜欢中国的清真饭馆否

从以上的对比中我们看到，预科学生比本科学生更习惯于吃中国菜，这有些出人意料。众所周知，中国菜比较油腻，很多外国学生不习惯吃中国菜，甚至会出现腹泻等症状。那么刚来中国的预科学生习惯中国菜的原因在哪里？经访谈知晓，他们很喜欢吃咖喱口味的菜品和牛羊肉拉面，这类中国菜其实相对来说不甚油腻，由于初至中国，他们在饮食上知之甚少，选择也比较有限。知足，现实情况超出预期大概是多数人选择习惯的原因。本科学生随着接触、品尝中国菜式的增多和对中国饮食的熟悉，便会越挑剔，满意度会随之下降。选择认为中国菜好吃的预科和本科学生比例接近，都在一半以上，原因在于中国菜口味比较适合马来西亚的甜辣或咸辣口味，品种多样，选择性大也是很多学生喜欢的原因。

关于餐具使用的调查，结果显示本科学生要比预科学生使用得熟练，高7个百分点，但人数均未过半，还是各有2/3的学生使用不好筷子，因为在马来西亚人们习惯用手吃饭，甚至不用勺子，所以筷子就更是难上加难了。

关于做饭用的清真材料，预科学生表示更难找到。作为他国的穆斯林，初来乍到，对当地环境不了解，加之语言沟通上的困难和宗教信仰上对饮食的限定，的确很难找到穆斯林食物，因为中国毕竟不是穆斯林国家，在北京只有牛街等少数地区是穆斯林聚集区。对于中国的清真饭馆，预科学生与本科学生出现了高度一致，都是超过80%的学生表示喜欢，原因是干净且价格合理，极少数不喜欢的原因是因为酒的出售。

2. 预科生与本科生在京气候适应情况对比

马来西亚大部分地区属于热带雨林气候，年温差变化极小，无明显的四季之分。而北京则为温带大陆性气候，四季鲜明，春季干燥风大，夏季酷暑闷热，秋季天高气爽，冬季漫长寒冷。这样的气候差异，对马来西亚学生不能不说是巨大的挑战。新生从9月入学，需要面对的是气温降低，冬季降临，以及随之可能带来的感冒等疾病，这在他们本国是未曾经历的。在此项我们设计了4个问题：适应性问题、对北京雾霾的看法、天气与心情的关系、身体状况调查，结果如下：

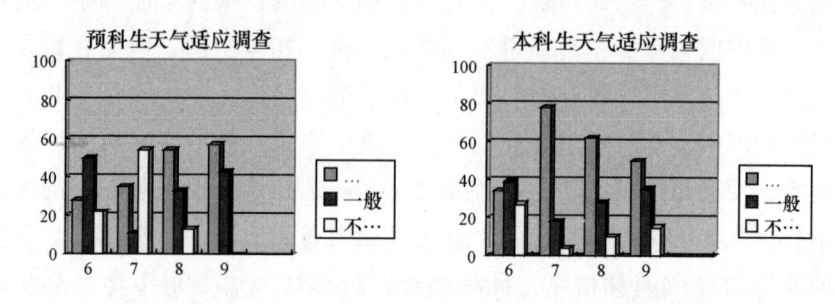

图 31—2　预科学生与本科学生天气适应情况

注：6 = 适应北京天气否　7 = 对北京天气污染的看法　8 = 心情受天气影响否
　　9 = 在京身体状况

总体上本科生比预科生对北京明显的四季变化适应得要好，另外选择适应性一般的本科生和预科生都占较大比例，预科生达到半数，这说明学生们对截然不同的气候有较强的适应能力，这可能因为年轻人正处于身体状况的上升时期，对气候变化不敏感。

北京最近几年的雾霾现象是困扰政府和民间的大问题，也在一定程度上影响了北京各大学留学生的招生工作。访谈中了解到，马来西亚学生中很多来自空气清新的农村区域，空气质量的下降让78%的本科学生感到不适和担忧，害怕得病和不能外出是担忧的原因。预科学生对空气污染反应不强烈，这与他们来北京时间短暂，尚处于文化观光和兴奋期，与此前的北京空气质量未有过对比有关。另外还有些学生不清楚雾霾的概念，误以为雾霾就是下雨，因而大部分人选择污染不严重。

中国有句古训，天人合一，自然环境中的阴晴雨雪在不同程度地影响着留学生心情的起落，在这一点，本科生要比预科生更加感受到天气变化带来的压力，男生与女生相比，女生荷尔蒙不稳定更易受到天气影响。"Fumham 和 Bochner（1986）对负面生活实践的批判性回顾中，提到生活变化与身体、心智健康存在着一定的关系，生活变化和心理失调的平均相关在0.35"。这说明文化接触带来的生活变化影响人的心理适应。

在京身体状况这一项，预科本科学生都做了积极的选项，他们注意保持身体状况良好，注意适时增减衣物，做好体育锻炼等来进行自我保护，这是一种积极的文化适应策略。

3. 预科生与本科生在京学习汉语情况适应对比

在调查中，我们发现被调查者普遍反映汉语相比于其他语言的学习，困难要更大些，尤其是汉字的书写和记忆。他们认为必须有好的方法才能学好汉语，这些方法既来自于教师的课堂教学，也来自于课下学生们的自我训练。因此，在这一项中，我们围绕目前马来西亚学生的学习情况设置了对中国教师课件使用情况、与其他国家学生统一编班同堂上课、在京汉语学习环境、用汉语交往、课外看中文影视剧 5 个方面的问题进行了调查，结果如图 31—3：

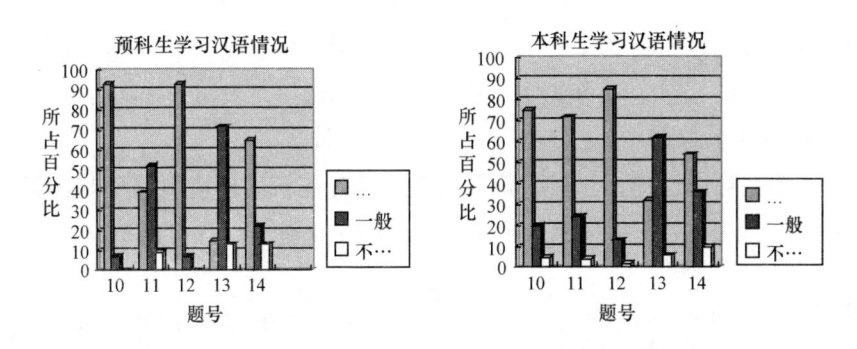

图 31—3 预科学生与本科学生在京学习汉语情况适应对比

注：10 = 是否喜欢教师课上的 PPT　11 = 跟其他国家学生同班上课感觉如何

12 = 觉得在北京的汉语环境如何　13 = 与其他国家学生说汉语时，觉得自己说得如何

14 = 课外时间是否喜欢看中国影视剧

据了解，马来西亚小学、初高中很少使用 PPT，故而无论是预科生还是本科生都非常喜欢教师使用现代化教学手段 PPT，觉得直观生动活泼，图片信息量大。相比之下，预科学生更加喜欢教师使用这样的教学方法。

应马来西亚政府要求，我院对这批马来西亚政府奖学金生第一年预科和第二年一年级都实行单独编班的政策，二到四年级采取混合编班。调查显示，72% 的本科生喜欢混合编班，认为这样一是可以避免互相之间习惯性地使用马来语交际；二是可以多交朋友，了解他国文化；三是可以借鉴他国学生的学习方法。预科学生虽然也赞同混合编班，但在初来中国阶段，他们的思乡之情浓厚，自立性尚需培养，语言上困难很大，故更愿意与同胞联系紧密，共同学习、共同生活、是他们内心的一种自我保护。

对在京汉语环境的适应，两类学生高度一致，都对首都汉语学习的环境满意度高，尤其是在北京语言大学，留学生混住，彼此之间交流只能使用汉语，另外北京各方面条件优越，使用普通话，方便学生生活游玩和出行购物时的人际交往。

评价自身汉语流利程度，1/3本科生认为流利，比预科生数量多，这符合语言学习规律，语言学习就是小时数堆积的结果。

认为观看中文影视剧是了解中国文化和促进汉语学习的较好办法，在这一项，2/3预科生渴望通过观看快速提高汉语的听说能力，本科生喜欢的原因较复杂，宿舍电视只有中文节目，在中国很难登录youtube、google，只能看中文的，空余时间多可以多看等，主动选择、被动选择均有。

4. 预科生与本科生在京社会交往适应性对比

人类是社会性动物，客居异国他乡，只有在新的环境中调整和选择适应自己的行为方式，才能更快地融入当地的文化模式。跨文化差异在最初

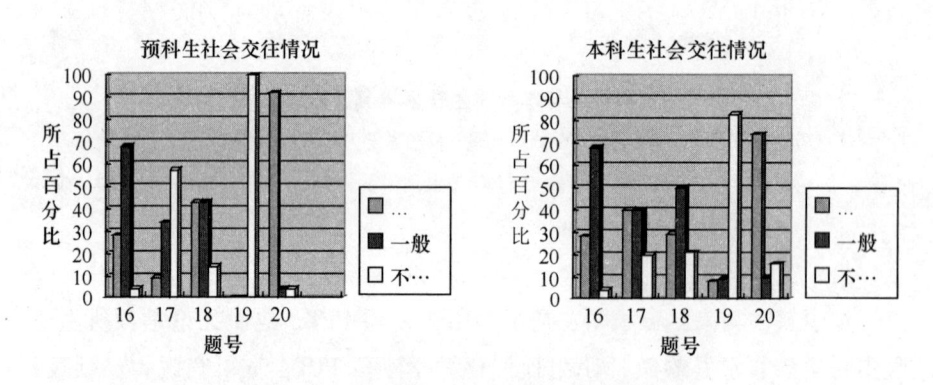

图31—4　预科生与本科生社会交往情况对比

注：16 = 对中国人的打招呼方式习惯与否

17 = 到外地旅行，方言会影响到与当地人的交往与否

18 = 与中国人交往时，因声调问题会常引起误会否

19 = 是否到中国人家中做过客

20 = 是否有中国语伴？他（她）对汉语的口语和听力提高是否帮助大

阶段是欣喜猎奇，一旦停留时间拉长，则极易转为一种在异国文化、异国思维方式下的压力体验。中马虽然同属亚洲国家，但文化背景、生活节奏、价值观念皆有很大差异，所以在这一组的调查中，我们发现了学生们在适应上暴露出来的困难。

  从可统计的数据显示来看，本科学生（68%）对中国人招呼的方式比较习惯，并在课堂上已了解到中国人习惯用"你吃了吗？""你去哪儿？"，只是打招呼的表达方式，并不真是想知道对方是否吃过饭，或者有打叹他人隐私的用意。而预科学生选择一般的比例最大（68%），他们停留时间短，掌握的汉语知识有限，故而还未能很好地适应这种方式。

  应马方政府教育部要求，我方每学期安排学生去外地语言实践一次，过半的预科生不受方言影响，当然这非真实情况，原因在于有导游和学校教师全程陪同，行程安排也较紧张，故而他们也没有很多机会跟当地人交谈；另外预科阶段不敢单独外出也使他们体验不到中国的幅员辽阔而带来的南腔北调。本科生在熟悉了中国以后在假期会选择自己出行，如果所在地方言浓郁，就会严重影响他们的交流。

  在交往中由于声调不准确而引起误会是常见现象，马来语属无声调语言，预科阶段学生声调不稳定，较本科生更易产生问题。另外选择一般的预科生和本科生比例相近，原因在于预科生圈子紧密，不常与中国人交往，故而不易发现因声调掌握不好而带来的交往困难，而本科生的声调较准确，已经不能造成交往上的障碍。

  无论是本科生还是预科生，到中国人家中做客的比例都非常小，预科生初来乍到，基本上没有建立与中国朋友的亲密关系，本科生也有93%没去过中国家庭。没有中国朋友是主要原因，即使有，也是在京学习的外地学生，无法去家里做客。而教师们或因工作家务繁忙，或因住所远或住房面积小，也很难邀请学生来家中做客。

  在语言学习的过程中，拥有固定的语伴是提高语言能力最快捷的方法。调查显示，预科学生和本科女生都认为语伴的帮助会非常大，但是因为他们在中国时间短，能认识的中国人的确有限，另外想学习马来语的中国人不多，这也是影响他们找语伴的一个重要原因。而本科的男生则持相反意见，他们不喜欢中国人的学习习惯，而更喜欢自己的学习方式，如果找中国语伴，他们会觉得压力大，看来男女生学习心理上存在很大差异。

5. 预科生与本科生在京安全意识对比

安全涉及很多方面，身心安全是保证留学生顺利完成学业的重要条件之一。学生们在异国他乡求学，举目无亲，课余时间有必要融入社会，购物、交友、乘车、旅行等，在这个过程中他们必须得对自身安全负责，否则一旦出事将无法继续学业。为此，我们从大到小做了以下调查，调查结果如下：

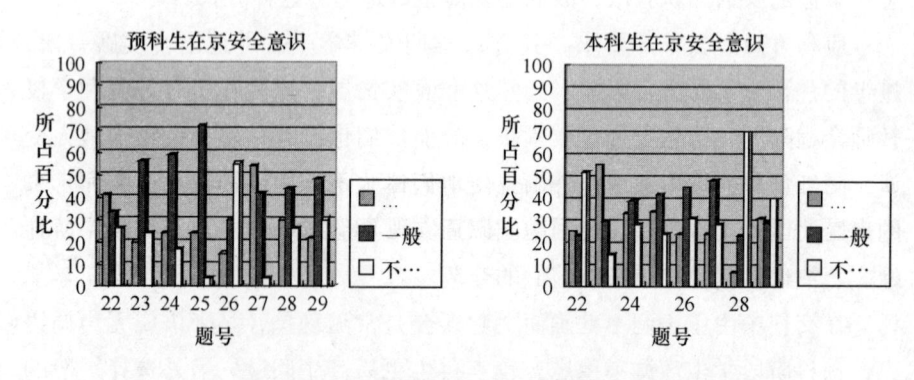

图31—5　预科生与本科生在京安全意识对比

注：22 = 对北京交通情况的看法　23 = 觉得在北京一个人坐公共汽车是否安全
24 = 觉得在北京骑电动车是否安全　25 = 在北京过马路时是否闯过红灯
26 = 晚上骑车是否会穿鲜艳的衣服　27 = 坐地铁时，如已响铃，是否还会上车
28 = 觉得黑车是否安全　29 = 觉得在自己在中国旅行是否安全

总体来看，预科学生对北京交通的满意度比本科学生高，因为他们正处于观光期，对一切都感到新奇，而且有老生的帮助，不用独立面对一些困难，故而不容易看到事物的消极面，例如堵车、人多、烟尘、臭味等。本科生在熟知一切之后，反映出来的是真实的不满。

马来西亚学生群体一直以来以生活朴素著称，很多学生月平均消费在500元左右。为了方便出行和本着节约的原则，很多学生购买电动自行车作为出行工具。调查显示，接近2/3的预科生认为电动自行车安全性一般，而本科生觉得安全的比例比预科生高，这是因为在他们本国，年满17岁的孩子就已经掌握开车和骑摩托车的技能，所以他们认为骑电动车不是什么危险的事情。而本科生对北京路况要比预科生熟悉，故而选择安全的比例略高于预科生。晚上骑车时，本科生多会选择亮色衣服作为保护色，因为他们知道在北京骑车是有一定危险性的，相比之下，预科生这方面自我保护意识差些。

除了电动摩托车，学生们出行还会选择公共汽车，一半以上的本科生认为在北京一个人坐公共汽车很安全，这说明他们已经很了解这个城市的公共交通安全状况，公交车线路、车次多，乘客多为老人、年轻人、孩子，且费用便宜，故而他们很放心使用公交车。预科新生初来乍到，不安全感较强。对于黑车的选择，70%的本科生警惕性很高，认为不安全。预科生则有1/3认为安全，原因在于他们并不了解黑车不但比出租车贵，而且还比较危险，这与停留时间短有很大关联。

闯红灯和响铃后上地铁的调查是对公德意识适应性的调查，这两个问题也是中国公民普遍存在的问题。调查发现72%的预科生对闯红灯不以为然，54%认为响铃后仍然可以上地铁，他们对这样做的危险意识性较本科生差，原因在于：一是受中国人坏习惯的传染；二是预科生常常小组出行，前边的人过去之后导致后边人不得不闯红灯或闯铃才能跟上；三是预科生没有充分意识到这样做的危险性。

在中国旅行是否安全，调查结果本科生觉得安全、一般、不安全基本上各占1/3，预科生觉得一般的稍多一些，占48%。本科阶段学生们选择个体旅行的比例稍高，故而各种情形都会遇到。预科阶段学生们多参加学校组织的集体旅行，故对旅行的安全性不甚注意。当然遇到危险时，无论预科还是本科学生，85%—91%以上都会选择第一时间联系教师或者朋友，选择打"110"的极少，主要在于语言障碍。

6. 预科生与本科生宗教适应情况对比

马来西亚是一个信仰伊斯兰教的国度，1957年国家宪法规定伊斯兰教为国教。伊斯兰信仰包括理论和实践两大部分，理论上信安拉、信天使、信经典、信先知、信后世、信前定，实践上要做五功"念、礼、斋、课、朝"，五功中，每日五次的礼拜，从晨起到入睡前，都是必不可少的功课。除此之外，穆斯林妇女蒙头巾和面纱，也是出于对妇女实施保护的初衷。

为此，在这一项里，我们做了礼拜、头巾、女性衣服、穆斯林外出乘坐交通工具难易情况的调查，结果如下：

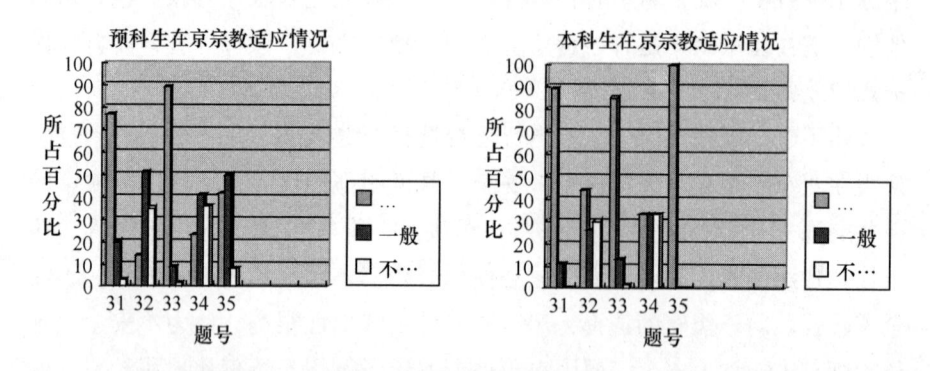

图 31—6　预科生与本科生在京宗教适应情况对比

注：31 = 在中国，在外边做礼拜，你认为别人觉得你奇怪否

32 = 对中国人一直看女生们戴着头巾的样子的适应程度

33 = 遇到中国的穆斯林的感受

34 = 在中国女生能否容易找到合适的衣服

35 = 在北京身为穆斯林打车容易否

穆斯林每日五次的祷告，如果外出或在旅行途中，这些马来西亚学生也必得找一处僻静之处祷告，在这过程中难免会引起围观，这是人们对不同文化信仰的好奇的反应。调查结果显示，两类学生都有强烈的不适应感，绝大部分学生都觉得自己的举动被他人认作奇怪，因此产生了不安全和恐惧感，这一点以预科生尤为强烈。女生戴头巾引来他人关注，这一项的结果还比较乐观，本科生们适应得比预科生好，86%的本科生习惯了别人的眼光，有自信面对这样的事情。预科生还有小一半觉得不舒服。除了围巾以外，穆斯林女生还面临着一个重大的问题，就是如何找到适合她们的衣服。伊斯兰教对女性的衣服有严格的要求，就是女性不能穿紧身和暴露的衣服，除了脸和手可以暴露在外，身体的其他地方都不能暴露。在这一问题上，预科生和本科生满意度都很高，认为在中国很容易找到合适的衣服。因为中国有巨大的服装市场，另外除了本民族沙笼以外，他们也不排斥现代服装。在中国遇到穆斯林，学生们也会觉得非常亲切，伊斯兰教

义认为天下穆斯林皆为兄弟姐妹一家人，超过85%的预科、本科生遇到中国穆斯林都非常开心，很多学生利用周末去清真寺看望北京的穆斯林，以缓解思乡之情，女生更是渴望见到女性穆斯林，他们能主动适应和调整自身的身心状态，适应性较强。

7. 预科生与本科生文化适应情况对比

文化是一个大范畴，所涉及的事物方方面面。而中国又是一个有着五千年文明的国度，儒、释、道三家思想对中国人的影响潜移默化地渗透在语言、音乐、美术、绘画、建筑、文学等各个领域中。中国文化的多样性，让马来西亚学生欣喜无比、好奇无限。马来西亚为多民族国家，其中马来族、华族和印度族为其三大主要民族，本项目选送的学生为马来人，马来西亚政府奉行"马来人优先"的原则，故而马来族在社会政治经济文化方面占有许多特权。因此在这一项里，我们先从大方向上进行了中马文化相似性的调查，然后抽取若干文化点滴调查学生熟悉度（包括5个半开放多选题目），最后询问学生对中国文化活动的参与度，调查结果如下：

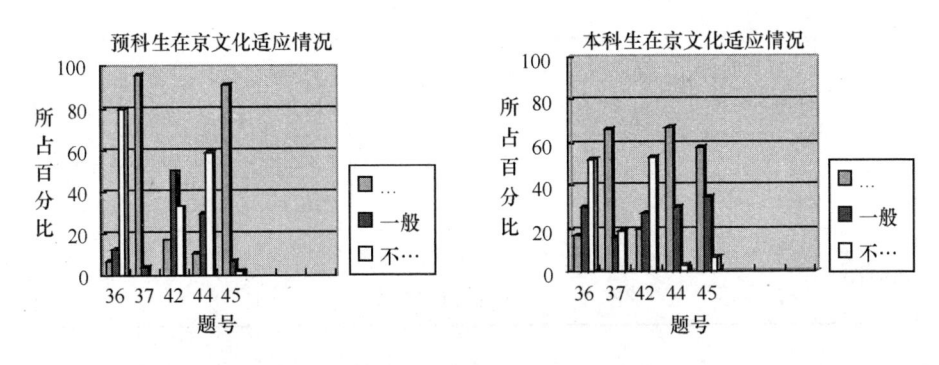

图31—7　预科生与本科生在京文化适应情况对比

注：36 = 中国文化与马来西亚文化相像否　37 = 喜欢吃北京烤鸭否
　　42 = 对中国京剧感兴趣否　44 = 在课堂上能否了解到足够多的中国文化
　　45 = 愿意参加了解中国文化的活动否

从总体认知来看，80%预科生认为两国文化相似度低，本科生略高于预科生（53%）。中国文化的主要特征表现在重人伦道德、自强不息、勤劳刻苦、鞠躬尽瘁、崇尚大一统、追求和谐中庸，主张务实，经世致用。马来文化中伊斯兰教文化占主体，穆斯林教义是他们行为处世的准则，其教义概括为三个方面：信仰、功修和美德。每日需行五次礼拜，晨礼、响礼、晡礼、昏礼和宵礼，平日还需做五功，信仰和功修的最终目的就是把自己培养成为一个品德美好的人。另外，他们在家庭观念和饮食习惯都与中国文化有很大不同。马来族早婚，且允许一夫多妻制。在饮食上喜欢吃咖喱，用餐时用右手抓取食物，禁忌食用猪肉和狗肉、饮酒，女人有着装的要求和禁忌。

对北京烤鸭和京剧喜爱程度的调查，是拟从物质生活和精神生活两方面的细节上了解学生们对典型的中国文化的适应情况。预科生对烤鸭的喜爱达到96%，本科生也超过2/3，访谈时学生们也认为来毕竟不吃北京烤鸭是最大的遗憾。京剧因其唱词难以听懂和理解，故而两类学生都不感兴趣，本科生比预科生不感兴趣的比例更大。

对四大名著、中国传统节日、中国文化要素、中国电影类型喜爱程度的调查如下表：

项目	知道的四大名著	去过的中国城市	知道的中国传统节日	感兴趣的中国文化	喜欢的中国电影的类型
预科生	《西游记》	西安	春节>中秋节>端午节	书法>武术>中国画	爱情片>功夫片>古装片、故事片
本科生	《红楼梦》《西游记》	西安、天津、广州	春节>中秋节>端午节	书法>武术	功夫片>爱情片

作为语言学习生，两类学生在学校每周课时都在20节以上，下午的时间大部分学生选择在宿舍休息做作业，所以他们能走出去了解中国文化的机会很少，故而课堂上文化知识的点滴渗透就非常重要。预科生第一年的学习主要以语音、汉字、语法等基础知识为主，文化知识涉及较少，这符合语言输入的规律。本科阶段课型增多，学生们可选择中国地理、历史、文学等课程，故在课堂上即可接触到大量文化知识。如果去除功利的想

法，人们选择留学，一定是因为喜欢所在国文化。调查显示，学生们都非常愿意积极主动地了解中国文化，预科生更为迫切（91%），本科生的求知欲也很强，超过半数。

四、结论及相关建议

（一）马来西亚与中国虽同属亚洲国家，但由于气候、饮食、宗教文化信仰等不同，所以这些学生也必然要经历不同程度和长短的兴奋阶段、文化休克阶段、文化初步适应阶段和文化基本适应阶段。

（二）预科阶段与本科阶段文化适应的不同点

1. 在预科阶段，学生们适应的情况表现为三种：一种属于心理观光，故而在饮食适应、对雾霾的反应、对教师的课件的喜爱度、对在京汉语学习环境、对北京交通的总体满意度都较高。第二种为不同形式的文化休克，表现在语言沟通困难和宗教习惯的反差，故而在社会交往上多采取回避的态度，很多时候也表现为不安全感强烈，但自我保护意识又较差。第三种属于积极主动地适应，交际参与度较高，能够主动顺应不同文化背景的人群，因此在交际中愉悦感也较高，这主要表现在在学习上的主动配合，对在校学习和居住环境的满意度高，喜欢参加学校组织的旅行，努力寻找宗教范围内允许的衣着，主动与中国穆斯林交往，希望多了解中国文化等等。这些行为都在潜移默化地提升他们的交际信心，缓解或多或少的跨文化焦虑，逐步地减少跨文化交际的障碍。

2. 本科阶段的学生总体来讲，一、二年级学生处于文化初步适应阶段，三、四年级属于文化基本适应阶段。首先汉语水平显著影响了他们的人际适应情况，从清真材料的寻找到更喜欢混合编班，到可以自由选择单独外出旅行，到安全意识强于预科生，到对中国文化的逐步融入和认可等方面，都显现出本科生已脱离心理观光和文化休克阶段，正在逐步走出自己的文化定势和文化偏见，努力探索交际的目的和手段，克服心理障碍，以积极、主动、平等、宽容的姿态适应异国文化。

（三）预科阶段与本科阶段文化适应的共同点

相较于其他国家的学生，马来西亚学生跨文化适应情况呈现良好的积极态势。主要表现在以下几个方面：在饮食上对中国菜认同感强，不抗拒；对气候变化不敏感，反倒呈现新奇和喜欢，对北京的温带大陆性气候适应快，且能根据气候变化做好自我保护；学习上对北京汉语环境满意度高，学生智商极高，能很快突破语音汉字的瓶颈期，积极配合教师教学的各项要求，进步飞速；在我们最担心的宗教适应上，他们虽然偶尔有不安全感和恐惧感，但是能很快寻找到调整身心的手段，比如在穆斯林教义中寻找慰藉，在集体活动中寻找到归属感等等；在对中国文化的适应上，都表现出积极的融入态度，愿意了解更多的中国文化内涵。当然在本次调查中我们也发现，他们在社会交往和安全意识两方面适应情况不是很乐观。语言困难和活动圈子的狭窄影响了他们更好地融入中国社会中去，另外性别上的优势也是一个因素，男生普遍比女生在社会交往上有更大的自由空间；对交通安全没有足够的重视，容易沾染少数中国人不遵守交通规则的坏习气，选择交通工具时自我保护意识较差。这些是他们的共性。

（四）对马来学生今后文化适应方面的建议

文化是人类区别于动物的重要特征，人类从一种文化进入到另一种文化，势必要经历文化适应的过程，这个过程因人、因年龄、因背景、因学习时间、因东道国文化而长短不同。来华留学这个群体容易呈现轻度抑郁的状态，但通过本次考察，我们认为马来学生群体文化适应性强，本科学生比预科学生要适应得更好一些，一与他们政府对他们的支持和保护有很大关系；二与我校汉语学院对马来学生教学与生活管理工作的重视紧密相关，学生普遍反映，中国教师对他们母亲般的照顾，使他们在很大程度上缓解了思乡情绪，在学习上能够每天情绪高涨，很少有缺课、旷课现象出现；三与学生的自我适应和调控情绪的能力较强也有很大关系。

建议从以下几个方面给予他们更多的帮助：

第一，开设跨文化培训的相关课程或设置对口的学生文化心理适应问题咨询办公室，引导学生了解出现不适应现象是人类的普遍现象，减少其焦虑感和恐惧感。

第二，构建中外学生联谊平台，加强马来学生与中国学生之间的交往，缓解马来学生跨文化适应问题。

第三，支持组建马来学生社团，通过他们自己的实例现身说法，由本科生帮助预科生更好地度过第一年最难的时光。

第四，充分发挥主课教师、班主任教师的作用，选取工作认真负责、亲和力强、性格开朗活泼的教师担任预科阶段和初级阶段的工作任务，在学业和情绪调控上给予新生们大力的支持。

参考文献

1. 孙乐芩、冯江平、林莉、黄筱杉（2009）在华外国留学生的文化适应现状调查及建议，《语言教学与研究》第1期。

2. 吕玉兰（2000）来华欧美留学生的文化适应问题调查与研究，《首都师范大学学报（社会科学版）》增刊。

3. 亓华、李美阳（2011）在京俄罗斯学生跨文化适应调查研究，《语言教学与研究》第2期。

4. 赖红玲（2014）留学生跨文化适应中的压力与影响因素研究，《教育与教学研究》第28卷第11期。

5. 程翠英（2003）论跨文化交际深层障碍，《华中师范大学学报（人文社会科学版）》第42卷第1期。

6. 王丽娟（2011）跨文化适应研究现状综述，《山东社会科学》第4期。

7. 俞玮奇（2012）来华汉语学习者的跨文化交际能力实证研究：敏感度与效能感，《世界汉语教学》第4期。

8. 李萍（2009）留学生跨文化适应现状与管理对策研究，《浙江社会研究》5月。

9. 朱国辉（2011）《高校来华留学生跨文化适应研究》，华东师范大学博士学位论文。